本书的出版得到了南昌大学"十四五"双一流建设专项基金的支持！

"治理强基"系列丛书

尹利民 罗文剑◎主编

嵌入治理

第一书记选派的
制度逻辑与实践机制

魏永平◎著

江西人民出版社
Jiangxi People's Publishing House
全国百佳出版社

图书在版编目（CIP）数据

嵌入治理：第一书记选派的制度逻辑与实践机制 /
魏永平著 . -- 南昌：江西人民出版社，2024.10.
（"治理强基"系列丛书 / 尹利民，罗文剑主编）.
ISBN 978-7-210-15809-7

Ⅰ . C912.82

中国国家版本馆 CIP 数据核字第 20243H0C15 号

嵌入治理：第一书记选派的制度逻辑与实践机制 　　　　魏永平　著

QIANRU ZHILI: DIYI SHUJI XUANPAI DE ZHIDU LUOJI YU SHIJIAN JIZHI

策 划 编 辑：张芝雄
责 任 编 辑：周伟平
封 面 设 计：马范如

江西人民出版社　出版发行
Jiangxi People's Publishing House
全 国 百 佳 出 版 社

地　　　　址：江西省南昌市三经路 47 号附 1 号（邮编：330006）
网　　　　址：www.jxpph.com
电 子 信 箱：jxpph@tom.com
编辑部电话：0791-86898054
发行部电话：0791-86898815
承　印　厂：南昌市红星印刷有限公司
经　　　销：各地新华书店

开　　　　本：787 毫米 ×1092 毫米　　1/16
印　　　　张：15.5
字　　　　数：250 千字
版　　　　次：2024 年 10 月第 1 版
印　　　　次：2024 年 10 月第 1 次印刷
书　　　　号：ISBN 978-7-210-15809-7
定　　　　价：68.00 元
赣版权登字 -01-2024-710

总序

如何推进国家治理体系现代化，进而加快中国式现代化进程，无疑是当前社会各界关注的核心议题。基层治理体系是国家治理体系的重要组成部分，只有实现了基层治理体系现代化，才有可能实现国家治理体系的现代化。然而，在现实中，基层治理中的问题层出不穷，不仅制约了基层治理绩效的提升，而且也给社会治理带来诸多困境，影响了中国式现代化的前进步伐。因此，强化中国基层治理研究，在理论和现实层面均有重大意义。也正因为如此，中国基层治理研究吸引了学界的关注，并从多学科的视角揭示中国基层治理的规律和内在逻辑，继而试图从根本上化解基层治理中的问题，以寻找应对之策。

基层治理是一个相对宽泛的概念，具有丰富的内涵和外延，涉及的领域也非常广泛，政治、经济、文化和社会等均涵括其中，但基层治理的主要目标则是维持一个良好的秩序，或政治的，或经济的，或文化的。当然，每一个领域，所牵涉的要素非常多且复杂。因此，看似简单的基层治理，却蕴含着丰富的内涵，隐含着复杂的治理性问题。或许正基于此，我们常常会把社会治理与强基联系在一起，即基层社会治理绩效与促进社会稳定的基础具有内在的关联性，通过提升基层治理绩效可夯实国家治理的基础。

2023 年 7 月 21 日，中共江西省委十五届四次全体（扩大）会议提出了"江西打造'三大高地'实施'五大战略'，坚定不移推动高质量发展"的目标。"五大战略"中，就有实施治理强基战略。因为党的工作最坚实的力量在基层，社会民生领域最突出的矛盾和问题也在基层，必须把抓基层、打基础作为长远之计和固本之策。要始终坚持党建引领，充分发挥基层党组织的战斗堡垒作用，完善党领导下的基层治理机制，不断探索基层治理新模式，引导群众主动参与基层治理，全面提升基层治理体系和治理能力现代化水平。

为了配合江西提出的"五大战略"之"治理强基战略"的实施，服务江西地方社会经济发展，我们组织了以"治理强基"为主题的理论和实践研究，最终形成了"治理强基"系列丛书，分为三个系列：（1）基层治理。基层治理是国家治理体系的重要组成部分，通过提高基层治理的效能来提高国家治理能力和治理现代化是不二的选择。江西是基层治理创新的重镇，曾探索出"参与式预算改革"的西湖模式，"宅基地改革"的余江经验，等等。该系列围绕宅基地改革的系统治理、城乡融合的社区化治理和融合治理、第一书记选派的嵌入治理、中国式现代化话语体系建构中的话语治理以及社会组织治理效能的组织治理等展开研究，形成了一系列研究成果。（2）腐败治理。该系列从学理上探究"三不腐"即"不敢腐""不能腐""不想腐"的内在机理和治理实践，从腐败的发生学视角来探讨治理腐败的问题，从廉洁文化的历史传承与创新发展来形成腐败治理的文化氛围，并通过挖掘原中央苏区的治理资源，试图为当代中国的廉政建设理论与实践提供智力支持。（3）数字治理。当今社会已经进入了数字化时代，数字技术渗透到各个领域，并对各领域的治理产生了颠覆性影响，也由此带来了诸多因数字化而产生的治理性问题。该系列结合江西实际，从宏观和微观两个层面展开数字治理的研究，既有关注大数据治理与应急管理等相关宏观议题的研究，又有相对微观的能源领域的数字治理问题、乡村社会农民的数字素养如何赋能革命老区乡村振兴以及人工智能如何运用于社会治理等方面的研究。

"三个系列"相互独立又互相支撑，呈现出"治理强基"的美好画面。当然，"治理强基"实践远不止这些，主题也更加丰富和多元，这只是我们研究的第一个阶段。随着江西"治理强基"的实践不断推进，将会有更多的研究成果问世，我们也将持续关注，并持续将其纳入我们研究的视野中。值得一提的是，我们的研究虽然基于江西的样本经验，但所提炼概括的一般性理论却适合阐释中国基层治理的经验，这或许正是这套丛书的价值所在。

尹利民

2024 年 11 月 11 日于前湖

目录 CONTENTS

第一章

绪论

社会科学研究的起点在于历史与现实经验的积累、理论与实践探索的思考。第一书记驻村嵌入农村基层治理是 21 世纪初在中国农村兴起的，并在"精准扶贫"时期得以进一步制度化、规范化的具有鲜明"中国特色"和"制度底色"的基层治理创新方式。第一书记选派制度是长期以来"干部驻村"制度的延续和发展，近年来有关第一书记的研究扩展了中国基层治理理论视野，丰富了"中国经验"的治理实践。

本研究以脱贫攻坚和乡村振兴中农村基层治理现代化建设的现实为背景，以"嵌入性"理论、社会行动理论和公共服务动机理论为基本理论分析框架，聚焦第一书记嵌入基层治理的主要实践，探讨第一书记嵌入农村基层治理的制度逻辑、嵌入机制、公共服务动机以及行动困境等问题。

第一节 研究缘起、问题与意义

一、研究缘起

在全面建成小康社会的关键时期，为解决包括农村贫困治理在内的基层治理问题，党和国家制定并实施了以"精准扶贫"为主要方略的脱贫攻坚战略。第一书记驻村是"因村派人精准"的基本制度和要求。这一制度设计的初衷是基于对几个系统关联性问题的考虑，即在精准扶贫过程中各种资源大量下沉农村的情况下，如何保证资源和政策有效"联结"农村基层社会"最后一公里"？如何建强农村基层组织，"对接"国家治理实现农村治理有效？如何推动公共服务公共产品上门，"衔接"厚植党和政府的群众基础？从研究背景而言，本研究缘于 3 个不同层面但又具有内在一致性的理论和实践背景：一是国家治理现代化视角下农村基层治理的历史和现实是本研究的宏观层次背景。二是改革开放以来以解决中国贫困问题为主旨的贫困治理经验是本研究的中观层次。三是脱贫攻坚战略中第一书记驻村实践是中国基层治理的微观背景。

（一）农村基层治理是国家治理的基本构成

在我国，基层治理是国家治理的基础和重要构成。党的十八届三中全会通过的《中共中央关于全面深化改革若干重大问题的决定》提出，将国家治理体系和治理能力现代化作为全面深化改革的总目标。这对于中国社会主义现代化建设具有深远的理论和现实意义，标志着我国开始启动全面治理的新时代。推进农村基层治理现代化建设是巩固党在农村的执政基础、满足农民群众美好生活需要的必然要求，也是解决我国长期以来存在的"三农"问题、实现乡村振兴的关键所在。

自古以来，我国农村就是国家治理的主要场域，也是国家制度构建的基本"底色"。作为传统的农业大国，我国的农村问题始终是关乎国家经济社会发展的关键因素。"19 世纪以来发展中国家的大量事实证明，农村社会的兴衰治乱是一个国家稳定与否的基石和标志，国家的乱始于农村，农村的治必然带来国家的兴盛与安定，这几乎是发展中国家政治发展的普遍规律。"[①] 亨廷顿在《变化社会中的政治秩序》中分析世界众多"革命"问题时也指出："农村主导集团所起的作用实系决定政府稳定或脆弱的关键因素……在现代化政治中，农村扮演着关键性的'钟摆'角色，得农村者得天下。"[②] 在我国决胜脱贫攻坚、全面建成小康社会的新时代，农村发展依然是时代的主要课题，在面向乡村振兴战略，推进国家治理现代化建设的重要时期，实现乡村治理有效亦是当下开展农村事业的基本方向。

[①] 张厚安，徐勇 . 中国农村政治稳定与发展［M］. 武汉：武汉出版社，1995.

[②] ［美］塞缪尔·P. 亨廷顿 . 变化社会中的政治秩序［M］. 王冠华，等译 . 北京：生活·读书·新知三联书店，1989.

　　中国共产党领导全国人民革命、建设、改革历程也始终将"搞好农村工作"作为解决中国问题的根本。中华人民共和国成立以来，在计划经济体制和产业经济发展不平衡的约束下，我国形成了长期存在的城乡"二元"结构障碍。"二元"结构不仅是经济结构的二元化，还是社会结构的二元化。在城乡"二元"体制下，农村的政治、经济和社会发展出现了与国家发展不同步的现象。改革开放以来，随着国家政治、经济、社会等领域的不断改革，工业化、城镇化不断深入推进，中国的农业和农村发展取得了巨大成就，"三农"问题得到显著解决。农业经济持续性增长态势明显，农民收入快速性增长的势头强劲，农村社会管理体制、治理机制不断创新。农村基层治理取得了长足成效，村民自治体系和功能都有显著增强，以农民合作社为主要表现形式的各种新型经济和乡村社会组织发育日渐成熟，并且日益发挥了在乡村治理中的作用。以村"两委"为主体的村级组织日益成为联系国家和社会、政府与农民的桥梁，也成为当下乡村治理的重要平台和载体，在村民自治中发挥了重要的引领和支撑作用，成为农村基层治理的主要柱石。

　　2006年，我国农村进行了历史性的农村税费改革。这一改革规范了国家、集体和农民的分配体系，明确了新时期国家与农民不同主体间的权利、义务关系，是国家层面分配领域的重大变革。这一改革关乎国计民生和国家长治久安，改善了长期存在的干群关系紧张等基层政权治理困境问题，激发了农村各种治理主体的活力，改变了乡村治理的原有结构体系。农村出现了新面貌，农业发展出现了新景象，农民出现了新特点。然而，伴随着各种政治、经济和社会关系的调整，农村基层的贫困问题始终是制约农村全面发展的重要因素。在国家大发展时期，农村基层治理也在一定程度上出现了"治理内卷化"、治理失灵失能与"制度空转"等现象，农村基层社会中出现了村民自治"悬浮"、村"两委"组织"软弱涣散"、村民公共精神缺失等问题。这些现象和问题日益成为国家治理体系和治理能力现代化建设中的"短板"，妨碍着国家治理前行的总体步伐，严重影响着"三农"问题的根本解决。

（二）贫困治理是农村基层治理的基本切入点

　　贫困治理是贯穿中华人民共和国发展历程的基本主线。中国共产党人在中华人民共和国建立后，特别是改革开放后一直把解决农村贫困问题作为推进国家现代化建设的基本着眼点（见表 1-1）。

表 1-1　改革开放以来我国贫困治理的重点与目标

扶贫阶段	扶贫重点	目标任务
1986 年大规模扶贫开发以来至 20 世纪 90 年代初	重点片区、贫困县	解放农村生产力、促进农民增收、推动农村经济发展
八七扶贫攻坚计划（1994—2000 年）	中西部 592 个贫困县	基本解决 8000 万贫困人口温饱问题　贫困人口减少到 3209 万　贫困发生率降到 3.5%
中国农村扶贫开发纲要（2001—2010 年）	592 个贫困县 15 万个贫困村	贫困人口减少到 2688 万　贫困发生率降到 2.8%
中国农村扶贫开发纲要（2011—2020 年）	832 个贫困县	实现扶贫对象"两不愁三保障"、农民收入增长、农村公共服务水平提升

20 世纪 70 年代末 80 年代初，邓小平在规划中国经济社会发展蓝图时提出了建设"小康社会"的战略构想，将解决中国贫困问题作为小康社会建设的主要内容。2002 年，党的十六大报告正式提出全面建设惠及十几亿人民的小康社会。2007 年，党的十七大报告又进一步提出到 2020 年全面建设小康社会的新要求。2012 年，习近平总书记在党的十八大报告中第一次明确提出了全面建成包括经济建设、政治建设、社会建设、文化建设、生态建设在内的"五位一体"小康社会。从我的发展与改革历程来说，全面建成小康社会，首先是经济上的小康，首要解决的就是中国的贫困问题。全面建成小康社会，最艰巨最繁重的任务在农村，特别是在贫困地区。没有农村的小康，特别是没有贫困地区的小康，就没有全面建成小康社会。2017 年，党的十九大报告明确提出贫困问题仍然是全面建成小康社会的"短板"。

在新的时代背景下，为了有效解决制约全面建成小康社会中的贫困问题，针对我国贫困发生和存在的特殊性历史性特点，党和国家在推进贫困治理的过程中采取了新的策略方式，实现了从"大水漫灌"到"精准滴灌"的方式转变。2013

年，习近平总书记提出"精准扶贫"重要思想，此后，在顶层设计的推动下，精准扶贫成为新时代贫困治理的基本方略。经过 8 年全党全国人民的共同努力，我国实现了贫困人口全部脱贫、贫困县全部摘帽的人类减贫史上的巨大成就（见图 1-1 和图 1-2），解决了中国农村长期存在的"绝对贫困"问题，为实现共同富裕

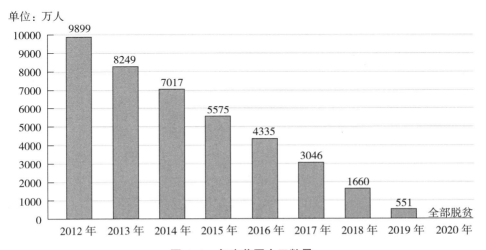

图 1-1　年度贫困人口数量

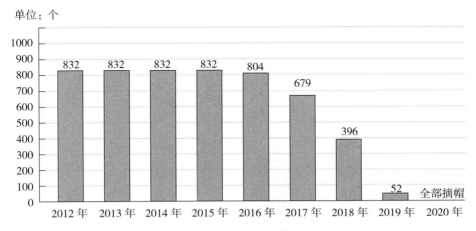

图 1-2　脱贫攻坚以来贫困县数量

资料来源：中华人民共和国国务院新闻办公室：《人类减贫的中国实践》，人民出版社，2021 年 4 月。

奠定了坚实基础。

（三）派驻第一书记是推动基层治理的重要抓手

围绕解决精准扶贫中"帮扶谁、谁来帮、怎么帮"的问题，党和国家相关部门先后制定实施了"五个一批"、"六个精准"的一系列政策，形成了一套完整的政策体系和制度安排。选派第一书记驻村帮扶是精准扶贫中"因村派人"的重要内容，也是解决"谁来帮"的一项具体制度安排。第一书记驻村帮扶延续了中华人民共和国成立后"干部下乡"贫困治理和加强党建的逻辑，丰富了新的历史时期推进脱贫攻坚和农村基层治理现代化建设的实践。2015年5月，中共中央组织部、中央农村工作领导小组办公室、国务院扶贫开发领导小组办公室印发《关于做好选派机关优秀干部到村任第一书记工作的通知》，明确了第一书记"建强基层组织、推动精准扶贫、为民办事服务、提升治理水平"4项基本职责和任务，并对第一书记派驻的选派范围和数量、人选条件和要求、管理考核、组织领导等做了相应的规定。《关于做好选派机关优秀干部到村任第一书记工作的通知》的下发标志着全国范围内大规模第一书记驻村帮扶的序幕全面拉开，也标志着第一书记参与乡村治理进入了新的进程。

2017年2月，习近平总书记在中共中央政治局第三十九次集体学习时强调："要充实一线扶贫工作队伍，发挥贫困村第一书记和驻村工作队作用，在实战中培养锻炼干部，打造一支能征善战的干部队伍。"在强化第一书记工作的同时，为了凸显派驻单位在农村扶贫开发中的作用，实现脱贫攻坚战的全面收官，2018年6月，中共中央、国务院印发《关于打赢脱贫攻坚战三年行动的指导意见》，明确指出第一书记派出单位要严格落实项目、资金、责任捆绑要求，加大保障支持力度。第一书记背后的派驻组织在脱贫攻坚中的作用日益凸显。为了更好地衔接脱贫攻坚战略与乡村振兴战略，2018年，中共中央、国务院下发的《关于实施乡村振兴战略的意见》和《乡村振兴战略规划（2018—2022年）》提出，要全面向贫困村、软弱涣散村和集体经济薄弱村党组织派出第一书记，建立长效机制。

2021年2月25日，习近平总书记在全国脱贫攻坚战总结表彰大会上庄严宣告，我国脱贫攻坚战取得了全面胜利。脱贫攻坚战实现了农村政治、经济、社会的全面发展，实现了农村治理的全面创新，农村基层治理能力得到显著提升。同年5月，中共中央办公厅印发《关于向重点乡村持续选派驻村第一书记和工作队的意见》，在总结脱贫攻坚战选派驻村第一书记和工作队的重要经验基础上，进一步确立了第一书记选派制度是我国全面建设社会主义现代化国家新征程中推进乡村振兴的重要制度安排。

由此而言，从国家推进农村基层治理的政策与实践逻辑来看，第一书记选派制度不仅是脱贫攻坚中贫困治理的重要制度安排，还是乡村振兴中农村治理的长期制度安排。第一书记在乡村治理中的作用发挥不是权宜之计，而是长远之制。第一书记作为承担着农村基层治理的主要力量将长期存在，成为贫困村发展与治理的重要"嵌入力量"。[①] 因此说，探讨这一具有深厚理论基础和实践经验的现象是必要的，也是可能的。

二、问题提出

为了全面推进脱贫攻坚工作，实现乡村治理与全面建成小康社会的目标，在国家顶层设计和具体部门与地方的组织下，全国各地在脱贫攻坚战中累计选派25.5万个驻村工作队，300多万名第一书记和驻村干部。其中几十万名第一书记与广大的基层工作者一道共同奋斗在农村基层治理的第一线，形成了新时代中国农村脱贫攻坚的主力军和基层治理的生力军，绘成了中国政治经济社会生活中的新图景。在国家治理体系和治理能力现代化建设的大背景下，第一书记参与农村基层治理是基层治理现代化建设的"中国经验"，也是当前我国治理重心下移的最直接体现。第一书记治理是"共建共治共享"治理格局在农村基层治理中的实现，也是"创新乡村治理体系，走乡村善治之路"的具体体现。作为一种外部力量的第一书记参与农村基层治理，是对过去治理体系的丰富和发展，改变了农村

---

① 倪大钊、徐志毅，等."先锋"与"后盾"：个体资本、单位层级与第一书记贫困治理绩效——基于陕甘宁深度贫困地区72个贫困村的实证分析［J］.公共管理学报，2020（9）.

基层社会的治理结构，形塑了村级组织与乡镇组织、县级组织的运行机制，体现了"嵌入式"治理模式和特点。在推进农村基层治理现代化建设过程中，通过选派第一书记参与基层治理不单纯是一种制度的"滥觞"，而更多是时代的必然产物，其出现的背后有着一般的制度逻辑，也包含着深厚的理论逻辑和实践逻辑。第一书记作为农村基层治理现代化过程中的重要参与主体，深刻改变着农村基层治理的结构和效能。

近年来，学术界围绕农村"精准扶贫"的理论和实践，开始了对农村基层治理的多层次多维度探讨。作为参与基层治理重要力量的第一书记已成为重要的研究对象，这一具有中国制度底色的"第一书记驻村"现象日益成为政治学、社会学、管理学等学科领域的研究热点和重点。基于此，不同的研究者从不同的理论角度用不同的方法，对第一书记参与精准扶贫实践进行了大量的理论阐释和实践论证。其中有学者以治理理论为基础解释了第一书记参与基层治理的特征，提出了很多新的观点，形成了较为丰富的成果，为农村基层治理提供了重要的理论和实践贡献。

作为一种外部性的嵌入性主体，大批量的第一书记参与农村基层治理有其特殊意义和价值，包含着丰富的嵌入机制。另外，这些人勇于走出原单位，到条件艰苦、压力巨大的农村工作，是与其行动蕴含的公共服务动机密不可分的。本研究以农村基层治理为基本论域，围绕"第一书记是如何嵌入农村基层治理以及嵌入中体现怎样的公共服务动机"这一基本问题而展开，具体探讨分析以下问题：

一是从历史维度来看，第一书记为何能成为脱贫攻坚以及乡村振兴阶段参与农村基层治理的主体？第一书记是众多参与主体之一，其行为背后包含的制度理论与治理实践逻辑又是什么？

二是从治理模式或者治理理论视角来看，从不同角度解释第一书记参与基层治理有其合理性，其中"嵌入性理论"是比较具有代表性的一种理论。但这一解释角度还不够深入，那么从嵌入性理论而言，第一书记嵌入的具体嵌入机制与功能又是什么？这是本研究重点讨论的问题。

三是从公共组织而言，在参与基层治理过程中，第一书记实际上是公共组织中承担一定公共角色的主体之一，而这种公共角色与其内在的公共服务动机密切相关。因此，第一书记的公共角色到底是什么，其背后的公共服务动机及其相关影响因素如何，也成为研究的基本问题。

四是从制度实践和嵌入实践存在问题来说，尽管第一书记参与基层治理实现了其制度功能，但也存在相应的问题。厘清这些问题并试图解决这些问题也是研究中应有和应尽的内容。

三、研究意义

第一书记嵌入基层治理实践为学术研究提供了最为直接而生动的素材和经验。本研究的展开和推进，对于我国农村基层治理现代化建设具有一定的理论和现实意义。

从理论意义上而言，本研究以嵌入性理论为研究视角讨论第一书记的治理行为，有助于丰富农村基层治理理论，拓展研究的理论视角。农村基层治理研究是一项大课题大命题，不同的研究者研究的角度、问题各有不同。其研究的基本宗旨是为农村基层治理提供合理性的理论解释，进而为理论指导实践服务。本研究以第一书记参与农村基层治理为切入点，为第一书记嵌入农村基层治理"画像"，以嵌入性理论为导引，并基于第一书记制度变迁的历史，研究第一书记参与以贫困治理为中心的农村基层治理中的"嵌入机制"，分析嵌入式治理的模式特征，探讨第一书记嵌入的政治嵌入、组织嵌入、结构嵌入、关系嵌入的具体表现形态及功能。这些研究有助于从理论的角度进一步解释嵌入式治理的学理价值，深化嵌入性理论的解释力，为农村基层治理的理论创新提供一定的知识增量。

从实践意义上而言，探讨第一书记参与治理行为一方面可以为提升农村基层治理能力提供现实参考，另一方面也可以为乡村振兴中建立第一书记常态化机制提供政策建议。农村基层治理现代化是国家治理现代化的基础和根基。建立第一书记长效机制是脱贫攻坚和乡村振兴的制度安排，是推进农村基层治理现代化建设的应有之义，也是契合"共建共治共享"基层治理格局的时代要求。当前，第一书记参与农村基层治理存在诸多困境，既有制度设计上的"缺陷"，也有实际运行中的"缺口"。本研究在运用访谈和问卷调查等方法的基础上，探究第一书记参与治理的成效困境与公共服务动机，分析第一书记参与治理的实践困境与深层原因。这些研究结论的发现能够为更好发挥第一书记参与治理的作用提供一定的路径，也能为完善乡村振兴中第一书记选派、使用的机制提供一定的政策建议。

第二节 "第一书记"相关研究综述

从研究论域而言，本研究所指的"第一书记"是在脱贫攻坚和乡村振兴过程中参与农村基层治理的第一书记。从制度演进而言，第一书记制度是传统干部驻村制度的延伸和发展，是中国基层治理的经验积累和治理方式创新的结果。回顾第一书记相关研究就是为了明晰已有的研究基础，并在前人基础上展开深入研究。

一、"干部驻村"研究综述

总体而言，干部驻村的相关研究是在 20 世纪 90 年代以来乡村治理整体研究视野下的微观展开，是近 10 年来伴随着贫困治理实践深入推进过程中关注的重要议题之一。研究的内容包括驻村制的历史发展、驻村的主要经验与存在的主要问题，研究的视角包括政治学、组织学、社会学等理论视角，研究的方法既有传统规范性研究，也有大量的实证性经验研究。

从干部驻村的组织方法来说，"下派干部（或工作队）"、"部门包村"是我们党开展农村工作的一种传统和常见的方法。干部驻村是国家与社会、政府与公众关系以及农村外部性力量与内部性力量之间互动的呈现。20 世纪 80 年代以来由上级下派到乡村的以扶贫为主的工作队与过去各种特殊任务下派的工作队一样，其组织属性都是代表国家与政府的外来者角色，其工作机制都是一种偏重"国家与政府主导"、注重"外部力量"型的乡村建设与发展路径的机制。① 从干部驻村制的发展历史来说，欧阳静认为，驻村制是由解放初期的农村"工作队"演变而成，是中国共产党"走群众路线""密切联系群众"的制度化运作机制。② 李里峰认为，工作队是一种国家与乡村社会之间的新型中介机制，是国家权力在农村社会运行的非常规机制。工作队的介入改变了原有农村社区的国家与乡村社会之间的权力结构关系。③ 工作队是干部驻村的主要组织形式，在中国农村基层治理实践中出现了不同形式的"工作队"。在当代中国农村，工作队还是为了解决特定时期特定任务的特殊组织与形式。由于工作队大多是由各级党政军机关以及不同类型的企事业单位选派，因此在组合类型上会出现不同类型的工作队模式。④ 这些不同的工作队虽然在组建形式、规模、工作内容上不同，但都发挥着特殊性的历史作用。从扶贫开发的角度而言，干部下乡主要是响应 20 世纪 80 年代国务院贫困地区经济开发领导小组提出的从党政机关选派干部扶贫的要求。⑤

从干部驻村的效应来看，已有研究中存在"正向"与"负向"两种基本观点。从正向角度来说，干部驻村制之所以成为一项长期制度能在实践中得以继承发展和广泛应用，这与驻村制的制度价值与现实需要分不开。干部下乡实质是中国共产党全心全意为人民服务性质宗旨贯穿于群众路线工作方法与制度化的具体体现，它也是构建农村基层治理政治信任和政治权威的需要。⑥ 驻村干部的实践不仅推动了农村基层组织建设和农村各项事业的发展，还形成了基层干部与农村村民之间、国家与社会之间的常规化互动机制，增强了村民对党和国家的高度信

---

① 严国方，肖唐镖.运动式的乡村建设：理解与反思—— 以"部门包村"工作为案例［J］.中国农村观察，2004（5）.

② 欧阳静.乡镇驻村制与基层治理方式变迁［J］.中国农业大学学报（社会科学版），2012（1）.

③ 李里峰.工作队：一种国家权力的非常规运作机制 ——以华北土改运动为中心的历史考察［J］.江苏社会科学，2010（3）.

④ 刘金海.工作队：当代中国农村工作的特殊组织及形式［J］.中共党史研究，2012（12）.

⑤ 韩广富，周耕.党政机关选派干部下乡扶贫制度的建立［J］.理论学刊，2013（11）.

⑥ 徐卫华.仪式、关系与基层治理中的政治信任机制构建——以"万名干部进村入户"为例［J］.甘肃行政学院学报，2012（2）.

任与政治认同，解决了影响农村基层治理有效的一些困境与问题。[①] 从具体问题解决的现实需要来说，干部驻村是补充村庄"自治失灵"的一种方式。这种通过驻村干部嵌入到农村社会的"嵌入治理"模式适合当前我国农村实际情况，也能够对我国农村治理产生较好的治理绩效。[②] 因为，来自外生力量的驻村干部有优于村庄的资源优势，他们会通过各种方式和渠道为村庄发展争取资源，并能够通过自己的工作实现农村的广泛动员，开拓农村公共物品的供给主体，改善村庄公共物品供给不足不平衡的现状。[③]

从负向效应方面来说，不同学者也讨论了驻村制在贫困治理、基层治理，特别是精准扶贫实践中存在的问题与困境。在精准扶贫初期，驻村干部的驻村工作存在认识不够、职责不清、任务不明等问题。黄承伟、覃志敏认为，贫困治理精准帮扶机制是在顶层设计下的一种制度化机制，但地区差异、村庄差异以及派出单位资源权力差异等，会导致帮扶资源供给上的非制度化、非持续现象，这可能出现扶贫资源不均带来效果不平衡甚至影响整体扶贫资源的使用效益问题。[④] 许汉泽、李小云认为，现在的驻村干部制度存在结构性排斥与限制，制度会越来越形式化，干部驻村并不能够有效动员农民群体和其他主体，扶贫干部的工作大多表现为协调各级党政部门与村干部、村民之间的关系，其作用发挥的空间和机会有限，主动性、能动性不够，久而久之驻村帮扶制度的效果也会越来越差。[⑤] 葛志军、邢成举在研究早期的精准扶贫过程认为，参与农村扶贫的驻村干部都具有双重身份，这种身份的障碍反而使得其难以处理好各级部门的职权和事权关系，

① 欧阳静.从"驻村"到"坐班"：农村基层治理方式变迁［N］.中国社会科学报，2011-8-16.

② 张义祯.嵌入治理：下派驻村干部工作机制研究——以福建省为例［J］.中共福建省委党校学报，2015（12）.

③ 王莉丹，武力.外生力量、资源动员与乡村公共品供给方式的再探讨——以西藏六地一市干部驻村为个案的研究［J］.开发研究，2015（6）.

④ 黄承伟，覃志敏.我国农村贫困治理体系演进与精准扶贫［J］.开发研究，2015（2）.

⑤ 许汉泽，李小云.精准扶贫背景下驻村机制的实践困境及其后果——以豫中J县驻村"第一书记"扶贫为例［J］.江西财经大学学报，2017（3）.

导致驻村效果不够理想。① 陈国申、宋明爽等认为，干部驻村作为一种"外部性"政治力量进入到村庄参与农村基层治理的治理模式，普遍存在工作职责定位难、工作激励机制不清的问题，在治理实践中甚至还存在外来嵌入性力量与村民自治冲突、抵牾等问题。② 从科层运行的机制来说，干部驻村这一运动式治理模式打破了党政部门的科层化运作，增加了治理成本。据此，徐琳、樊友凯的研究也认为，驻村干部的嵌入不仅会挤压农村社会的自主性，甚至还会阻碍村庄公共精神的形成，不利于农村自主性组织力量的培育和成长。③ 因此说，这种模式并不具有持续性和有效性。

关于干部驻村的研究表明，干部驻村是我国加强农村工作，推进农村贫困治理、基层治理的重要治理机制和工作方式，具有历史的制度传统和现实的实践需要。驻村制是基于国家与社会、政治与行政等不同因素嵌入与融合的制度实践，总体构建了一种"外部力量"参与"内部治理"的组织图景，具有一定程度的"反科层"、"逆科层"组织特征，形塑了中国特色的农村基层治理模式。干部驻村的实践对于解决中国农村的贫困问题，推进农村基层治理建设具有重要的现实意义和直接效果。但驻村的发生也引起了基层治理的"他治"与"自治"的冲突与矛盾，同时由于驻村制存在制度设计上的缺陷和制度适应问题，给包括贫困治理在内的各种问题解决带来效应递减的困境。干部驻村研究探讨了相关问题，但也存在研究的理论深度不足与问题探讨深度不够等问题。比如在研究的历史时间节点控制范围中，没有区分驻村制的普遍性与特殊性的关系，把干部驻村看作是一种完全具有一致普遍性的机制来研究，没有对各个不同时期的特殊背景特殊需要等作严格区分理解，因此得出的相关结论并不符合时代特征，甚至有前后矛盾之处。有的研究尽管提出了相关问题，讨论了干部驻村的"嵌入性"问题，但缺

① 葛志军，邢成举．精准扶贫：内涵、实践困境及其原因阐释——基于宁夏银川两个村庄的调查 [J]．贵州社会科学，2015（5）．
② 陈国申，宋明爽，等．嵌入型村干部与村民自治的冲突及调谐——对下乡干部的考察 [J]．经济社会体制比较，2017（5）．
③ 徐琳，樊友凯．乡村善治视角下精准扶贫的政治效应与路径选择 [J]．学习与实践，2017（6）．

乏深度的问题探究，对驻村的机制发生逻辑和机制的深层运行研究还不够。这些研究的现状为进一步展开相关研究提供了基础和可能。

二、基层治理中的"第一书记"研究

基层治理中第一书记相关研究是干部驻村研究的延续和发展。因此，在研究的范畴上出现了第一书记研究的两种基本类型：第一种是把第一书记归为驻村干部统而言之，以驻村制的视角讨论第一书记的实践。这一类研究在第一书记研究的初期得到较多关注。第二种是单独以第一书记作为基本研究对象，着重讨论精准扶贫以来第一书记在中国贫困治理、基层治理的实践。这一类研究具有鲜明的时代特征，也是近年来基层治理的主要研究议题，形成了较为丰富的成果。在研究主题及内容上，两种研究类型大体是围绕第一书记的制度发展、主体能力、机制运行、实践效果与困境、效应提升等来展开的。在研究的理论和方法切入上，或者以某种单一理论对第一书记进行较为规范性的研究，解释了大量的"应然性"问题，或者以案例研究为基本的研究方法，进行实证性研究，解释了大量的"实然性"问题，其中的研究又集中体现在用各种理论直接解释某个实践案例，或者用较为典型的案例去检验相关理论。总体来说，第一书记研究是以贫困治理、基层治理为基本论域，围绕相关的主题展开实证或规范性研究，形成了"国家与社会关系论"下的"接点黏合治理论"、"双轨协同治理论"，以及"嵌入治理论"、"主体角色论"、"资本发展论"等几种基本的观点（见表1-2）。

表1-2 "第一书记"研究形成的主要理论及观点 [①]

主要理论	主要观点
接点黏合治理论	第一书记在国家与基层社会中起到重要"接点"作用，其参与重构了基层治理结构，实现了治理的有效
双轨协同治理论	第一书记外部力量与基层组织力量分别是基层治理的"两轨"力量，共同推进以贫困治理为主的基层治理

① 这些研究中形成的基本观点具有代表性，具体代表者及观点如文中所述。

续表

主要理论	主要观点
主体角色论	第一书记在农村基层治理中承担着代理人、当家人、代言人、领路人、监督者、协调者等不同角色
嵌入治理论	第一书记嵌入到农村基层社会，对基层组织进行再造，实现了多元共治的治理格局
资本发展论	第一书记不仅能够有效将国家社会人力资本、经济资本有效衔接农村，还能发挥自身关系优势，形成各种基层治理中必要的社会资本

（一）"国家与社会关系论"下的第一书记研究

"国家与社会关系论"视角认为，第一书记是代表党和国家力量派驻到农村社会，参与基层社会治理的。在此基础上，研究者提出了"接点黏合治理论"、"双轨协同治理论"等理论观点。"接点黏合治理论"的"接点"来源于物理学意义上两个物件之间的接合部，两个物件之间有着内在的关联是能够接点的基本前提。在政治学研究中，徐勇较早将"接点政治"作为一种分析框架来研究农村群体性事件发生的结构性问题。[1] 袁铭健以国家与社会互动的视角探讨了第一书记的运转逻辑，认为在精准扶贫过程中，国家选派第一书记的基本意图是在国家与社会之间构建"接点"，通过"第一书记"这一接点将国家权力和公共资源传递到基层社会。在这一过程中，代表国家力量的第一书记在与社会韧性的互动中经历了主导型合作、竞争型受限、排斥型失控等阶段。[2] 杨芳进一步认为，在脱贫攻坚时期，驻村第一书记制度的实践为农村基层治理注入了新的活力主体，改变了原有村庄治理的固有模式，形成了国家支持、村委主导、村民参与的民主合作型的新的村庄治理格局。[3] 谢小芹认为，国家与社会是两个基本场域，在治理视

[1] 徐勇."接点政治"：农村群体性事件的县域分析——一个分析框架及以若干个案为例 [J]. 华中师范大学学报（人文社会科学版），2009（11）.

[2] 袁铭健. 国家与社会互动视角下精准扶贫的运转逻辑——以"第一书记"制度框架展开分析 [J]. 江汉大学学报（社会科学版），2020（2）.

[3] 杨芳. 驻村"第一书记"与村庄治理变革 [J]. 学习论坛，2016（2）.

角下的贫困治理中连接国家与社会两个端点的"接点"问题应该得到更多关注。贫困治理中的接点治理具体指的是国家下派第一书记发挥接点功能，促进村庄基层组织建设来融合基层社会，从而最终实现有效治理和消除贫困。①郭小聪、曾庆辉认为，第一书记驻村能够把不同主体的利益、资源和目标等结合连接起来，将国家的宏观政策目标、派出单位的科层制优势与资源、基层干部和村民的利益等进行黏合，在多重性差异中凝聚共识，从而在基层农村重新构造一个新的农村基层治理结构。②"双轨协同治理论"主要是沿用费孝通的"双轨政治"概念，结合基层治理实践来解释和分析精准扶贫过程中第一书记与其他相关主体的"双轨"作用机制。在双轨政治分析框架的启发下，谢小芹较早提出了"双轨协同治理论"，认为代表国家治理的第一书记和代表基层治理的村支书是现有农村基层治理的"双轨"，两轨在扶贫领域相互作用形成有效的治贫格局。在此过程中，第一书记充当基层治理的领头雁角色，主要作用是加强党组织建设进而实现贫困治理和社会发展的政治目标，第一书记的选派是国家在治贫领域中进行改革的新尝试。③刘建生等在此研究的基础上，将研究对象由贫困治理的主体扩展到贫困治理的"客体"——"村"和"户"上，提出了"双轨双层治理论"，探讨了"第一书记"与村"两委"这两个治理主体对"贫困村"与"贫困户"两个贫困对象的双轨合作治理，揭示了其中的作用与机制，并据此认为第一书记制度实践是国家在场和国家治理的具体体现。④相对于村庄与村民而言，第一书记是贫困村治理的外部力量，当代表国家政治的第一书记与代表基层自治的村"两委"在精准

① 谢小芹."接点治理"：贫困研究中的一个新视野——基于广西圆村"第一书记"扶贫制度的基层实践［J］.公共管理学报，2016（3）.
② 郭小聪，曾庆辉."第一书记"嵌入与乡村基层黏合治理——基于广东实践的案例研究［J］.学术研究，2020（2）.
③ 谢小芹."双轨治理"：第一书记扶贫制度的一种分析框架——基于广西圆村的田野调查［J］.南京农业大学学报（社会科学版），2017（5）.
④ 刘建生，涂琦瑶，施晨."双轨双层"治理：第一书记与村"两委"的基层贫困治理研究［J］.中国行政管理，2019（11）.

扶贫场域相遇时会形成一种新的治理格局与现象。李丹阳、张等文同样认为，以第一书记为代表的驻村干部力量参与到农村基层治理是国家重塑乡村治理秩序的重要手段，这一方式形成了乡村自治型的村"两委"基层自治力量与代表国家正式权力的外部力量"双轨并行"的治理格局，共同形塑乡村协同治理的文化建设、组织培育、项目建设、纠纷化解等实践样态。①

（二）第一书记的其他相关研究

一是"主体角色论"。该理论主要从"角色"和"职能"角度探讨第一书记在基层治理中的角色定位。从第一书记选派制度规定的4项职责任务的实践而言，第一书记是农民群众的"自家人"、村级组织的"带头人"和经济发展的"领路人"，②是基层党建的"引路人"、党员队伍的"排头兵"、经济发展的"领头雁"、民生事业的"贴心人"和农民群众的"当家人"。③在精准扶贫中，第一书记扮演着推进国家政策落地农村的"政府代理人"和为村庄代言满足群众需要的"村庄代理人"双重角色。④第一书记还扮演着国家治理代理人、乡村基层治理执行人和理性行为人的多重角色，⑤或者说是国家权力的代理人、地方政策的执行人、基层群众的发言人的多重角色。⑥这些角色的赋予有时候也会带来实践中的困境与问题。作为推动农村基层治理和乡村振兴的力量，第一书记至少包括中央、村干部和村民3个层面的角色期待，工作中会出现角色期待与实践偏差问

① 李丹阳，张等文．驻村干部和村"两委"的协同治理［J］．华南农业大学学报（社会科学版），2021（6）．

② 施维．"第一书记"要担当好三个角色［N］．农民日报，2015-5-6（3）．

③ 蒙英姿．第一书记应当好"五个角色"［J］．当代广西，2016（18）．

④ 尹利民，况伟．代理人抑或当家人：第一书记的双重角色与融合——基于G镇的经验［J］．南昌大学学报（人文社会科学版），2018（2）．

⑤ 董丽晶，刘贺，朱二孟．驻村第一书记扶贫实践多重角色冲突及调适——基于角色理论的分析［J］．理论导刊，2020（8）．

⑥ 张国磊，詹国辉．基层社会治理中的驻村"第一书记"：名实分离与治理路径［J］．西北农林科技大学学报（社会科学版），2019（5）．

题。①多元主体参与的脱贫攻坚带来的情景变化会导致第一书记驻村实践中的角色负荷、角色紧张、消极角色转换等困境。②作为嵌入型村干部，以第一书记为主的驻村干部在精准扶贫过程中扮演了监督者、协调者、引导者和协助者四重角色，同时第一书记的嵌入使得第一书记与村干部之间的"主角"和"配角"发生了位置转换。③还有学者从治理权力体现的角色来研究第一书记角色，认为第一书记驻村扶贫机制成为贫困县党委、政府落实治理要务的主要抓手，第一书记实施的治理权力是"基层政府权力"，代理贫困县党委、政府权威统筹村庄脱贫治理。④

二是"嵌入治理论"。该理论总体上沿用了前述干部驻村的嵌入研究思路。多数学者都认识到第一书记作为一种外部性的主体和"嵌入型干部"，会以不同嵌入机制和方式参与精准扶贫推进农村基层治理，在此过程中也存在相应的问题。贺雪峰等学者在研究村庄治理中较早关注了村庄治理中的两种基本力量，认为村庄秩序的生成包括行政嵌入与村庄内生二元性，行政嵌入体现在村庄以外的以政府（国家）力量为主的主体通过一定的方式参与到村庄治理上。⑤第一书记的嵌入可以对组织进行再造，不仅能够增进政社互动，也有助于村庄治理资源的再分配。⑥作为外在嵌入性力量的第一书记通过行政嵌入，使乡村治理实现了由内生单一主体治理向内外多元主体共治的转变，但也会因为"嵌入型"干部与"内生型"干部之间的博弈，容易产生一种分化的政治，提高了基层治理的成本，制约了第一书记发挥作用。在基层治理中，王晓毅认为，第一书记驻村会过度干

① 张登国. 基层治理与乡村振兴：青年第一书记的行动范式 [J]. 中国青年研究，2019（9）.

② 李胜蓝，江立华. 基于角色理论的驻村"第一书记"扶贫实践困境分析 [J]. 中国特色社会主义研究，2018（6）.

③ 孔德斌. 嵌入式扶贫的悖论与反思 [J]. 理论与改革，2018（2）.

④ 李晓梅，白浩然. 双重政府权力运作：农村脱贫场景的治理逻辑——基于国家级贫困县村庄减贫实践的调研 [J]. 公共管理学报，2019（4）.

⑤ 贺雪峰，仝志辉. 论村庄社会关联——兼论秩序的社会基础 [J]. 中国社会科学，2002（3）.

⑥ 谢小芹. "接点治理"：贫困研究中的一个新视野——基于广西圆村"第一书记"扶贫制度的基层实践 [J]. 公共管理学报，2016（3）.

预地方事务，造成外来干部与基层干部的矛盾，^① 与此同时也会削弱乡镇政府和村干部在村庄中的权威，^② 或者是外部力量的嵌入会受到基层社会的抵抗，使制度的运转难以突破科层制的层级束缚。^③ 陈国申等学者也认为，第一书记的嵌入性力量会与村民自治产生冲突，形成"他治"与"自治"内在逻辑上的悖论。^④

除了上述研究视角和理论外，有的学者从"资本发展论"角度讨论了第一书记参与治理的效应和效能。马凤芝等认为，第一书记具有发展"四维资本"的功能和作用，这 4 种资本分别是组织贫困村与贫困户脱贫与发展的社会资本、引进外部力量项目投资的物质资本、较短时间内快速增强基层组织人员能力的人力资本、与党政行政系统互动并链接资源的政治资本。^⑤ 王亚华、舒全峰等认为，第一书记驻村主要是通过为乡村注入公共领导力、开发人力资本、发挥社会资本和政治资本等个体能力或资源来实现贫困治理绩效，并通过重构政治制度、经济制度和文化制度等，促进了农村公共治理绩效的提升。^⑥ 刘湖北等学者从社会资本角度考察了第一书记社会资本对于扶贫绩效带来的正效应问题。^⑦ 还有学者从第一书记职务、年龄、性别等个体差异以及村干部和农村社会资本等因素分析了第一书记参与实践的影响因素及效果。这些分析进一步丰富了第一书记的相关研究，也为本研究打下了基础。

---

① 王晓毅.精准扶贫与驻村帮扶［J］.国家行政学院学报，2016（3）.

② 李鑫诚.乡村权力下沉治理模式的运行策略及其反思［J］.湖北社会科学，2017（4）.

③ 张国磊，张新文.制度嵌入、精英下沉与基层社会治理——基于桂南 Q 市"联镇包村"的个案考察［J］.公共管理学报，2017（4）.

④ 陈国申，唐京华.试论外来"帮扶力量"对村民自治的影响——基于山东省 S 村"第一书记"工作实践的调查［J］.天津行政学院学报，2015（6）.

⑤ 马凤芝，开源.中国农村扶贫开发的政策转向及其挑战——以四川省马边彝族自治县为例［J］.西北农林科技大学学报（社会科学版），2017（6）.

⑥ 舒全峰，苏毅清，张明慧，王亚华.第一书记、公共领导力与村庄集体行动——基于 CIRS "百村调查"数据的实证分析［J］.公共管理学报，2018，15（3）.

⑦ 刘湖北，闵炜琪，陈靓."第一书记"社会资本与扶贫工作绩效的关系研究［J］.江西社会科学，2019（9）.

三、"第一书记"研究述评

（一）第一书记相关研究的不足

总体上来说，现有的第一书记相关研究以脱贫攻坚和乡村振兴为基本背景，以贫困治理、基层治理为基本论域，围绕第一书记的制度发生、主体能力、机制运行、实践效果与困境等相关主题展开了广泛的实证和规范性研究。这些研究从"客观性"的经验材料和实践场景讨论了中国农村基层治理中第一书记行动的基本过程与基本方式，为理论界和学术界理解和解释中国特有的农村基层治理模式提供了参考和依据。但是这些研究也存在相对的不足。

"国家与社会关系论"视角下的各种关于第一书记的治理理论都主张第一书记在接入和参与过程中重塑了基层治理结构，形成了新的治理格局，推进了基层治理，特别是贫困治理的有效进行。研究者从不同的角度分析了"第一书记"这一主体在基层治理结构中的地位和作用，强调了第一书记对于治理结构和治理效应的重塑价值，把第一书记作为中间变量和桥梁，将国家力量和基层社会两种场域进行了有机嫁接，实现了国家与社会的互动与协同。因此从这一意义上而言，这些治理理论总体上而言都是"国家—社会"关系论的具体展开和延伸，其研究成果为第一书记研究提供了丰富的理论基础和分析视角。

但是，这些"国家与社会关系论"视角下的第一书记研究也存在明显的制度解释困境和实践经验不足的问题。从制度层面上而言，第一书记选派制度是一项旨在解决农村精准扶贫及其关联任务的制度安排。"第一书记"本质意义是中国共产党组织体系内的一种职务称呼，是基于党内"书记制"的一种制度延伸。第一书记和一般的驻村干部是从属于不同的组织体系的。选派第一书记的组织程序和组织要求根本上是属于党内的一种派驻制度。上述各种治理理论以国家和社会关系来笼统讨论第一书记，把政党等同于国家，把国家主体与政党力量模糊化和宽泛化，这与我国基本的制度要义和制度规定之间存在讨论范畴上的偏颇与"借代"。

实际上，党的十八大以来，突出党的组织作用，强化党在贫困治理和基层治理中的引领作用，形成"党建 + 基层治理"的互相促进融合机制越来越成为一种共识。精准扶贫和基层党建之间相互嵌套所形成的"新耦合治理"机制蕴含着不同于既有理论的新模式，相对于"国家—社会"关系范式，这种新型耦合秩序在宏观层面更契合"政党—国家"的制度环境，在微观层面更符合当前农村基层治理的日常工作实际。①

尽管上述各种理论讨论了第一书记带来的治理结构变化，但在治理主体的基本构成上没有或者较少地论及第一书记背后的关联主体。在基层治理结构重塑中，治理主体还包括第一书记选派单位、乡镇党委政府、县级党委政府及其相关部门、基层组织和村民等，这些都是第一书记参与基层治理的直接或间接关联主体，同样发挥着治理功能。这些关联主体如何发生各种关系，形成何种微观结构是值得进一步深入探讨的问题。

"角色论"更多以第一书记具体工作实践来展开研究。研究描述了第一书记参与基层治理，特别是贫困治理过程中存在的基本现象、基本问题和总体经验，但对于角色背后包含的组织机理和运行机制解释不够。第一书记作为代理人的角色，众多学者解释了一定的委托代理关系，但并没有具体分析这种代理发生的制度根源与实践机制。从嵌入性视角研究第一书记为第一书记参与基层治理研究提供了基本思路和基础，研究把第一书记驻村看作是一种外部嵌入性力量参与基层治理，提出了嵌入后带来的正负效应。但严格来说，这种嵌入性治理论并没有基于嵌入性原本的理论去探讨第一书记的"嵌入性"问题，没有深入揭示其中的经济社会关系。资本发展论虽然解释了第一书记在农村基层治理中的重要性和影响性因素，但并没有充分讨论第一书记如何通过其嵌入行动去形成社会资本，也没有充分分析第一书记如何实现人力资本、经济资本的"社会资本化"问题。这也是研究中的一个不足。

（二）第一书记"公共服务动机"研究的缺憾

如果说上述关于第一书记"客观性"研究存在不足的话，那么对于第一书记

---

① 徐明强，许汉泽.新耦合治理：精准扶贫与基层党建的双重推进［J］.西北农林科技大学学报（社会科学版），2018（3）.

"主观性"层面研究就成为第一书记研究中的一大"缺憾"。第一书记是一种特殊时期为完成特定任务嵌入到农村基层治理中的行为主体，其社会行动背后不仅仅是国家制度层面的"客观性"因素，还有个体行动背后包含的更深层次的"主观性"因素。主观性层面的研究内容包括很多方面，其中的心理动机是第一书记主观层面研究的主要内容。上述研究更多偏重从制度效能、治理结构、社会关系等"客观性"层面的因素来讨论第一书记的行为逻辑，很少甚至没有从"动机"这种"主观性"、"心理性"层面因素来分析第一书记嵌入行动背后的逻辑。第一书记履职尽责的背后既有组织公共角色的制度逻辑，更有其对于农村脱贫攻坚事业和参与农村基层治理行动的价值追求，这当中其实包含了第一书记对于国家政策的认同、农村发展困境的同情以及自我奉献等公共服务动机的心理驱动。然而，当前缺少这一方面的研究。换言之，有关第一书记公共服务动机这类的研究几乎为零。进一步而言，虽然公共服务动机研究的成果较多，但直接研究第一书记公共服务动机的几乎没有。仅有的与第一书记公共服务动机相关的研究也只是从驻村干部这一整体出发展开研究。[①] 这不能不说是第一书记研究中的缺憾。从类型学上来说，第一书记是驻村干部的一种，但因其在农村基层治理中具有一定的特殊地位、特殊职责以及特殊嵌入机制，所以以一般驻村干部公共服务动机来替代第一书记公共服务动机现状也会带来研究结果未必真实的情况。因此，很有必要加强第一书记公共服务动机的研究，弥补研究中的基本缺憾，为第一书记的选派、管理和使用提供更多的路径和方法。

第三节　研究路线、内容与方法

一、研究技术路线

研究技术路线是呈现研究思路、研究内容、研究方法等在内的一种思维框架

---

① 朱喆，徐顽强，高明.后脱贫攻坚时代驻村干部公共服务动机及其影响因素——基于武陵山区的实证研究［J］.湖南农业大学学报（社会科学版），2020，21（4）.

路线图。本研究的基本技术路线如图 1-3 所示。

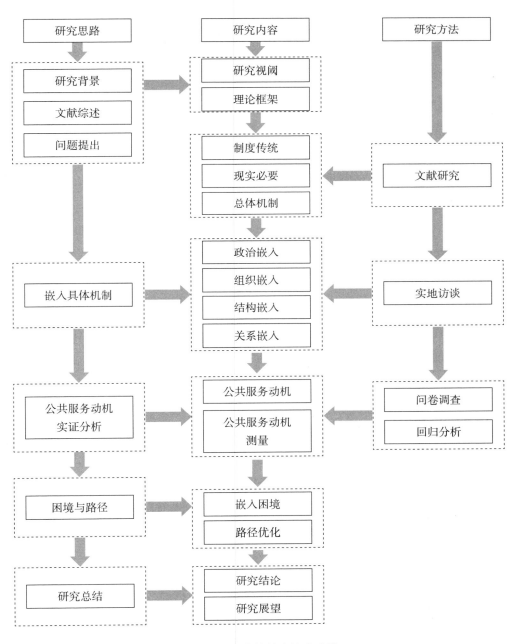

图 1-3　研究的基本技术路线

二、研究内容

依据研究技术路线体现的研究框架，本研究主要包括 6 部分 8 章节内容。

第一部分主要讨论本研究的总体情况，内容包括第一章、第二章。第一章绪论介绍了本研究的选题情况，具体包括研究背景、研究问题、研究意义、文献综述、研究方法和研究创新等。第二章是研究基础与理论分析框架。研究基础主要讨论了与基层治理相关的治理理论、乡村治理研究。理论分析框架主要是在分析嵌入理论、社会行动理论、公共服务动机理论的基础上，提出了本研究的"嵌入—行动—动机"的分析框架。

第二部分主要讨论第一书记嵌入的制度逻辑，内容包括第三章。该部分从历史维度和制度逻辑探讨了第一书记参与基层治理的传统与现实，从第一书记嵌入性的维度考察了国家与社会关系、政党与社会关系两个层面，并在此基础上结合嵌入性理论提出了第一书记嵌入机制的总体框架。

第三部分包括第四章与第五章，主要讨论的是第一书记嵌入机制与功能，这是本研究的重点。第四章分析了政治嵌入与政治权威重塑、组织嵌入与基层组织再造问题。第五章在理解结构嵌入与关系嵌入基础上，讨论结构嵌入与社会网络结构重构、关系嵌入与社会资本重组问题。

第四部分以第六章为主，在分析第一书记嵌入机制的基础上，讨论了第一书记嵌入过程中体现的多重代理公共角色属性，实证分析测量了第一书记公共角色背后包含的公共服务动机及与相关影响因素的关系。

第五部分包括第七章，在讨论了第一书记嵌入制度逻辑、实践机制及公共服务动机后，重点分析了第一书记嵌入带来的负效应及路径优化，主要讨论了第一书记嵌入过程中的困境与问题。在分析过度嵌入、组织过密化、结构排斥性、身份认同与职责不符等问题的基础上提出优化路径。

第六部分是第八章的研究结论与研究展望。总结本研究的研究结论，并依据结论和分析提出今后有待进一步研究的问题与方向。

三、研究方法

从宏观层面而言，本研究综合运用了定性研究与定量研究两种大类的研究方法。这种方法结合的运用主要是基于研究问题的需要，是基于"不应该由研究者个人的喜好或能力特点决定，而应该由研究的问题决定"①的必要。因为"定量研究方法与定性研究方法不是回答同一问题的不同方法，相反，这两种方法构造不同途径来回答不同类型的问题"②。具体来说，本研究运用了以下几种研究方法：

一是文献研究法。其方法的应用是通过搜集调查有关"第一书记"的文献，加以整理分析形成对第一书记嵌入现象的基本认知。本研究围绕第一书记相关理论研究和实践经验，借助于内容分析和资料统计对调查搜集的三方面文献整理展开研究。一是有关第一书记的政策（制度）文件文献，主要是党和国家及相关部门出台的各种关于脱贫攻坚、乡村振兴政策以及第一书记制度来源等文献，目的是全面系统梳理并了解第一书记的制度规定性。这些文献集中包括党和国家贫困治理、基层治理以及第一书记选派管理的各项政策及规定。二是有关第一书记研究的理论性文献，主要目的是了解第一书记研究的前沿，为本研究提供研究基础。这些文献包括嵌入性理论、公共服务动机理论等理论性研究文献，也包括大量关于第一书记的研究文献。三是在地方调研中搜集到的有关第一书记具体选派管理的规定和数据，目的是更好地了解第一书记的具体实践，为论述提供基本经验材料。

二是实地访谈法。为深入了解第一书记参与农村基层治理的实践场景和嵌入过程的基本经验，本研究围绕第一书记的嵌入性问题，以 J 省作为主要调研地，通过预先设计部分调研主题与问题框架，采取半结构式访谈形式分别对包括

---

① 风笑天.社会研究：设计与写作［M］.北京：中国人民大学出版社，2014.

② ［美］德尔伯特·C.米勒，内尔·J.萨尔金德.研究设计与社会测量导引（第六版）［M］.风笑天，等译.重庆：重庆大学出版社，2004.

参与贫困治理在内的农村基层治理的相关对象进行深度访谈，获取有关第一书记嵌入过程的资料与信息，研究被访谈者所包含的话语意义和场景意义。本研究访谈集中时间是在 2019 年 6 月至 2021 年 6 月，为保证访谈资料的完整性和信息的客观性，其间还对相关对象进行了多次回访。深度访谈遵循了该方法运用的一般要求和研究的基本伦理规范，保证了每位被访谈者的访谈时间长度至少在 1.5 小时，目的是了解更多细节和内容。访谈过程中进行了录音，访谈结束后及时对录音资料进行了整理归类。具体访谈对象包括 27 位第一书记、12 位村党组织书记、9 位乡镇党委政府主要负责人、6 位县扶贫办负责人、5 位县委组织部负责人、4 位选派单位相关人以及大量的村民。

三是问卷调查与回归分析研究法。该方法主要运用在第一书记公共服务动机研究中。具体来说，在遵循调查研究基本规范的基础上，按照一定的方式抽取第一书记的调查样本，以设计好的问卷展开问卷调查，收集 J 省第一书记公共服务动机的相关数据，借助于 SPSS17.0 统计软件分析第一书记公共服务动机的总体情况及人口统计学变量与公共服务动机的关系，并在此基础上进一步用回归分析进行相关实证研究。

第四节　研究创新之处

一、丰富了第一书记嵌入性治理的研究论域，拓展了第一书记公共服务动机研究的理论视角

从宏观层面来说，治理理论是本研究的理论基础和视角，很多学者也基于此展开了相当多的研究。从微观层面来说，嵌入性理论是本研究的具体研究视角，虽然有学者利用该理论对第一书记进行了相关研究，但研究都有待深入。一方面，本研究结合嵌入性理论的核心内涵对第一书记的嵌入性进行解释，在理论视角方面论证了嵌入性理论对于第一书记参与基层治理的合理性解释。农村基层治理中第一书记通过一定的方式和途径嵌入到农村基层社会，形成了典型的"嵌入

式"治理特征，拓展和深化了对第一书记嵌入性的理解。另一方面，为了更好地理解第一书记嵌入过程中的嵌入性问题，本研究从嵌入性中表现的"利他性"公共服务动机方面研究探讨了第一书记公共服务动机及与相关因素的关系，弥补了第一书记研究的缺憾与不足，丰富并补充了第一书记嵌入性研究的广度和深度。

二、提出了第一书记嵌入基层治理的"嵌入性"研究的新观点

新观点包括：（1）第一书记嵌入农村基层治理的维度包括国家与社会关系、政党与社会关系；（2）第一书记嵌入基层治理中形成了包括政治嵌入、组织嵌入、结构嵌入和关系嵌入的总体嵌入机制框架，这些机制的运行分别会产生重塑农村政治权威、重造基层组织、重构社会结构网络、重组社会资本的功能；（3）第一书记是具有党委政府、选派单位、村庄村民等多种代理属性的公共角色，这种角色具有较高的公共服务动机，经过检验，这种公共服务动机与相关变量会呈现不同特征的关系；（4）第一书记的嵌入也出现了过度嵌入的治理依赖、组织过密化的排斥性、身份认同与职责不符等问题。

本章小结

本章是研究的绪论部分，总体上讨论了"为什么进行研究、怎么样进行研究"的基本问题。从研究背景来说，本研究是基于脱贫攻坚和乡村振兴大背景下第一书记嵌入基层治理带来的农村基层治理方式的深刻变化而展开的思考。第一书记的基层治理实践体现了中国制度特色的基本特征，为理论和实践探讨提供了基础经验。近年来，尽管有诸多学者从不同角度探讨了这一时代课题，但这些研究成果还是比较注重第一书记实践经验的总结和应用，对于第一书记的制度逻辑与实践机制讨论得还不够充分。而且这些讨论大多是关于第一书记制度发展、实践现状等的"客观性"研究，缺少对第一书记本体的"主观性"研究。具体而言，目前关于第一书记的研究还没有关注到"第一书记"这一主体的内在"心理"、"动机"层面，或者说还缺乏从公共服务动机这一角度来分析第一书记的行

为与行动意义。因此，本研究提出了第一书记嵌入基层治理的制度逻辑、实践机制与公共服务动机到底如何的研究问题。

基于第一书记研究中存在的不足与缺憾现状，本研究尝试将第一书记嵌入基层治理行动的"客观"实践与嵌入行动的"主观"心理结合起来，讨论第一书记的嵌入性治理问题。这一研究形成的理论与实践成果具有一定的创新之处：一方面拓展了研究的论域，丰富了研究的理论基础；另一方面也为乡村振兴中第一书记的选派管理提供了一些具体的实践参考。为了更好地展开研究，本研究以文献研究法、实地访谈法、问卷调查和回归分析法等为基础方法，具体分析了理论框架、制度逻辑、基本机制、公共服务动机、嵌入负效应等问题。

第二章

研究视阈与理论分析框架

理论是思考问题、分析问题的起点，也是构建研究框架、形成研究本体的出发点。治理理论与乡村治理理论是农村基层治理的研究视阈，也是本研究的基本视阈。嵌入性理论、社会行动理论、公共服务动机理论则是研究第一书记嵌入机制及嵌入动机的理论基础，分析把握其理论的核心内涵有助于构建第一书记嵌入农村基层治理的嵌入性机制与嵌入动机分析框架。

第一节　农村基层治理的研究视阈

一、治理理论研究

20 世纪 90 年代以来，作为区别于传统管理的"治理"日益成为社会科学理论和实践中的高频热词，有关"治理"的各种理论在政治学、管理学、社会学等学科中得以广泛讨论，治理理论与治理方式的转变成为理解和推进当下国家发展、社会进步的重要理论基础和动力来源。与此相应，不同的"治理"（"善治"）模式、机制等在理论上赋予了不同的学术探讨价值，在实践中赋予了全新的社会应用价值。在众多学者深入研究的基础之上，治理理论形成了以国家和社会关系、政府与市场关系等为基本分析范式，以社会主体多元为基本特征，涵盖治理模式、治理结构等丰富的理论体系。

1989 年，世界银行在概括当时非洲情形时首次使用了"治理危机"（Crisis in Governance）一词。之后，"治理"被广泛关注并被一些国际组织和学者加以深入研究。20 世纪 90 年代以来，西方政治学兴起了"治理"的集中研究，治理理论很快成为全世界政治学、社会学、管理学等领域研究的热点问题。西方学者分别从治理内涵、治理主体结构、治理方式等方面讨论了治理与统治的区别、治理的含义、治理的基本特征等主题。罗西瑙（Rosenau）较早明确指出治理与政府统治不是同义语，治理中的管理活动主体未必都是政府，也无需依靠国家的强制力来实现。① 罗伯特·罗茨（Rhodes）认为，治理"意味着一种新的统治过程，意味着以新的方法来统治社会"。在此基础上，罗茨归纳出治理概念的 6 个方面：作为最小国家（The Minimal State）的治理；作为公司（Corporate Governance）的治理；作为新公共管理（The New Public Management）的治理；作为善治（Good Governance）的治理；作为社会—控制体系的治理；作为自组织网络（Self-organizing Network）的治理。也有学者从治理结构的构建讨论治理。库伊曼（Jan Kooiman）等认为，治理是一种结构或一种秩序的产生，这种结构或秩序不是外部强加的，而是多种进行统治的以及互相发生影响的参与者互动的结果。② 全球治理委员会（The Commission on Global Governance）在关于"治理"的理解中给出了较为代表性的界定，认为治理是个人与各种公共或私人的共同管理社会事务的多种方式的总和，治理有 4 个基本特征：治理涉及公共部门、私人部门；治理是一个过程而不是简单的一整套规则活动；治理基础强调协调而不是控制；治理是持续互动而不是一种正式制度。③ 在治理理论的基础上，学者们提出了各种治理理论的分析框架。以文森特·奥斯特洛姆（Vincent Ostrom）和艾莉诺·奥斯特洛姆（Elinor Ostrom）夫妇等为代表的学者提出了多中心治理理论。康西丁（Considine）和刘易斯（Lewis）则把治理类型区分为科层化治理、公司治理、市

① James N.Rosenau, Ernst Otto Czempiel.Governace without Government：Order and Change in World Politics［M］.Cambridge University Press，1995.

② Jan Kooiman，M.Van Vliet.Governance and Public Management in Managing Public Organization［M］. Edited by K.A Eliassen, Jan Kooiman. Sage Publication，1993.

③ The Commission on Global Governance.Our Global Neighborhood：The Roport of the Commission on Global Governance［M］.Oxford University Press，1995.

场化治理和网络化治理 4 种类型。而网络化治理实质上是"协作治理"，它强调政府与非政府等组织的相互作用和多中心。

随着治理理论研究的世界化，我国治理理论研究也是方兴未艾，大体经历了学习推介、议题拓展、内容深化等不同阶段。[①] 以俞可平为代表的一大批学者围绕西方治理理论的理论来源、理论框架、理论观点、理论实用等问题展开了中国治理理论与实践的探索性研究，理清了"治理与管理"、"统治与管制"等核心内涵，开拓了治理理论的研究边界和视阈，理论研究成果促进了社会各级各类组织的变革，引导了社会实践方方面面的改革。2018 年，党的十八届三中全会通过了《中共中央关于全面深化改革若干重大问题的决定》，提出了全面深化改革的总目标是完善和发展中国特色社会主义制度，推进国家治理体系和治理能力现代化。体制创新与制度变革成为开启中国深化改革的主旋律，治理现代化建设也因此成为中国改革的新动力和新能级。在这一新的时代背景下，以国家治理为视角的各种治理研究层出不穷，政府治理、社会治理、基层治理等研究蔚然成风，治理研究成为当前中国学界的一门"显学"和"要学"。

二、乡村治理中的农村基层治理研究

乡村治理、农村基层治理研究是治理理论研究的深入和延展。严格来说，乡村治理与农村基层治理具有不同的治理内涵与边界。农村基层治理更多是指向以农村（村庄）场域为主体的治理；乡村治理论域更宽泛一些，除了包括农村（村庄）场域，还包括"乡政村治"场域。从这个角度而言，两者虽有不同，但也具有相同或相近论域。以下主要是从乡村治理的角度来讨论农村基层治理的研究基础。

近年来，越来越多的中西学者在治理研究本土化的过程中开始关注乡村治理研究，推动了中国近现代乡村政治与乡村社会研究的延续和深入。在 30 年来的治理研究中，以"乡村治理"、"村庄治理"、"基层治理"等为主题的研究日渐

---

① 任勇 . 治理理论研究为治理现代化提供学理支撑 ［N］. 人民日报，2019–3–25（10）.

增多，研究的内容大体涉及乡村治理传统、村民自治、乡村治理模式以及治理困境等。从研究的历史维度而言，学界关于中国农村基层治理的研究大体以中华人民共和国成立为时间节点，对中华人民共和国成立前后的农村治理进行了广泛探讨。

历史上，中华人民共和国成立前的中国乡村治理研究无疑是整个中国乡村治理研究的有机组成部分。20 世纪三四十年代，费孝通从人类社会学的角度出发，提出了"双轨政治"概念。他认为，中国传统社会的农村治理具有"自上而下"的皇权（官治）和"自下而上"的绅权（民治）相结合的"双轨政治"特点。[①] "双轨模式"的提出为后期中国乡村治理研究学者提供了一种基本分析框架。美国学者杜赞奇（Prasenjit Duara）认为，中国晚清社会的"地方自治"与民国时期的"新县制"均没有完成对基层社会的整合，乡村社会渗透的国家权力和官僚机构对乡村社会资源进行极力汲取，导致乡村社会的破败、解体以及国家合法性的丧失。[②] 项继权认为，传统的乡村治理的常态既非"自治"，也非"专制"，而是实行的"官督绅办"体制。长期以来，国家主导了乡村社会的资源汲取与社会控制，这使得国家权力不断向乡村基层延伸，导致了乡村治理的国家化、行政化和官僚化。[③] 唐鸣等认为，中国古代乡村治理存在"乡官制模式"、"由乡里制到保甲制模式"、"乡官制到现役制模式"。[④] 在传统乡村社会的权力结构关系中，除了代表皇权的正式体制外，还包括绅权和族权两大民间权力支柱，这种国家主导的行政权和乡村自治权融为一体，形成了传统中国具有超稳定的乡村治理结

---

① 费孝通在其《乡土中国》、《皇权与绅权》中对社会结构进行了解读，系统提出了"双轨政治"的相关论述。

② ［美］杜赞奇. 文化、权力与国家：1900—1942 年的华北农村［M］. 王福明，译. 南京：江苏人民出版社，1996.

③ 项继权. 中国乡村治理的层级及其变迁——兼论当前乡村体制的改革［J］. 开放时代，2008（3）.

④ 唐鸣，赵鲲鹏，赵志鹏. 中国古代乡村治理的基本模式及其历史变迁［J］. 江汉论坛，2011（3）.

构。这些关于中国早期乡村治理的研究揭示了中国乡村治理的历史经验，为探讨中国当代乡村治理的内涵特征奠定了基础条件。

20世纪90年代后期，以贺雪峰、吴毅为代表的"华中乡土派"完成了从"村民自治"到"乡村治理"的研究转向。"乡村治理"是"华中乡土派"提出的最为基础的概念范畴。受费孝通研究的影响，他们在对村民自治研究的关注中，致力于建构对当下农村社会及其转型过程的本土理解，研究方法主张以田野调查为主，研究主张以"三农"问题为指向，以乡村治理为内容，以推动农村发展为目的，提倡问题主位、村治主位、中国主位的导向。

在乡村治理研究范式下，学界关于乡村治理研究的内涵、研究旨趣与研究方法等方面形成了丰富的成果。关于乡村治理的内涵理解上，子志月、王丹从功能主义视角、国家法治与乡村自治互构视角、目标管理视角3个层面进行了宏观理解，认为乡村治理本质上蕴含着"治理"、"善治"理念，是各种权力对乡村社会的组织、管理与调控的过程和绩效。[①] 张厚安等学者在从村民自治研究转向村级治理研究中，提出乡村治理就是指通过解决乡村面临的问题，实现乡村的发展和稳定。[②] 廖冲绪等学者认为，乡村治理是在乡村社会场域下，国家权力主体与乡村社会自治主体，在一定制度架构下对乡村社会的公共事务进行管理，以推动乡村政治民主、经济发展、社会进步、生态良好。[③] 王习明提出，乡村治理是指公共权力以及村庄正式组织与非正式组织的协作实现对乡村社会的治理过程和绩效。[④] 贺雪峰提出，乡村治理关注"村治"的内在关联，乡村治理研究内容包括如何在中国乡村实现自主管理和有序发展等。[⑤] 吴克伟提出，乡村治理简称"村

① 子志月，王丹.中国乡村治理研究：回顾与前瞻［J］.云南行政学院学报，2018（4）.

② 张厚安，徐勇，项继权.中国农村村级治理：22个村的调查与比较［M］.武汉：华中师范大学出版社，2000.

③ 廖冲绪，肖雪莲，等.我国乡村治理结构的演变及启示［J］.中共四川省委省级机关党校学报，2012（4）.

④ 王习明.乡村治理中的老人福利［M］.武汉：湖北人民出版社，2007.

⑤ 贺雪峰.乡村治理研究与村庄治理研究［J］.地方财政研究，2007（3）.

治"，乡村治理不等同于村民自治，它不仅包括村民自治权在内的各种权力关系运行，也包括公共权威在内的组织管理与协调等。[①] 张艳娥认为，乡村治理包括乡镇范围以内的乡镇、行政村和自然村庄在内的 3 个层次，它是政府公共组织与乡村社会其他主体围绕公共权力与资源配置运用的多向治理关系，其治理的基本目的是实现乡村的善治。[②] 在研究方法上，乡村治理研究在村治实验和田野调查等研究过程中更好地揭示了非正式权威和社会力量的作用，比之前的"村民自治"研究具有更大的包容性。

关于乡村治理体制的演变或者模式研究，学界主要根据不同历史时期乡村治理的时代背景提出了不同阶段的模式。中华人民共和国成立以来，乡村管理（治理）体制的转变表现出了不同的历史时期的不同变革内容和方式，反映了乡村社会治理的不同特点（见表 2-1）。有的学者以 1949 年新中国成立和 1978 年改革开放的历史大事件为时间节点，将乡村治理体制演变划分为两个阶段。谢雯、黄新宇认为，我国乡村治理体制包括两个时期，即以政治整合为主导的时期和以市场整合为主导的时期。[③] 狄金华等从社会管理机制的角度将农村社会管理体制分为单向度的国家政治整合与社会整合的重启两个阶段。[④] 武力则将我国乡村治理体制划分为重建阶段和演变阶段。[⑤]

---

① 吴克伟. 社会转型视野中的乡村治理——当代中国乡村社会变迁实证研究［D］. 武汉：华中师范大学，2006.

② 张艳娥. 关于乡村治理主体几个相关问题的分析［J］. 农村经济，2010（1）.

③ 谢雯，黄新宇. 农村社会管理体制创新的变迁与新识［J］. 求索，2011（11）.

④ 狄金华，钟涨宝. 中国农村社会管理机制的嬗变——基于整合视角的分析［J］. 吉林大学社会科学学报，2012（5）.

⑤ 武力. 中国乡村治理结构的演变［N］. 中国社会科学院院报，2006-7-13.

表 2-1 中华人民共和国成立以来乡村治理体制的不同阶段模式

阶段划分	观点代表	呈现形态
两阶段	谢雯、黄新宇	政治整合与市场整合
	狄金华	政治整合与社会整合
	武力	重建阶段与演变阶段
三阶段	祁勇、赵德兴	以行政村为基层管理单位的政治体制 以人民公社为中心的政社合一的人民公社体制 以群众自治为基础的乡政村治体制
	袁金辉	建国初期村社合一 人民公社时期政社合一 改革开放以来乡政村治
	刘涛、王震	"政社合一"的全能主义模式 "乡政村治"的放权模式 21世纪以来的多元主体交汇融合治理模式
	冯石岗、杨赛	计划经济时期"人民公社"模式 改革开放后"乡政村治"模式 市场经济条件下"和谐新农村建设"模式
	吕德文	人民公社模式 乡政村治模式 "三治"结合治理模式
	公丕祥	新中国成立初期 改革开放历史时期 新时代
	李华胤	改革开放前"政社合一"治理体制 改革开放后村民自治与"乡政村治"格局 新时代多元有效的乡村治理体系
四阶段	于建嵘	传统时期 激变时期 农村改造时期 新时期

续表

阶段划分	观点代表	呈现形态
四阶段	尤琳、陈世伟	传统时期的"双轨政治"治理模式 近代时期的"赢利性经纪人"治理模式 人民公社时期的"全能主义"治理模式 改革开放以来的"乡政村治"模式
	蒋永穆、王丽萍 祝林林	村社合一阶段 政社合一阶段 乡政村治阶段 "三治"结合阶段
六阶段	丁志刚、王杰	土地改革时期 农业合作化时期 人民公社时期 改革探索时期 新农村建设时期 乡村振兴战略实施时期

我国乡村治理体制的"两阶段"划分,抓住了我国政治经济社会建设与重构的主要关键点,总体上符合历史发展进程中乡村治理体制的演变规律,宏观上描绘了乡村治理体制在两个不同时期的总体特征。但从微观上而言,用"两阶段"来呈现我国 70 多年来乡村治理体制的演变显得较为粗略,没有细致探究出引发乡村治理体制转变的真实因素和时代动力。为此,很多学者在"两阶段"的基础上加入了"人民公社"等时间变量,提出了"三阶段"、"四阶段"等多阶段模式的说法。祁勇、赵德兴等认为,我国乡村社会从管理到治理的转变中大体经历了3 个阶段:建国初期以行政村为基层管理单位的政治体制;50 年代末期至 80 年代初以人民公社为中心的政社合一的人民公社体制;80 年代开始 90 年代全面实施的以群众自治为基础的乡政村治体制。[1]袁金辉也将中国乡村治理分为建国初

---

[1] 祁勇,赵德兴 . 中国乡村治理模式研究 [M].济南:山东人民出版社,2014.

期的村社合一、人民公社时期的政社合一、改革开放以来的乡政村治3个阶段。[①]
刘涛、王震认为，中华人民共和国成立以来我国乡村治理模式先后经历过人民公
社时期"政社合一"的全能主义模式、20世纪80年代以来的"乡政村治"的放
权模式以及21世纪以来的多元主体交汇融合治理模式等3种治理模式。[②] 冯石
岗、杨赛认为，中华人民共和国成立以后，乡村治理模式经历了计划经济时期
"人民公社"模式、改革开放后"乡政村治"模式和市场经济条件下"和谐新农
村建设"模式等3次模式变迁。[③] 随着国家治理体系和治理能力现代化建设的开
启，越来越多的学者结合国家治理的宏观背景来考察中国的乡村治理。吕德文认
为，中华人民共和国成立70年来，乡村治理体制经历了多次变革，形成了人民
公社、乡政村治和"三治"结合3种乡村治理模式。这3种乡村治理模式，都是
国家在特定时期根据治理的目标、任务而建构的，它们因治理主体、内容和方式
的差异而呈现出不同的治理特征。[④] 公丕祥将中华人民共和国70年的乡村治理与
自治分为"初期"、"改革开放历史时期"、"新时代"3个阶段。[⑤] 李华胤也认为，
中华人民共和国成立70年来，乡村治理变迁经历了改革开放前"政社合一"的
治理体制、改革开放后村民自治与"乡政村治"格局以及新时代探索多元有效的
乡村治理体系3个阶段。[⑥] 在"三阶段"说的基础上，也有学者提出了中国乡村治
理的"四阶段"说。于建嵘将中国乡村治理分为传统时期、激变时期、农村改造
时期以及新时期4个阶段，认为中华人民共和国成立以来的社会变迁中，乡村治

---

① 袁金辉. 中国乡村治理60年：回顾与展望［J］. 国家行政学院学报，2009（5）.

② 刘涛，王震. 中国乡村治理中的"国家—社会"的研究路径——新时期国家介入乡村治理的必
要性分析［J］. 中国农村观察，2007（5）.

③ 冯石岗，杨赛. 新中国成立以来我国乡村治理模式的变迁及发展趋势［J］. 行政论坛，2014
（2）.

④ 吕德文. 乡村治理70年：国家治理现代化的视角［J］. 南京农业大学学报（社会科学版），
2019，19（4）.

⑤ 公丕祥. 新中国70年进程中的乡村治理与自治［J］. 社会科学战线，2019（5）.

⑥ 李华胤. 我国乡村治理的变迁与经验探析［J］. 毛泽东邓小平理论研究，2019（5）.

理的治理主体、治理目标和治理过程等都发生了重要转变。[①]尤琳、陈世伟从大历史跨度出发，将中国乡村治理结构的历史变迁分为传统时期的"双轨政治"治理模式、近代时期的"赢利性经纪人"治理模式、人民公社时期的"全能主义"治理模式、改革开放以来的"乡政村治"模式等 4 种模式。[②]蒋永穆、王丽萍等认为，中华人民共和国成立 70 年来，我国乡村治理大致经历了 4 个阶段：村社合一阶段、政社合一阶段、乡政村治阶段、"三治"结合阶段。4 个变迁阶段表现出 4 个显著特征，即村民参与乡村治理由间接到直接转变，乡村治理主体由单一到多元转变，乡村治理模式由"管治"到"三治"转变，国家与乡村治理关系由"汲取"到"给予"转变。[③]丁志刚、王杰以中华人民共和国成立以来的重要政策文本和目标导向为依据，将乡村治理的历史分为土地改革时期、农业合作化时期、人民公社时期、改革探索时期、新农村建设时期和乡村振兴战略实施时期 6 个阶段，认为 70 年来中国乡村治理包含着实现乡村现代化的目标、多组织共同参与、解决乡村现代化的主要矛盾、制度法律政策的变革与创新的 4 个方面的内在逻辑。[④]

从治理困境与治理路径角度研究乡村治理亦是乡村治理研究的重要方向和内容。美国学者杜赞奇最早提出了国家政权建设"内卷化"问题。在此基础上，黄宗智认为，20 世纪以来中国的村庄治理关系受到国家政权的性质与村庄内部结构的影响，这种"半无产化"与官僚化的交接，导致了村庄与国家之间的矛盾。[⑤]在乡村治理过程中，由于国家因素与社会因素的影响，村民自治的村级组织性质发生了异化，具有半行政化、行政机关的组织属性，日益成为脱嵌于乡土社会的"悬浮型"组织。在村庄治理中，当前村庄治理面临着组织结构和社会结

---

① 于建嵘. 社会变迁进程中乡村社会治理的转变 [J]. 人民论坛，2015（14）.

② 尤琳，陈世伟. 国家治理能力视角下中国乡村治理结构的历史变迁 [J]. 社会主义研究，2014（6）.

③ 蒋永穆，王丽萍，祝林林. 新中国 70 年乡村治理：变迁、主线及方向 [J]. 求是学刊，2019（5）.

④ 丁志刚，王杰. 中国乡村治理 70 年：历史演进与逻辑理路 [J]. 中国农村观察，2019（4）.

⑤ 黄宗智. 华北的小农经济与社会变迁 [M]. 北京：中华书局，2000.

构相分离的困境，农民阶层分化也产生了村庄治理内卷化问题，村民自治中出现了典型的"选举空巢"现象。

乡村治理研究成为当下中国学界的"显学"和热点，有其研究的现实必然性和历史继承性。从已有的成果来说，上述研究形成了多种研究分析框架，而"国家与社会"是其中最为主要的分析框架，这一框架重点讨论国家力量与社会力量的关系问题。基层政府，特别是乡镇一级政府、村级组织、村民是乡村治理结构的主体构成。"强国家、弱社会"、"自治与他治冲突"等观点也贯穿于研究的全过程。总体来看，乡村治理研究基本上是以乡镇区域为地理界限，以乡镇组织为主要关注点而形成的研究论域。在一些研究中，研究的场域则没有清晰的界定，或者统而言之把县级以下的治理都称为乡村治理，或者把村庄治理也称为乡村治理，存在乡村治理与农村基层治理的换用、代用的情况。本研究的基层治理是指农村基层治理，以农村地域为主要地理范围，以农村基层组织（村党组织和村自治组织）为基本主体，乡镇组织以及村民之间形成的各种民间组织，包括第一书记在内的驻村干部等都是其构成主体。治理客体主要是村内各种公共事务和公共问题。

第二节　研究的理论分析框架

第一书记是当前我国农村基层治理的重要主体之一，这一主体的嵌入行动是政治经济社会多因素的结果，引发了农村治理组织功能、治理结构和社会关系等的深刻变化。那么，第一书记如何嵌入到农村社会？第一书记嵌入行动背后又包含着怎样的公共服务动机？这是本研究要解释的核心问题。本部分基于嵌入性理论、社会行动理论和公共服务动机理论的理解与分析，构建了"嵌入—行动—动机"基本理论分析框架。

一、嵌入与嵌入性理论

嵌入从本意上而言是一种事物镶入到另一种事物的过程，较早在生物学中用于表达某种特定的分子插入并结合到 DNA 链中相邻的碱基对之间。嵌入体现了不同主体之间的互动与关联，具有这种属性特征就是"嵌入性"（Embeddedness）。在新经济社会学研究领域中，嵌入性被称为该领域中的一个核心概念，并由此形成了连接经济学、社会学桥梁的嵌入性理论。在嵌入性理论的形成发展过程中，其理论的核心解释力越来越多延展到网络治理、组织适应发展、社会资本等研究领域。[①] 从研究的学科领域来说，嵌入性理论从早期经济学产业发展、企业管理等领域逐渐扩展到社会学、心理学、公共管理学、政治学等领域。

社会关系与行为、制度的关系问题一直是社会理论中讨论的一个基本话题，嵌入性理论是这一基本话题下的深入。从西方理论发展过程来说，嵌入性理论的发展大体经历了理论初步提出、理论基本形成与理论最新发展几个阶段，在此过程中分别形成了嵌入性理论的不同分析框架（见表 2-2）。

表 2-2　嵌入性理论的主要分析框架

主要代表	分析框架
卡尔·波兰尼（Karl Polanyi）	嵌入、脱嵌
马克·格兰诺维特（Mark Granovetter）	结构嵌入、关系嵌入
祖金（Zukin）和迪马吉奥（Dimaggio）	认知嵌入、政治嵌入、文化嵌入、结构嵌入
哈格多恩（Hagedoorn）	环境嵌入性、组织间嵌入性、双边嵌入性
哈利尼（Halinen）和托姆罗斯（Tornross）	时间嵌入、空间嵌入、社会嵌入、政治嵌入、市场嵌入、技术嵌入
杰索普（Jessop）	人际嵌入、制度嵌入、制度秩序嵌入
马丁·赫斯（Martin Hess）	社会嵌入、网络嵌入、地域嵌入

（一）嵌入性理论的初步提出

1944 年，政治经济学家波兰尼在其所著的《巨变：当代政治与经济的起源》

---

① 许婧.西方经济人类学理论发展的历程［J］.西南民族大学学报（人文社会科学版），2010（1）.

中首次提出了经济社会学中的"嵌入性"概念，并用此概念分析经济社会关系中经济体系与社会体系嵌入性关系现象。他认为，经济行为作为一个制度过程，是嵌入并纠结于经济与非经济制度之中的，非经济制度是人类经济极为重要的部分。互惠、再分配、交换是经济制度的主要表象，而社会文化、习俗等属于非经济制度的因素。波兰尼进一步提出，嵌入性在工业革命前的非市场经济和工业革命后的市场经济中呈现出不同的嵌入状态，即在工业革命前，经济生活以互惠或再分配的方式为主，是嵌入在社会和文化结构之中的，反之，在工业革命后，社会关系被嵌入在经济体系之中，而不是经济行为被嵌入在社会关系之内。《大转型：我们时代的政治经济起源》是一部反思"大转型"带来的政治经济发展著作，提出的嵌入性基本理论在当时也并没有得到广泛关注，但波兰尼提出分析经济体系与社会体系两种体系的"嵌入性"关系的命题成为后来新经济社会学理论的重要来源，经济作为一个子系统嵌入于社会的命题从此逐渐流行起来。基于对嵌入性的基本解释和基本观点，有学者把波兰尼嵌入论称为"本体论嵌入论"，把美国学者格兰诺维特发展的具有鲜明嵌入路径的研究称为"方法论嵌入论"。[①]

（二）嵌入性理论的基本形成

随着经济社会的不断发展，经济学中的市场问题、古典经济学理论在经济发展中的解释缺陷问题日益突出，越来越多的学者开始转向深入研究人的经济行为活动与其所处的社会组织、社会关系。格兰诺维特在波兰尼和怀特（Harrison C. White）等人研究的基础上，于 1985 年在《美国社会学杂志》上发表了《经济行动和社会结构：嵌入性问题》，系统阐述了嵌入性理论的主要内容，深化了对嵌入性的理解，鲜明提出了"经济行为嵌入社会结构"这一新经济社会学的核心主题，并在后续研究中形成了嵌入性理论的基本理论基础和框架。格兰诺维特首先从社会学与经济学研究中长期存在的"过度社会化"与"低度社会化"两种极

---

① 徐选国，罗茜. 嵌入何以发展：社会工作本土化进程中嵌入观的流变与再构［J］. 新视野，2020（1）.

端分析出发，指出了两种研究取向的不足，认为"我们研究的组织及其行为受到社会关系的制约，把它们作为独立的个体进行分析是一个严重的误解"，人的经济行为活动是嵌入在社会结构之中的，是与一定的社会网络密不可分的。格兰诺维特嵌入性理论一方面调和了"低度社会化"与"过度社会化"的观点，另一方面也避免了社会性孤立的假设，强调行动者在做一项经济行为时，有其自己的理性算计与个人偏好，但这种理性与偏好是在一个动态的互动过程中做出行为决定的，其行为既是"自主"的，也"嵌入"在互动网络中，受到社会脉络的制约。[①] 也就是说，个体的经济行为与模式会受制于社会结构、生活方式和思维模式等。在某种程度上，经济行为只是社会行为的一种形式，即便在理性选择的过程中，社会结构的诸多因素也都会被考虑进来。

格兰诺维特从个人行为、企业组织产业发展的角度提出了嵌入性理论的经典分析框架。从嵌入过程而言，嵌入实际上是一个包括嵌入主体、嵌入客体、嵌入方式、嵌入环境等要素的系统整体运行过程。个人、组织或者个人、企业是嵌入的基本主体，是经济行为的主要活动者，而各种社会关系及其形成的各种社会网络则是嵌入的客体，社会关系中的"信任"、"文化"、"声誉"等作用的发生机制是嵌入的主要方式。[②] 同时，嵌入过程也与社会网络、宗教和政治等环境因素密不可分，会产生不同的嵌入效应。换言之，任何经济发展时代、任何形态社会的经济行为都会以不同的嵌入方式和嵌入程度嵌入到社会结构中去。

1992 年，格兰诺维特出版专著 *The Sociology of Economic Life*，进一步深化了嵌入性理论的研究。该研究在其 1973 年发表的 *The Strength of Weak Ties* 的基础上，将关系强度研究向前推进了一步，并系统提出了结构性嵌入和关系性嵌入的重要理论分析框架。他认为，关系嵌入性理论与社会资本研究密不可分，其理论研究视角聚焦于互惠预期而产生的双向关系，这些关系存在强关系与弱关系之分，而

---

① ［美］马克·格兰诺维特.镶嵌：社会网与经济行动［M］.罗家德，等译.北京：社会科学文献出版社，2015.

② 侯仕军.社会嵌入概念与结构的整合性解析［J］.江苏社会科学，2011（2）.

且强弱联系分别表现为不同形式，对于组织发展有不同的意义。关系性嵌入关系可以从关系的内容、关系方向、关系延续性和关系强度等指标来测度。[①] 格兰诺维特将这些测量关系强弱的指标具体化为互动频率、亲密程度、关系持续时间以及相互服务（互惠交换）的内容。他还强调人类经济行为的决策活动不是单个理性人或单个情境下的过程，而是受到社会中其他成员关系影响的，其所关注的是社会网络中经济活动的参与者之间基于紧密联系、互惠、信任、合作规范、承诺等相互关系问题。对于组织发展而言，经济行为主体间的关系紧密程度、彼此信任、合作规范、对未来价值的预期等关系嵌入性会直接影响到组织间的合作、组织资源的交换、隐性知识的传递与共享性知识的开发等，对组织当前的经济绩效和未来合作也都会产生关联。

结构性嵌入理论很大程度上源于社会网络分析的理论基础，讨论的是网络参与者自身所处的网络与其他社会网络之间相互发生联系而形成的总体性结构关系，及行为主体与外部关系所构成的结构。这种结构网络是以行为者为主体而构成的多维度、多角度的整体结构，强调网络整体嵌入的基本功能以及行为主体或者组织本身在网络中的结构位置。[②] 由此而言，行为主体及其关联的网络结构都是嵌入于其构成的社会结构当中，同时也受到来自社会结构中的诸多因素的影响。在结构性嵌入理论中，网络的规模、密度以及行为者所在网络的位置对组织行为及绩效会产生直接的效应。与格兰诺维特结构嵌入性观点相对应，美国社会学家伯特（Burt）提出了"结构洞"（Structural Hole）理论。在伯特看来，社会结构中的洞（结构洞）就是指称竞争市场中玩家之间无联结或非等位的情形，而且结构洞是与信息通路、先机、举荐及控制等相应的企业家联系在一起的，[③] 体现了企业组织在网络中的"桥梁作用"。从企业竞争角度而言，企业

① 兰建平，苗文斌. 嵌入性理论研究综述［J］. 技术经济，2009，28（1）.

② Granovetter M.The Strength of Weak Ties［J］.American Journal of Sociology，1973，78（6）.

③ ［美］罗纳德·S.伯特.结构洞：竞争的社会结构［M］.任敏，李璐，林虹，译.上海：上海人民出版社，2017.

在网络中拥有的结构洞的数量越多，企业在整个信息传递网络中占据的位置越有利。

（三）嵌入性理论的丰富

在格兰诺维特强弱关系研究的基础上，大量学者从多角度发展了嵌入性理论，丰富了"嵌入"的基本内涵与外延。祖金和迪马吉奥在 1990 年出版的专著 *Structures of Capital：The Social Organization of the Economy* 中从企业组织发展的社会关联角度提出了认知嵌入、政治嵌入、文化嵌入和结构嵌入 4 种嵌入性类型。[①] 认知嵌入是指经济行为主体在进行选择或决策时会受其所处的环境和原有思维模式的引导和限制，组织形成的固有思维和群体思维往往会影响行为者的决策。文化嵌入是指行为主体在进行经济活动时受传统价值观、信念、信仰、宗教等社会文化的制约。不同的文化对企业组织的管理活动乃至组织构成组合等产生重要影响。政治嵌入是指行为主体的行为发生深受其所处的政治环境、政治体制、权力结构等政治制度性影响，企业会根据政治性因素采取相应的约束行为。结构嵌入是指组织网络结构与其组织行为及结果的关系影响，这一嵌入性基本沿袭了格兰诺维特的结构嵌入概念。

20 世纪 90 年代末开始，嵌入性理论的相关概念和分析一方面在原有基础上得以更进一步的丰富和发展，另一方面在产业经济、区域经济、战略管理、组织理论等方面也得到深入应用研究。哈利尼和托姆罗斯从更宽泛的网络视角，将嵌入分为时间嵌入、空间嵌入、社会嵌入、政治嵌入、市场嵌入、技术嵌入，并对每一种类型的嵌入内涵与作用影响进行了深入探讨。[②] 杰索普则基于波兰尼嵌入概念的不足，从人际嵌入、组织间关系的制度嵌入和制度秩序的嵌入 3 个层面对

---

① Zukin S，Dimaggio P. Structures of Capital：The Social Organization of the Economy［M］. Cambridge University Press，1990.

② Halinen A，Tornroos J A. The Role of Embeddedness in the Evolution of Business Networks［J］. Scandinavian Journal of Management，1998，14（3）.

嵌入性进行必要性分析。[①] 马丁·赫斯认同经济行为与社会结构的嵌入关系，将企业的嵌入类型分为社会嵌入、网络嵌入和地域嵌入。[②] 哈格多恩在组织间合作、伙伴关系构建的研究中提出了环境嵌入性、组织间嵌入性与双边嵌入性3个层次的嵌入性，[③] 即国家产业环境、组织间的网络背景以及组织间的双边关系会影响企业的行为选择。米切尔（Terence R.Mitchell）等提出了"工作嵌入性"，从企业管理学的角度探讨企业员工与同事和团队关系、自身与工作和组织匹配、预估离职成本等社会性因素及关系。[④]

嵌入性理论的学理分析为理解个人和组织行为提供了更为广阔的视野。它改变了传统经济学"经济人"和社会学"社会人"的单向度分析角度，而是将人的行动行为经济理性和社会规范性综合来看，拓展了对行为主体的认知，回归了经济与社会的本然解释。在现代经济社会中，任何行为者都不可能在任何情况下简单地按照"成本—收益"的"算计"和社会行为规范行事，他们都是在各种复杂的社会关系和结构中采取行动的。嵌入性理论在分析行为主体的行为时，更多是把行为个体置于一定的社会结构、社会关系的社会网络中去理解。在组织化社会中，任何具体的个体都是不同组织类别中的人，也都是高度社会化的社会网络中的人，行为者的行为只有嵌入在社会网络场景中，其行动才能真实存在。因此，从这个意义上而言，探讨个人组织背后的性质、组织制度、组织环境及其影响因素则是嵌入性理论分析应有之义。

---

① Jessop B. Regulationist and Autopoieticist Reflections on Polanyi's Account of Market Economies and the Market Society [J]. New Political Economy, 2001, 6（2）.

② Hess M. Spatial'relationships: Towards a Reconceptualization of Embeddedness [J]. Progress in Human Geography, 2004, 28（2）.

③ Hagedoorn J. Understanding the Cross-level Embeddedness of Interfirm Partnership Formation [J]. Academy of Management Review, 2006, 31（3）.

④ Terence R. Mitchell, Brooks C. Holtom, Thomas W. Lee, Chris J. Sablynski, Miriam Erez. Why People Stay: Using Job Embeddedness to Predict Voluntary Turnover [J]. The Academy of Management Journal, 2001, 44（6）.

（四）农村基层治理的嵌入性理论解释

格兰诺维特之后，嵌入性理论研究很快在世界各国学术研究中受到重视和关注。嵌入性理论最早也最主要讨论的是市场活动中的经济行为主体与社会结构的嵌入性。随着理论的扩散，嵌入性理论的解释力在产业集群、公司治理、创新发展等方面得以扩展。在国内，嵌入性理论较早被运用于政治学领域。罗峰从嵌入性的视角研究了政党权威与社会整合的关系，从宏观层面分析了这一关系过程中的政治嵌入、社会嵌入和文化嵌入的政治表现特征。[①] 之后，国家与社会关系、政党与社会关系、政党嵌入社会化、基层治理嵌入性等问题越来越多引入嵌入性理论，形成了"嵌入式自治"、"嵌入式整合"、"嵌入性治理"、"嵌入性模式"等重要概念。

从国家权力与乡村社会关系、国家与农民关系而言，嵌入式治理是国家权力嵌入村庄的社会结构、关系和规范的过程，由非正式化的手段体制化为正式资源，实现村庄的善治。[②] 从政党与社会关系而言，嵌入式治理则是执政党运用其自身或社会精英掌握的组织资源，通过渗透、动员、宣传等方式对社会群体施加影响力，进而将社会纳入有序化的政治参与过程。[③] 随着研究的深入，嵌入性理论逐渐在社会学、组织学、管理学等多个领域得以应用，为理解更宽泛的社会议题提供了工具钥匙，为阐释经济行为体关联的社会网络、社会资本、社会关系、社会组织等社会性问题提供了一个重要的理论视角。事实上，嵌入作为一种行为和一种关系，其发生的关系对象是方方面面的，不仅仅只发生在一般经济行为主体与社会结构关系中，还发生在人类组织行为中的一切活动中，人的活动和行为都嵌入在社会结构中。[④]

---

① 罗峰.变革社会中的政党权威和社会整合——对中国共产党执政体系的政治学分析［D］.上海：复旦大学，2006.
② 陈锋.论基层政权的"嵌入式治理"——基于鲁中东村的实地调研［J］.青年研究，2011（1）.
③ 程熙.嵌入式治理：社会网络中的执政党组织力及其实现［J］.中共浙江省委党校学报，2014（1）.
④ 张义祯.嵌入治理机制：一个初步的分析框架［J］.地方治理研究，2016（4）.

二、社会行动理论

社会行动理论或者称为行动理论，是 20 世纪初由德国社会学家马克斯·韦伯（Max Weber）首先提出，后经过结构功能主义学者塔尔科特·帕森斯（Talcott Parsons）等人的发展，成为解释社会的重要社会学理论。其理论核心观点把社会行动看作是理解和解释社会的基本出发点，以处在某种特定情境中的行动者作为分析对象，讨论行动者如何感知理解社会情境，识别和把握行动目标，体现期望和价值，同时也讨论行动者采用什么样的手段、工具方法达到行动目标等，强调行动者的有意识的取向和有目的的行动。社会行动理论总体上解释了社会行动的发生机制，既分析了个人行动的微观行为，也分析了社会的宏观结构，实现了两者的有机结合，为解释社会组织、社会文化、国家结构等提供了有益的理论支撑。

韦伯在其所著《经济与社会》一书中阐述了社会行动理论。在他看来，社会学研究的起点在于社会中的个体，"个体的自主性是人类尊严之源"[1]。行动者中的个人意图与自我选择对于社会行动具有重要意义，社会行动应该具有两个基本条件，即行动者要赋予行动以主观意义和目的、行动者的行动必须与他人发生联系。[2] 行动者只有意识到了他人的意向或者具有指向他人的主观意义，其行动才是"社会行动"。与此同时，个人为了实现或达到自己的主观意义和指向，就必然要与社会中的其他人展开联系，形成互动。这种互动关系的形成，表现为行动者会在一定的机制结构关系下对其周围的各种制度环境和各种关系进行调适。因为行动者不仅仅是理性"经济人"，还是嵌入在社会关系中的"社会人"。这当中形成的个人与社会关系就是社会行动的基本前提。由此而言，社会行动本身也就包含了行动的基本动机与目标。个人与社会关系的构建是通过一定的社会行动联

---

① ［美］查尔斯·卡米克，菲利普·戈尔斯基，戴维·特鲁贝克. 马克斯·韦伯的《经济与社会》评论指针［M］. 王迪，译. 上海：上海三联书店，2014.

② ［德］马克斯·韦伯. 经济与社会［M］. 林荣远，译. 北京：商务印书馆，1997.

结而发生，因此，通过理解行动者的行动意向、动机和情感，可以得知行动对于个人和社会的意义。[①]

韦伯在理论中还具体提出了基于不同驱动因素形成的 4 种"理想类型"社会行动：价值理性行动、工具理性行动、传统理性行动和情感行动。价值理性行动是以价值为驱动的行动，它是行动者基于特定的社会目标和社会发展的现实必要，行动会确定该目的与社会普适性价值相符，行动中保持了基本社会伦理价值和社会公益性，也十分关注社会道德和理想信念的坚持。行动者在价值行动驱动下"相信特定行为具有无条件的、排他的价值，因此不论后果如何、条件怎样都要完成"[②]。工具理性行动更多是从经济人理性角度来说的，行动者往往会基于各种"算计"来采取行动，通过计算和预测后果，选择和采用有效的经济性的手段来实现目的。传统理性行动是行动者以社会中形成的各种文化习俗、习惯为行动的基本遵循，以服从社会权威、继承和延续传统规定为行动目标。情感行动则是行动者基于心理的内在因素而驱动，各种不同经验基础上形成的情绪和情感是行动的基本依据。

在韦伯的基础上，帕森斯在其代表作《社会行动的结构》中进一步分析了社会行动理论，构建了解释社会行动的概念框架。在他看来，个人与社会都是一定社会行动的组合，理解社会结构、功能和社会秩序问题都应该从社会行动着手。"单位行动"是社会行动的"基本单元"，这种有意识的行动单元是一个包括行动者、行动目标、行动情境和行动价值规范的复合体（见图 2-1）。[③]其中，行动者是具有能动性和自由行动的个体，行动者情境主要是指行动者在行动中面临的各种可控制的"手段"和无法控制的"条件"。这些情境条件和手段是制约行动的

[①] 方飞. 中国青年网络公开表达的动因与呈现——基于韦伯社会行动理论的理解［J］. 中国青年研究，2019（9）.

[②] Max Weber. Economy and Society：An Outline of Interpretive Sociology［M］. Edited by Guenther Roth and Claus Wittich，University of Californian Press，1978.

[③] ［美］塔尔科特·帕森斯. 社会行动的结构［M］. 张明德，夏遇南，彭刚，译. 南京：译林出版社，2003.

因素和资源，都是在一定的结构中存在的，并在一定程度上决定了行动的模式和方式。因此，社会行动也不是随心所欲的，而是行动者在适应一定的情境中，根据一定的价值规范、制度规定而采取的行动。在此过程中，行动者的社会行动也会不断建立新的价值规范以形成稳定的社会秩序，促进社会整合。在具体的情境中，行动者的社会行动受到其行为动机和行动取向的影响，或者说，不同的行为动机取向决定了不同的社会行动方式和类别。据此，帕森斯根据行为动机与价值取向的不同提出了伦理型、表意型和工具型 3 种社会行动类别。虽然不同的情境中行动者会面临不同的价值取向和行为动机，但在特定的情境中，个体行动者总是以最强的动机和取向作为其行动的基本依据。[①]

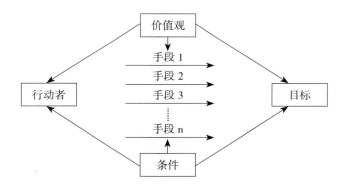

图 2-1　帕森斯的"单位行动"理论图示

资料来源：朱牧文，朱介鸣.欠发达地区农村家庭城镇化的时空演进——基于社会行动理论［J］.城市发展研究，2022（12）.

社会行动理论为解释社会结构中行动者的行为动机、行动情境、行动中包含的社会价值规范以及社会整合的机制、特征与形态提供了基本的理论分析模型。农村基层治理是我国农村社会的基本内容，在脱贫攻坚战略的实施中，第一书记以一种全新的外部力量嵌入到基层治理中，作为行动者，其社会行动深刻改变了

① ［美］乔纳森·H.特纳.社会学理论的结构［M］.吴曲辉，等译.杭州：浙江人民出版社，1987.

原有的农村社会结构和社会整合模式，推进了村庄内部自身力量、外部力量共同作用下的乡村秩序化过程。在农村基层治理的特定情境中，第一书记的嵌入实现了与县级、乡镇党委政府，村级组织，村干部以及村民等社会行动者之间的多重复杂社会互动，并以共同的行为动机和行动目标促进社会整合，形成了社区协作式的治理模式（见图2-2），推动了基层治理的善治。

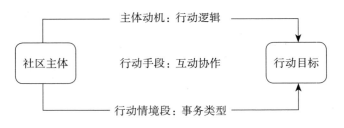

图2-2　社会行动下社区协作治理模式

资料来源：熊琳，蒋帆.社区协作治理的行动情境与互动机制——基于社会行动理论的分析［J］.华东理工大学学报（社会科学版），2021（2）.

三、公共服务动机理论

动机是一种心理状态，是激发和维持一个人做出某种行为的强大动力，每个人的每种行为都包含着某种动机。公共服务动机是动机的一种延伸和拓展，它是个体在行动中展现的具有公共精神、公共价值、公共规范性方面的动机。公共服务动机是一个概念，一种态度，一种责任感，甚至是一种公共道德的意识。[①] 公共服务动机远比一个人所在的工作场所来得重要。[②]

早在1982年，瑞尼（Rainey）在研究公共部门和私人部门报酬偏好时对公共服务动机进行了基础研究。1990年，佩里（Perry）和怀斯（Wise）把公共服务动机作为一种新的动机理论对其进行了较系统清晰的阐述，他们在《公共服务

---

① Staats E.B. Public Service and the Public Interest［J］.Public Administration Review, 1988, 48（2）.

② James L.Perry, Lois Recascino Wise. The Motivation Bases of Public Service［J］.Public Administration Review, 1990（3）.

的动机基础》中将公共服务动机定义为个人主要或完全基于公共制度与组织的动机所驱使的倾向。后来，佩里对公共服务动机的内涵和外延有了新的认识，认为它是在公共领域做有益于他人和提升社会福祉的动机和行动。公共服务动机理论的提出引起了广大学者的关注，开拓了公共管理研究新领域，打破了长期主导的传统公共选择理论中公共管理主体的"自利性"主张。由此，公共服务动机研究也成为公共管理研究前沿的三大问题之一。此后，围绕"公共服务动机是什么"这个问题，更多学者进行了深度思考并提出了他们自己的观点。布鲁尔（Brewer）和塞尔登（Selden）把公共服务动机视作引导个人做出有意义的公共服务（公众、团体和社会服务）的动力；瑞尼和施泰因鲍尔（Steinbauer）将公共服务动机界定成为人民团体、地方、国家和全人类的利益服务的，普遍的利他主义动机；凡德纳贝勒（Vandenabeele）视公共服务动机为一种超出个人和部门利益的信仰、价值观和态度，它关注的是更为广泛的政治组织的利益，并且激发个人在适当的时候采取相应的行为。

近年来，公共服务动机研究在中国也得到越来越多的关注。尽管对公共服务动机的理解莫衷一是，但许多中国学者结合我国的实际国情，积极地将公共服务动机这一概念本土化。曾军荣提出，公共服务动机是一个多维度的抽象概念，也是难以描述的内在心理过程，它会随时间迁移而变化，且在不同的机关部门中的表现各不相同。[①] 李小华认为，公共服务动机是促使个体为公众服务的一种内驱力，也是社会中的个体在服务公众、维护公共利益中的一种社会意识，其核心体现在以公众的需求为导向，以为公众提供优质、高效的服务为准。[②] 刘帮成认为，公共服务动机是激发、指导和维持个体从事公共服务的力。[③] 王浦劬、杨晓曦将公共服务动机界定为在特定文化环境和管理制度下个人所具有的公共精神，体现

---

① 曾军荣.公共服务动机：概念、特征与测量［J］.中国行政管理，2008（2）.
② 李小华.西方公共服务动机研究［J］.理论探讨，2007（3）.
③ 刘帮成.中国场景下的公共服务动机研究：一个系统文献综述［J］.公共管理与政策评论，2019（5）.

在为公共事务服务、奉献、牺牲的内在信念和潜在意识上。[①] 吴旭红认为，公共服务动机是指一种促使个体为公众服务、维护公众利益的心理意识或理念，其核心体现在个人的行为是时刻为他人的利益着想的，个人的所作所为是有利于整个社会的良善发展的，体现出的是一种自我奉献、责任和诚实的优良品格和精神。[②] 杨开峰、杨慧珊认为，公共服务动机是个人对公共组织重要或特有目标做出敏感反应的心理倾向，是一种能够体现公共部门属性的个体特征。[③]

由此可知，公共服务动机的内涵包括主体指向、目标导向、心理倾向和价值取向等基本因素，是社会个体向社会提供各种公共服务过程中基于自我奉献、责任担当所展现的一种内驱力，它是"利他性"的一种具体体现，与组织发展、社会公共需要的价值具有内在一致性。

四、基于嵌入性理论、社会行动理论与公共服务动机理论内在关联的分析框架

（一）嵌入性理论、社会行动理论与公共服务动机理论的内在关联

从研究的基本对象与基本范畴来说，嵌入性理论、社会行动理论与公共服务动机理论都是讨论社会主体在行为活动中发生的各种主客观关系问题，有着共同的交集和论域。嵌入性理论关注的是社会主体在行动过程中发生的各种经济社会关系，社会行动理论是以社会主体作为行动单元对社会进行结构的一种理论方法，而公共服务动机理论则是从社会行为主体的心理动机层面理解社会行动的价值和意义。任何社会主体的嵌入行为既是一种经济社会关系的互动，也是一种社会行动方式的体现，其背后都具有公共服务动机的心理驱动。因此可以说，嵌入是一种社会关系的反映，社会行动是一种社会行为的表达，公共服务动机是社会

---

① 王浦劬，杨晓曦. 当前党政干部公共服务动机状况调查——基于中部某市党政干部的实证研究 [J]. 人民论坛，2017（7）.

② 吴旭红. 公共服务动机及其前因变量研究 [J]. 人民论坛，2012（8）.

③ 杨开峰，杨慧珊. 公共服务动机量表的中国化 [J]. 治理研究，2021（5）.

主体嵌入社会行动的主观体现。

嵌入性理论主要以组织及组织构成为基本研究对象，探讨组织的个体与组织所处环境、人际关系、信任、合作、承诺、互惠、观念、文化等嵌入性相关问题。这些特性后面也同样包含着动机的驱动因素。以格兰诺维特为代表的嵌入性理论开启了经济行为与社会行为"嵌入"的系统研究。在格兰诺维特看来，行为主体的经济行动是人、组织之间相互影响的社会行动，各种基于人际关系的信任、互惠等社会关系（关系嵌入）和基于社会网络的社会结构（结构嵌入）会影响和塑造现实经济行动的发生与变化。因此，行动者的嵌入性与社会行动性有着内在关联性。行为主体嵌入性考察本身就包括了行为主体在一定社会结构中的情境、动机、目标、价值等"行动单元"的社会行动因素及相关模型的理解。

另外，在格兰诺维特提出的嵌入性框架基础上，越来越多的研究者开始探讨嵌入在行动者之间的各种社会关系与经济绩效的不同情形。也有学者在格兰诺维特嵌入性的经典框架基础上开始探讨行动者嵌入性的动机变化问题。尽管格兰诺维特嵌入性框架的操作性研究方法和路径并不是很明晰，但后来的学者一直在努力把其中嵌入性的具体操作化研究推向深入。其中，格兰诺维特的学生乌兹（Uzzi）在这方面做了较为系统性的研究，形成了一些新的观点和理论。他将格兰诺维特的嵌入性概念进行了操作化尝试，通过民族志研究探讨了嵌入性与网络结构是如何影响经济行动这一问题的。研究发现，嵌入性是一种塑造动机和期望并且促进协调适应的交换逻辑，这个逻辑的重要性在于指出了行动主体并不只是自私地追求眼前利益，而是主要地着眼培育长期协调合作关系。[①] 从这一结论而言，行动者嵌入性包含的动机也相应发生了转向，即行动者的动机从直接主要的基于经济效应的收益转向了建立和寻求多样信任和互惠充实的关系。这也从另一个经验上再次证实了格兰诺维特所持的行动者拥有多元动机的观点，表明嵌入性行动者动机不能简单说是只有"自利性"，也不能简单说是完全"利他性"，而是自利与利他的混合。这一研究不仅丰富了个人社会关系网络对于其市场经济效

---

① 符平."嵌入性"：两种取向及其分歧［J］.社会学研究，2009（5）.

益的作用性，而且也把行动者的主观性动机研究与嵌入行为的客观性有机结合起来，为深入解释行为者的嵌入性提供了依据和参考。

（二）本研究的理论分析框架

基于上述三者理论的内在联系及其研究内容的关联性和逻辑的自洽性，本研究构建了"嵌入—行动—动机"的三角理论分析框架（见图2-3），以此作为讨论第一书记嵌入机制和公共服务动机问题的基本理论切入。

第一书记作为嵌入基层治理的重要主体，其嵌入行为当中有行动指向，行动过程中有动机指引。嵌入性理论是本研究的理论起点和理论前提，是本研究展开的基础性和先导性理论，它是总体上分析第一书记嵌入行为以及由此引起各种政治、经济社会关系发生的理论依据。社会行动理论是本研究的理论支持。本研究讨论的是"第一书记"这一行动主体的特殊性，社会行动理论是分析第一书记在一定的社会结构嵌入行动过程中的社会意义和价值的理论。这两种理论为分析第一书记嵌入农村基层社会行动过程形成的各种机制提供了基础。公共服务动机理论则是本研究的理论拓展，它是在以上两个理论的基础上重点讨论第一书记行动背后包含的公共服务动机及其影响因素的基础性理论。嵌入性不单讨论经济与社会关系，其中也包括动机、行为的内容。社会行动也不单只讨论行动者的行动方式和行动的社会价值，还包括行动动机、目标等基础的内容。公共服务动机既是动机的具体展现，又是"第一书记"这一特殊主体心理层面的集中表现。

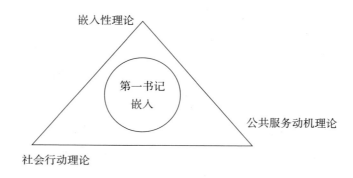

图2-3 "嵌入—行动—动机"理论分析框架

从当前我国农村基层治理的实践来看，第一书记是一种典型的代表党和国家的嵌入性力量，其嵌入行动重构并且丰富了国家与社会关系的内涵，形成了一种"嵌入式"治理形态。在嵌入过程中，第一书记的行为动机与行动目标与国家治理高度一致，其行动一方面受到国家政治嵌入性因素、农村基层治理结构及其带来的各种关系因素的影响，另一方面又会通过嵌入行动改变和改善农村基层治理的方方面面。因此，从这个意义上而言，嵌入性理论为第一书记的嵌入性研究提供了基础性的理论框架。

第一书记是脱贫攻坚和乡村振兴的重要力量，是从全国各地各级党政机关、企事业单位、高等院校等不同类型组织选派参与特殊任务的一类群体。从嵌入的制度逻辑上而言，第一书记具有某种"非人格化"特征的因素，它是在一定的制度规范下，按照一定的制度约束形成的嵌入农村基层治理的主体。这一嵌入过程形成了各种基于制度规定的机制与方式。从嵌入的社会行动意义而言，第一书记是一种社会行动主体，又是具有鲜明"人格化"的公共角色，具有特殊的心理动机取向。虽然他们拥有不同的工作背景、教育背景、组织背景，但都有相同的工作任务和工作要求，都从事的是一项具有国家和社会双重属性的公共工作，承担的是为脱贫攻坚和乡村振兴提供公共服务的职责，都是在一定的公共服务动机驱动下的行为主体。因此，研究第一书记公共服务动机更能准确理解其公共角色对于组织承诺、组织使命和组织发展的意义，有助于了解其行为逻辑背后的"利他性"特征，也有助于从公共服务动机的角度完善第一书记选派和管理制度。

本章小结

首先，本章从治理理论研究与乡村治理研究讨论了农村基层治理的研究视阈。治理理论是政治学、社会学等学科领域兴起的研究主体理论，对于解释组织行为、社会结构功能与社会行为具有很强的理论指导意义。农村基层治理的元理论来自治理理论，在治理理论研究的推动下，中国乡村治理研究从 20 世纪 90 年代以来成为中国农村基层治理的重要研究基础。严格来说，乡村治理与农村基层治理有着不同的研究内容,但两者也有交叉,而且乡村治理模式的转换直接带来了农村基层治理方式的转变。因此,探讨第一书记嵌入基层治理也需要从总体上分析这一基本研究视阈。其次,围绕着研究的主要问题,本章重点提出了研究的主体理论分析框架。嵌入性理论是本研究的基础性理论,可以用来解释第一书记参与农村基层治理的基本行为及引起的各种复杂经济社会关系。社会行动理论提供了解释社会行为主体在行动过程中的目的、价值、方式、规范与动机等的理论基础。公共服务动机理论则是解释社会主体性行动的内在驱动力理论,它是社会个体社会心理的一种解释理论。上述 3 种理论在研究对象和研究的具体范畴上有内在关联的内容,可以用来分析讨论第一书记嵌入中的基本问题。因此,在分析上述 3 种理论基本内涵的基础上,结合第一书记实践中问题研究的需要,笔者提出了"嵌入—行动—动机"的理论分析框架,为第一书记的嵌入机制与公共服务动机的逻辑自洽研究提供了理论与分析基础。

第三章

第一书记嵌入的制度传统、现实必要与总体机制

从组织发展角度而言，第一书记在党的组织中扮演着特殊角色，有着深刻的历史印记。在农村经济社会发展的新时期，选派第一书记驻村作为一种制度，是实现不同历史时期的组织使命、组织任务而创设的重要制度安排。在中国共产党执政地位不断巩固的过程中，为了解决农村贫困和党建等问题，加强农村基层治理工作，国家先后通过"干部下乡"、"工作队下乡"等方式来推进解决农村不同历史阶段所肩负的特殊历史任务。在全面建成小康社会的历史进程中，围绕脱贫攻坚战略任务的顺利完成，全国各地在过去干部下乡和第一书记选派的经验基础上，大规模选派了第一书记驻村。第一书记成为嵌入农村推动以贫困治理为主的农村基层治理的一支重要力量，发挥了制度优势和制度效能的作用。

第一书记制度是一项具有鲜明"中国特色"和"中国底色"的制度，体现了制度发展的"时代性"、"功能性"和"包容性"，展现了制度变迁中的制度力量与价值。梳理第一书记嵌入基层治理的制度发展，有利于厘清第一书记制度的渊源，有利于展现第一书记在中国基层治理的理论和实践逻辑。国家（政党）与社会关系是考察分析第一书记参与基层治理"嵌入性"的基本维度。代表党和国家的第一书记通过政治嵌入、组织嵌入、结构嵌入和关系嵌入等机制嵌入农村社会过程，实现了国家治理与基层治理的有机整合。

第一节 "第一书记"称呼的组织印记

一、历史上党的组织职务

"书记"一词在俄语中的基本意思为"办事员"。马克思、恩格斯早在讨论无产阶政党机构职务设立时就提出了将"书记"作为负责党内主要事务人员的职务称呼。在马克思、恩格斯的倡导和后期国际共产主义运动的建党、建国实践中，书记、总书记、第一书记逐渐演化为世界范围内无产阶级政党负责人的主要称呼。

在马克思、恩格斯建党理论指导下，第一书记成为早期中国共产党党内组织的一种职务称呼，扩充了"书记"这一职务的内涵，反映了中国共产党组织发展、组织变革不同历史时期的时代变迁特征。总的来说，"书记"、"总书记"、"第一书记"作为一种称呼，是中国共产党组织体系职务中最为基础的称呼。书记制度的演变反映了中国共产党组织发展的基本轨迹，贯穿于党的组织沿革全过程，见证了中国共产党从小到大，从弱到强，从革命党到执政党的历史变迁。1921 年，中国共产党第一次全国代表大会召开并成立了党的全国性的中央组织——中央局，选举陈独秀为书记。自此，"书记"作为一种重要的职务称呼成为中国共产党组织中从中央到地方各级组织实际上的主要或者重要负责人领导职务，书记也因此承担了重要的组织功能，推动了重要的组织任务开展。伴随着中国共产党领导全国人民进行革命、建设和发展的持续推进，党的组织规模不断变化，组织功能不断丰富，从中央到地方党的各级组织中，出现了"书记"、"前委书记"、"总书记"、"书记处书记"、"第一书记"、"第二书记"、"纪委书记"、"政法委书记"等不同称呼。"书记"称呼的多样化体现了党的不同时期的组织设置与组织隶属关系，也说明党的组织体系日益完整。从党的中央机构而言，"书记"、"主席"、"总书记"先后成为党的"总负责人"或者"重要负责人"领导职务称呼。从党的地方机构来说，"第一书记"作为地方党的第一负责人也存在很长的一段时期。

中国共产党从革命党到执政党地位的转变过程中，以及在改革开放后的相当长的一段时期内，地方上建立了以"第一书记"为地方党政主要负责人的地方治理结构。"第一书记"职务设置源于解放战争时期党的地方组织。1948年5月，中共中央及中央军委决定将晋察冀和晋冀鲁豫两个解放区及其领导机构合并，组成华北局、华北联合行政委员会和华北军区。刘少奇兼任华北局第一书记，同时决定加强中原局，由邓小平任中原局第一书记。1949年中华人民共和国成立后，由于全国范围内的解放和建设进程不一，为了加强中央对地方的有效管控，更好地处理中央集权与地方分权的关系，也为了更加明确党在地方治理过程中的职责任务，党中央在原有行政区划上设立六大中央局，实行"大区制"，陆续在各地方局设立第一书记，即在全国设立东北局、华北局、华东局、中南局、西南局、西北局，设置"第一书记"职务。在省、市、县、乡镇相应设立"第一书记"，作为地方党组织的"第一负责人"。在随后推进国家经济社会重建过程中，地方行政区划不断调整，中央政府增设了新的各类机构，其职能得以加强，中央权力日益集中，"大区制"下的政治体制逐渐不能适应新的发展需要。"高饶事件"直接引发了大区制的撤销。1954年4月，中共中央政治局扩大会议正式决定撤销大区一级的党政机关，各大区的行政委员会与各区中央局一并撤销，大区的第一书记也由此不再设立。在"大区制"时期，各省党委也相应设置了"第一书记"作为地方省级党委的"第一负责人"，大区第一书记有部分兼任省级党委第一书记，也有部分大区第二书记兼任省级党委第一书记，如1950年时任华东局第二书记兼上海市市长的陈毅，被任命为上海市委第一书记。在各地省委先后成立过程中设置的第一书记制得以保留，成为地方省级党委实际上的"第一负责人"。有的省级党委或者设立第二、第三书记，或者分设几个省委书记作为分管诸如工业、文教等不同部门的书记。20世纪50年代，地方上的党委机构有的在县委都设有第一书记，60年代后，在省、市都设有第一书记，有的是在省委担任分管工作的书记又在省会城市担任第一书记，有的是单独担任第一书记。

党的"第一书记"职务设置及运用一直延续到党的十三大。1982年9月，党的十二大召开，依据大会修改通过的《中国共产党章程》规定，党的中央委员会不再设主席，只设总书记作为党的最高负责人。地方各级党委常委会由之前的第一书记、第二书记、书记、副书记、常委组成改为由书记、副书记及常委组成。这种地方委员会改制完成时间有先后，但"第一书记"作为地方各级党委负责人的制度就此结束。1987年11月，党的十三大再次修改了《中国共产党章程》，新修改的党章删去了党的十二大党章中规定的"党的中央纪律检查委员会的第一书记必须从中央政治局常务委员会委员中产生"。因此，中央纪律检查委员会在新党章规定下也只设书记、副书记职务。至此，在中华人民共和国成立后作为党的地方党委和纪检组织中存续了30多年的第一书记职务从此退出历史。① "第一书记"的设立是党的组织权力配置过程中的一种实践，是为了更好地体现权力和责任的"第一"性，但在一定程度上也带来了组织规模扩大、组织效率低下等问题。

二、其他组织中的"第一书记"

除了历史上各级党委和党的纪检组织有第一书记职务称呼外，我国现在的部分组织架构中也还保留了第一书记的称呼。这种第一书记职务主要存在于两类组织中：一是在党的地方军事组织体系中还有各级党委领导下设立的第一书记。根据《中国共产党军队党的建设条例》规定："党的省军区、军分区（警备区）、县（区）人民武装部委员会设立第一书记，由同级党的地方委员会书记兼任。"这种制度上的安排主要是为了更好地体现党对军队绝对领导的原则，也是有效做好地方兵役、密切军队与地方等工作的需要。二是在我国的工会、共青团、妇联、科协等群众性人民团体组织中的书记处设立第一书记，负责书记处的主要工作，并同时赋予第一书记作为该机构的实际主持者的职责与功能。这些组织是党领导下的人民团体，是党和政府联系不同群体的桥梁和纽带，在中国的政治生活中起着

---

① 近年来，为了某项特殊事件的处理，地方党委也设置过"第一书记"这种临时性的职务。2012年7月，四川什邡发生群体事件，7月5日，经中共四川省委同意，中共德阳市委决定德阳市委常委、副市长左正同志兼任中共什邡市委第一书记，中共什邡市委书记李成金同志协助左正同志工作。由此出现了第一书记与书记共治的现象。到10月份，什邡市有了新的人事变动，第一书记不再保留，恢复原有的书记制。

重要的作用。这些组织中第一书记的设置吸纳了中国共产党的组织特征，反映了党的组织特征在这些组织中的应用实践。

第二节　第一书记嵌入基层治理的制度渊源

在当前的中国语境中，第一书记是指脱贫攻坚和乡村振兴战略中被选派驻村的这一特殊群体。但从制度传统而言，第一书记制度缘于干部驻村制，发展于农村基层治理实践，创新应用于脱贫攻坚。

在中国农村基层治理中，治理"三农"问题的历史传统是第一书记嵌入农村基层治理的基本面向，"干部下乡"、"干部驻村"是第一书记嵌入基层治理的直接来源，精准扶贫中的第一书记选派制度延续和发展了干部驻村制度，丰富了农村基层治理的实践和理论。

一、"三农"问题：基层治理的基本面向

农业、农村、农民"三农"问题是 20 世纪 90 年代末在理论和实务界作为一个整体问题被提出来的，但实际上它在整个 20 世纪都是制约中国现代化的基本问题。[①] 从现代治理角度而言，"三农"问题的解决归根结底是以实现农村基层治理体系和治理能力现代化为目标的。因此，"了解研究农村、组织动员农民、发展夯实农业"成为党和国家推进农村基层治理战略中的基本方略。为有效解决"三农"问题，在党的群众路线的指引下，一系列基层治理方式方法得以创新。

在中国共产党成立以来的百年奋斗历程中，党一直把农业、农村、农民"三农"问题看作是中国革命、建设和改革中最为基础的问题。1926 年 9 月 1 日，毛泽东在《农民问题丛刊》第 1 辑上写了《国民革命与农民运动》的出版序言。在序言中他很早就指出："农民问题乃国民革命的中心问题，农民不起来参加并拥护国民革命，国民革命不会成功；农民运动不赶速地做起来，农民问题不会

---

① 武力. 论中国共产党对"三农"问题的探索［N］. 光明日报，2004-11-30.

解决；农民问题不在现在的革命运动中得到相当的解决，农民不会拥护这个革命。"1940 年，毛泽东在《新民主主义论》中进一步指出："中国的革命实质上是农民革命"，"农民问题，就成了中国革命的基本问题，农民的力量，是中国革命的主要力量"。基于这些基本的认识和实践，以毛泽东同志为核心的党的第一代中央领导集体领导全党和全国各族人民经过艰苦卓绝的奋斗，取得了新民主主义革命的胜利，完成了社会主义改造，奠定了解决中国"三农"问题的制度和实践基础。

以邓小平同志为核心的党的第二代中央领导集体继承和发展了解决中国"三农"问题的经验，把解决"三农"问题看作是改革开放发展战略的基本内容。1979 年 3 月，邓小平指出："现在全国人口有九亿多，其中百分之八十是农民……耕地少，人口多特别是农民多，这种情况不是很容易改变的。这就成为中国现代化建设必须考虑的特点。""对内搞活经济，首先从农村着手……中国社会是不是安定，中国经济能不能发展，首先要看农村能不能发展，农民生活是不是好起来。"邓小平深刻揭示出中国的"三农"问题是关系到中国的改革、发展和稳定的大问题。"农村不稳定，整个政治局势就不稳定，农民没有摆脱贫困，就是我国没有摆脱贫困。"因此，充分调动农民的积极性，解放和发展农村生产力也就成为解决"三农"问题、实现社会主义根本任务的基本着眼点。中共中央从 1982 年至 1986 年连续发出的 5 个"一号文件"都与"三农"有关，党和国家由此也更加重视推进农业、农村、农民问题的解决。

20 世纪 90 年代以来，长期在农村执行的"汲取农村资源服务国家发展"政策带来了严重的"三农"问题。在农村生产力还低、农业收益有限、农民收入不高的情况下，由农民负担过重引发的"农民真苦，农村真穷、农业真危险""三农"问题日益突出，干群关系日益紧张，这给党和国家的农村基层治理提出了现实而紧迫的时代课题。2002 年，党的十六大提出了全面建设小康社会的宏伟目标，明确"统筹城乡经济社会发展，建设现代农业，发展农村经济，增加农民收入，是全面建设小康社会的重大任务"。2005 年 10 月，党的十六届五中全会通过的《中共中央关于制定国民经济和社会发展第十一个五年规划的建议》提出了建设"生产发展、生活宽裕、乡风文明、村容整洁、管理民主"的社会主义新农村的目标和要求。这是全面建设小康社会过程中解决"三农"问题，推进农村基层治理的破题之策。

党的十八大之前，"三农"问题取得了显著成效，这为之后全面建成小康社会奠定了坚实的发展基础。党的十八大以来，以习近平同志为核心的党中央高度重视"三农"问题的解决。习近平总书记指出："全面建成小康社会，最艰巨最繁重的任务在农村，特别是在贫困地区。没有农村的小康，特别是没有贫困地区的小康，就没有全面建成小康社会。""三农"问题是全面建成小康社会这一系统工程的重要环节，农业、农村、农民问题的解决要"与国家共发展，与基层治理共频道"。"中国要强，农业必须强；中国要美，农村必须美；中国要富，农民必须富。农业基础稳固，农村和谐稳定，农民安居乐业，整个大局就有保障，各项工作都会比较主动。"2013 年以来，在党中央的部署下，精准扶贫方略稳步有序推进，打赢脱贫攻坚战，解决中国绝对贫困问题成为全面建成小康社会的"底线任务和标志性指标"。

二、干部下乡：外部力量嵌入基层治理的尝试

"干部下乡"，也称"干部驻村"、"干部包村"，是为了完成某个时期的特定任务，按照工作要求选派干部下乡、下村，组成"驻村工作队"到农村基层开展活动的一种工作机制。这一机制是中国共产党开展农村工作过程中形成的重要探索和经验总结，是反官僚化运作的运动式工作方法，更是中国共产党"走群众路线"、"密切联系群众"的制度化运作机制。[①] 在很长时间内，干部驻村是政府主导的运动下乡村建设模式存在严重的内在制度性缺失的一种选择。[②] 从公共政策执行过程的角度而言，干部驻村还是一种具有中国特色和多种政策价值的政策工具。

---

① 欧阳静.乡镇驻村制与基层治理方式变迁［J］.中国农业大学学报（社会科学版），2012（1）.
② 严国方，肖唐镖.运动式的乡村建设：理解与反思—— 以"部门包村"工作为案例［J］.中国农村观察，2004（5）.

（一）不同工作任务的工作队

从制度发展历史来看，驻村制始于早期中国共产党革命时期的"军队工作队"。在中国共产党刚刚创建自己的军队初期，毛泽东在 1927 年就指出，部队必须执行打仗消灭敌人、打土豪筹款子、做群众工作三项任务。这就从工作任务方面明确了军队的工作队的特征。解放战争后期，作为共产党制定政策的坚定执行者，人民军队同样面临着如何在"农村包围城市"战略取得胜利后工作转变的问题，为此，毛泽东在 1949 年 2 月 8 日的《把军队变为工作队》电文中提出："军队不但是一个战斗队，而且主要地是一个工作队。"这一时期，工作队在某种程度上已经成为人民军队的一个代名词。在全中国解放的过程中，解放军派出大批干部在解放的地区组织"农村工作队"，协助地方发动广大农民群众积极投入到土地改革运动中去。

20 世纪 60 年代，在以"清政治、清经济、清组织、清思想"为内容的"四清"运动中，大量的工作队被组织到城乡开展社会主义教育运动。农村"四清"驻村工作队完成了特殊时期的任务，在历史上被赋予了特殊的印记，传统的工作队的基本机制得以延续，但此时工作队的组织属性和组织人员构成则发生了相应的变化，不再是单一军队色彩属性的工作队。不仅国家部委、省委、地委、县委、公社要组派工作队，而且各个企事业单位、高等院校、科研院所也要派人参加，并且军队干部、复员军人也要参加进来，甚至农村中的贫下中农积极分子、下乡知青也要参加。

在这之后不同历史时期，为解决不同阶段的"三农"问题，针对不同时期的短期和长期任务，党和国家吸纳了传统工作队的做法，一些地方向农村基层选派组建了"党建工作队"、"减负工作队"、"村建工作队"、"扶贫工作队"等不同名称的工作队。这些工作队都是以中国共产党为主要发起者推动的，从各级各类党、政、军、企事业等单位选派的工作组织，工作队成员是具有"公职"身份的"干部"，其基本职责就是完成特定历史时期的工作任务。尽管各种工作队组建的具体方式、工作重点和具体内容等有变化，但都是面向"三农"问题，面对基层治理的"难点"和"痛点"问题，工作实践中形成了一套选派使用、监督考核、工作评估的完整工作机制和制度。其中尤以扶贫为中心工作的"干部驻村"制最具代表性。驻村扶贫是前期工作队工作机制的延续和发展，也是精准扶贫时期第一书记派驻制度的直接制度来源。

（二）贫困治理中的干部驻村

1978 年，中国开始进入改革开放年代。在农村，以家庭联产承包责任制为基础的农村改革全面推进，新的改革极大地调动了农民的生产积极性，极大地实现了农村生产力的解放，促进了农民的生产收益，也从整体上有效缓解了农村贫困问题。但在随后的经济社会发展中，农村经济体制改革带来的制度红利逐渐消减，"交够国家的、留足集体的、剩下都是自己的"分配制度日益显得疲软，农村基层治理面临着新的挑战。一些自然环境恶劣，经济社会发展原有基础条件就差的"老、少、边、穷"地区的贫困问题出现了加剧现象，影响了国家总体发展战略的推进。贫困成为中国农村发展的基本障碍，贫困治理成为解决中国"三农"问题的鲜明主题，由此开始的扶贫开发也就成为 20 世纪 80 年代以来中国贫困治理的基本政策。围绕动员力量、发动群众、组织资源这一基本问题，驻村制在经过几个探索阶段后逐渐形成（见表 3-1），各单位选派的驻村干部也逐渐成为贫困治理的基础性力量。

表 3-1　干部驻村制形成发展的主要制度及规定

制度依据	要求规定
国务院贫困地区经济开发领导小组会议（1986 年）	凡有条件的部委，都应抽派干部，深入贫困地区，定点轮换常驻；要选派身体好、有一定专业知识的优秀干部深入基层，参加贫困地区的开发工作
国务院批转的《国务院贫困地区经济开发领导小组关于九十年代进一步加强扶贫开发工作的请示》（1990 年）	选派精明强干的干部到最困难的贫困县、乡、村开展工作，尽快改变那里的面貌
1997 年，中组部、人事部发布《关于进一步加强做好选派干部下乡扶贫工作的意见》	明确了选派干部的组织实施、选派标准、主要任务、工作要求、考核管理等

续表

制度依据	要求规定
《关于进一步做好中央、国家机关各部门和各有关单位定点扶贫工作的意见》（2002 年） 《关于做好新一轮中央、国家机关和有关单位定点扶贫工作的通知》（2012 年）	强调各级党政机关要把选派干部下乡扶贫作为一项制度长期坚持下去

1984 年 9 月 29 日，中共中央、国务院发布《关于帮助贫困地区尽快改变面貌的通知》，吹响了贫困治理的号角。该通知要求"中央和国务院各有关部委、地方各级党委和政府采取切实可行的措施帮助贫苦地区首先摆脱贫困，进而改变生产条件，提高生产能力，发展商品生产，赶上全国经济发展步伐"。该通知从指导思想、政策放宽、减轻负担、商品流通、智力投资、加强领导等方面提出了具体要求和做法。在这一要求下，党和国家相关部门、各级党委政府部门积极行动起来，联系和帮助贫困地区。国家科委较早开始探索联系帮助大别山地区，之后，农牧渔业部与武陵山区，民政部与井冈山地区，水电部与三峡地区，商业部与沂蒙山区等先后建立了联系和帮助工作关系。

1986 年 5 月 16 日，国务院正式成立"国务院贫困地区经济开发领导小组"（1993 年 12 月 28 日改为国务院扶贫开发领导小组），开启了在全国范围内有计划、有组织、大规模的扶贫开发序幕。[①]1986 年 5 月 14 日，在国务院贫困地区经济开发领导小组正式成立之前，国务院副总理田纪云主持召开了第一次会议，研究部署贫困地区经济开发工作，在帮扶力量的组织上，会议提出"动员全社会力量，关心支持贫困地区改变面貌"，"地方党政群机关抽调干部加强贫困地区工作，党员、能人'包户'脱贫"。1986 年 6 月 26 日，国务院贫困地区经济开发领导小组第二次全体会议提出，"广泛动员国家机关和社会各界关心、支持贫困

---

① 在国务院贫困地区经济开发领导小组的领导下，中国贫困治理正式拉开了大幕。为了动员社会力量的参与，领导小组先后确定了选派干部驻村的要求和其他内容。

地区的经济开发，为解决群众温饱问题尽责出力"。"凡有条件的部委，都应抽派干部，深入一片贫困地区，定点轮换常驻，重点联系和帮助工作。"会议对选派的干部也明确了条件要求和管理规定，即"要选派身体好、有一定专业知识的优秀干部深入基层，参加贫困地区的开发工作。对在贫困地区工作表现突出的干部，要给予表彰奖励，并将他们的工作实绩与职务晋升、专业技术职务聘任结合起来"。1987 年，国务院召开第一次中央和国家机关定点扶贫工作会议，再次强调了定点扶贫的政策、意义和方式等。自此，越来越多的中央和国家机关开始与不同的贫困地区开展定点扶贫，选派干部深入扶贫一线。

1990 年 2 月 23 日，国务院批转的《国务院贫困地区经济开发领导小组关于九十年代进一步加强扶贫开发工作的请示》进一步提出："贫困面较大的省、自治区和贫困地、县都要把脱贫致富作为经济工作的一项重要任务摆上日程……选派精明强干的干部到最困难的贫困县、乡、村开展工作，尽快改变那里的面貌。"这也意味着选派干部范围的进一步扩大，要求进一步明确，由选派之前"应当"性的选择性要求提升到"都要"的强制性要求，机关干部驻村帮扶形成规模化、经常化。1994 年 2 月，《国家八七扶贫攻坚计划（1994—2000）》部署实施，指出扶贫仍需动员社会力量，"中央和地方党政机关及有条件的企事业单位，都应积极与贫困地县定点挂钩扶贫，一定几年不变，不脱贫不脱钩"。1994 年 8 月，中共中央、国务院发布的《关于加强中央党政机关定点扶贫工作的通知》，总结了之前党政机关联系和帮助贫困地区的做法，明确了定点扶贫要遵循"定问题"、"定单位"、"定人员"、"定地点"、"定内容"等规定。1997 年，中组部、人事部发布的《关于进一步加强做好选派干部下乡扶贫工作的意见》，具体明确了选派干部的组织实施、选派标准、主要任务、工作要求、考核管理等，这是关于选派、抽派干部下乡扶贫的系统性、专门性规定。至此，贫困治理中的干部驻村制度正式制度化、规范化。

2001 年、2011 年，中共中央、国务院先后颁布了《中国农村扶贫开发纲要（2001—2010 年）》、《中国农村扶贫开发纲要（2011—2020 年）》，中国贫困治理进入新世纪、新阶段。在此指导下，党和国家相关部门发布了《关于进一步做好中央、国家机关各部门和各有关单位定点扶贫工作的意见》(2002 年)、《关于进一步做好定点扶贫工作的通知》(2010 年)、《关于做好新一轮中央、国家机关和有关单位定点扶贫工作的通知》(2012 年)。这些规定进一步强化了定点扶贫要求，进一步强调各级党政机关和相关单位要把选派干部下乡驻村扶贫作为一项制度和要求长期坚持下去。

综上而言，驻村制是中国共产党"群众路线"在中国广大农村实践的生动反映，干部驻村是伴随着新民主主义革命时期中国共产党组织的"军队工作队"演进而发展的，在改革开放后的中国贫困治理中，以"驻村帮扶"为主要内容的定点扶贫机制得到进一步强化。干部驻村是以干部为"桥梁"，通过从农村治理场域之外选派合适"下乡干部"驻村，发挥党政群机关，发动社会力量共同参与的一种治理形式，其目的是解决农村特殊时期的政治、经济社会发展问题，实现农村基层治理的"善治"。

三、选派书记：制度勃兴的地方经验

第一书记驻村是干部驻村的延续和发展，是为了进一步发挥干部驻村在推进贫困治理、加强基层党建中的作用而创设的。从制度实践来看，第一书记驻村经历过地方初创(2000—2012 年)和全国推进(2013 年至今)两个阶段。在地方初创时期，第一书记选派又大体经过三个阶段(见表 3-2)。

表 3-2　第一书记（书记）选派的地方经验

基本阶段	首创与发展地区	主要经验
1999 年 2 月开始的选派书记	福建南平市	从市、县、乡（镇）党政机关和事业单位选派优秀党员干部到"问题村"，经过村党支部大会选举后担任党支部书记，任期 3 年
2001 年 7 月开始的选派第一书记	安徽省	从省、市、县（市、区）直机关和事业单位选派干部到贫困村、后进村担任第一书记或书记，任期 3 年
2010 年前后大范围选派第一书记	福建、河南、山东、辽宁等省	总结选派做法，开始系统性选派第一书记

1999 年以来，福建南平市委、市政府针对农业农村工作中的突出问题，努力创新农村工作机制，形成了"高位嫁接、重心下移、夯实农村工作基础"的工作思路，向农村先后下派了科技特派员、村党支部书记和乡镇流通助理"三支队伍"。1999 年 2 月，南平市从市、县两级的涉农单位选派首批 225 名农业科技人员到 215 个行政村担任科技特派员，帮助这些村依靠科技兴农致富。从 2000 年 6 月开始，在选派科技特派员的基础上，为了更好发挥村党支部书记的引领作用，实现"找好一条路子、建好一个机制、带好一个班子、打好一个基础"的目标，南平市结合村级党支部书记换届，从市、县、乡（镇）党政机关和事业单位选派 624 名优秀党员干部到"问题村"去，这些下派干部经过村党支部大会选举后担任党支部书记，任期 3 年。这一做法首开在福建省选派干部担任村党支部书记的先河。福建南平市选派干部驻村担任村党支部书记，是将下派干部直接嵌入到村级党组织中任职，并明确了嵌入干部的组织职务和组织关系，将过去干部驻村的做法向前推进了一步，也为后期全国范围内选派第一书记提供了基本经验和思路。

尽管福建南平市较早探索了选派干部担任村党支部书记的做法，但从时间上来说，选派干部驻村担任村第一书记的探索实践最先始于安徽省。2001 年 7 月，为了加强农村基层党组织建设，推动农村经济社会发展，解决带领农村贫困问题的班子建设问题，安徽省委、省政府决定从省、市、县（市、区）直机关和事业单位选派 3000 名干部到贫困村、后进村担任第一书记或书记，任期 3 年。这是全国范围内首次从省级层面大规模选派干部下乡担任第一书记的做法，这一实践形成了选派干部要求、条件、职责、保障、程序等方面的工作机制，产生了广泛的影响，起到了示范效应。2004 年，安徽省委办公厅、省政府办公厅出台了《关于做好选派第二批优秀年轻党员干部到村任职工作的通知》，在第一批选派干部任期结束的基础上，继续组织选派了第二批 6000 名优秀干部到村任职。截至 2021 年，安徽省总共选派了 8 批干部下乡担任第一书记。

2001 年之后，在干部驻村的经验基础上，选派驻村第一书记开始在福建、河南、辽宁、山东等地出现，出现了第一书记驻村的第一波高潮。2004 年 4 月，在总结南平市成功做法的基础上，福建省委、省政府出台《关于创新农村工作机制的若干意见》，决定定期选派优秀党员干部到经济相对落后贫困、组织比较薄弱的村庄担任第一书记或书记。2010年，河南省委在总结该省10年来驻村帮扶工作经验的基础上，从如何创新农村工作机制、如何加强农村基层组织建设、如何破解"三农"问题着手，从19个省直单位选派19名副处以上干部下派到19个贫困村和软弱涣散村担任第一书记，探索在全省范围内大规模干部驻村的新路子。2012年2月，围绕"强组织、增活力，创先争优迎十八大"主题，中央组织部印发《关于在创先争优活动中开展基层组织建设年的实施意见》。2012年3月，山东省委以基层组织建设年为契机，印发《关于以选派"第一书记"为抓手，扎实开展基层组织建设年的实施意见》，省委办公厅、省政府办公厅印发《关于从省直单位选派"第一书记"，抓党建促脱贫的实施方案》，山东省启动了全面选派第一书记驻村抓党建促脱贫的基层治理实践。

四、全面驻村：精准扶贫中的发展创新

在脱贫攻坚过程中，第一书记参与精准扶贫的选派制度正式确立，第一书记与驻村工作队高度融合，围绕工作任务、工作要求，分工协作共同推进精准扶贫。2013年11月，习近平总书记在湘西考察时指出："扶贫要实事求是，因地制宜。要精准扶贫，切忌喊口号，也不要定好高骛远的目标。"由此提出了中国贫困治理的"精准扶贫"方略，并把"脱贫攻坚"作为新时代三大攻坚战之一，把解决中国绝对贫困问题作为全面建成小康社会的重要内容。在此基础上，党和国家从顶层设计出发，陆续出台了一系列包括第一书记在内的干部驻村规定，对选派制进行了具体化的规定（见表3-3）。为了落实精准扶贫方略，整体实现《中国农村扶贫开发纲要（2011—2020年）》提出的目标，中办、国办印发了《关于创新机制扎实推进农村扶贫开发工作的意见》，明确提出了要"健全干部驻村帮扶机制，在各省（自治区、直辖市）现有工作基础上，普遍建立驻村工作队（组）制度"。干部驻村的制度传统再次得以确认和扩散，"帮扶驻村工作队"是新时期贫困治理的重要帮扶力量，成为精准扶贫时代干部驻村的重要创新机制。

此时干部驻村的范围进一步扩大，干部驻村的具体要求也进一步明确。2014年
5月，由国务院扶贫开发领导小组办公室联合其他部门下发的《建立精准扶贫工
作机制实施方案》进一步细化了干部驻村帮扶工作制度，并具体要求各省（区、
市）在2014年6月底前派驻到位。干部驻村帮扶由此全面铺开，并因此赋予了
新的时代意义和价值。

表3-3　精准扶贫时期第一书记（干部驻村）的主要制度

发文时间	发文主体	具体政策（制度）	主要规定
2013年12月	中办、国办	关于创新机制扎实推进农村扶贫开发工作的意见	普遍建立驻村工作队（组）制度
2014年5月	国务院扶贫开发领导小组办公室	建立精准扶贫工作机制实施方案	2014年6月底前干部派驻到位
2015年5月	中组部等	关于做好选派机关优秀干部到村任第一书记工作的通知	明确了第一书记选派范围、数量、条件、要求、职责任务、管理考核等
2015年11月	中办、国办	中共中央、国务院关于打赢脱贫攻坚战的决定	精准选配第一书记，精准选派驻村工作队，提高县以上机关派出干部比例
2017年12月	中办、国办	关于加强贫困村驻村工作队选派管理工作的指导意见	明确了总体要求、人员选派、主要任务、日常管理、考核激励、组织保障等6个方面的规定

2015年5月，为了强化和明确驻村干部的帮扶职责任务，推动驻村干部工
作的"落地生根"，实现精准扶贫的"精准派人"、"精准有效"，在"坚持和运用
选派第一书记等经验"基础上，中央组织部、中央农村工作领导小组办公室、国
务院扶贫开发领导小组办公室印发《关于做好选派机关优秀干部到村任第一书记
工作的通知》。该通知对选派机关优秀干部到村任第一书记工作做出了系列安排，
在选派范围和数量、人选条件和要求、主要职责任务、强化管理考核、加强组织
领导等方面都做了详细规定。这些规定充分吸收了多年来一些地方和单位选派第
一书记的经验，是国家层面第一次系统性的关于第一书记选派的制度规定，标志
着第一书记选派驻村制度正式确立。第一书记与驻村工作队同时驻村开展精准扶

贫的格局基本形成。2015 年 11 月，《中共中央、国务院关于打赢脱贫攻坚战的决定》进一步指出要"精准选配第一书记，精准选派驻村工作队，提高县以上机关派出干部比例"。驻村工作队开展精准扶贫工作的初期，出现了驻村帮扶中选人不优、管理不严、作风不实、保障不力等问题。为更好发挥驻村工作队脱贫攻坚生力军作用，2017 年 12 月 24 日，中共中央办公厅、国务院办公厅印发《关于加强贫困村驻村工作队选派管理工作的指导意见》。该意见从总体要求、人员选派、主要任务、日常管理、考核激励、组织保障等 6 个方面做了明确规定。至此，第一书记和驻村工作队选派驻村制度全面出台，两种派驻制度相互融合，相得益彰，形成了"制度合力"，构成了精准扶贫的特殊驻村制度。

在第一书记和驻村工作队两项制度出台前后，各省针对各自的情况，在 2015 年到 2018 年期间或早或晚陆续出台了关于第一书记和驻村工作队管理的办法或意见。比如，2015 年 10 月，青海省委农村牧区及扶贫开发工作领导小组办公室、省财政厅、省扶贫开发局等单位联合制定出台《第一书记和扶贫（驻村）工作队干部管理办法（试行）》；2015 年 12 月，湖南省委组织部制定《村党组织第一书记管理暂行办法》，作为选派第一书记的基本管理制度；2018 年 8 月，江西省扶贫和移民办制定《江西省驻村第一书记和驻村工作队选派管理办法》。第一书记和驻村工作队派驻制度在全国范围内迈向了系统化、制度化、规范化的制度推进步伐。

在干部驻村的制度和实践过程中，"贫困与党建"始终是干部驻村面对的基本问题，也是其功能发挥的基本要义和核心内容。在这一主题下，第一书记驻村制从地方初创到全面推进赋予了不同时期的特殊内涵。第一书记驻村还是为了更好地衔接驻村工作队在法理上和工作实践上遇到的困境而创设。在当前中国基层治理框架下，村党支部委员会和村民委员会即"两委"是农村基层自治组织的两种基本力量，是直接推动村级基层组织运转，领导和实现村民自治、发展村级公共事务的正式制度规定性的主体。驻村工作队是村级组织之外"进驻"的外部力量，不属于地方基层组织的一部分，在法理上不能直接参与村"两委"议事，不具有直接的参与权，其活动内容和方式更多体现在"协助"、"帮助"、"建议"等方面，其基本任务是扶贫开发、发展村级地方经济社会事务和促进基层党组织建设。第一书记以党组织成员的身份参与到农村党的基层组织，为其参与农村基层事务的管理提供了法律和制度支持。

第三节　第一书记嵌入基层治理的现实必要与制度体系

一、第一书记嵌入基层治理的必要

第一书记嵌入基层治理既是制度传统的延续，又有现实治理的必要。总体而言，第一书记嵌入基层治理行动主要基于以下几个现实原因：

一是传统农村基层治理的失灵为第一书记的嵌入提供了直接需要。长期以来，农村基层治理总体经历了从"背对背"间接治理到"面对面"直接治理的转换，在这一过程中出现了基层治理失效的现象，直接影响了农村贫困治理的效果。经过几次基层治理的转换，农村原有的贫困治理问题并没有得到根本改善。2006 年我国取消农业税后国家实施的一系列惠农政策，使得乡村治理模式发生了重大转变：依托于乡、镇、村集体组织的"背对背"间接治理模式逐渐解体，而以彰显农民个体权利为核心的"面对面"直接治理模式相继兴起。但是随之而来的农村基层治理空心化、悬浮化趋于严重，农民与农村、农村与基层政权关系日益松散，农村基层组织逐渐失去了承接国家力量对于农村社会发展的能力，贫困治理变得更加艰难。

二是国家发展战略的整体推进需要有新的得力组织力量来承接和承担。进入新的时期，党和国家更加重视并逐步推进国家整体发展战略。实现全面建成小康社会的目标，脱贫攻坚战略是我国在国家层面制度的顶层设计。新时代国家正在构建自治、法治、德治"三治融合"的乡村治理体系，也是为更好满足人们美好生活需求的内生追求。在党和政府着力推进国家治理建设当中，农村基层治理成为当中的重要环节。治理重心的下移与治理资源的下沉需要克服原有基层治理的失效问题，因此选择一种在过去实践经验中得到验证有效的方式便成为新时期主要制度选择和制度设计的依据。"第一书记"这一制度安排以嵌入式的治理策略参与到脱贫攻坚战中来，第一书记为村庄带去了强大的内部行政权力和大量的外部公共资源。在乡村治理的过程中，内在权力和外部资源直接嵌入融合到了乡村组织建设和各项事业发展中，深深地影响着乡村治理和乡村振兴的进程。作为乡村组织建设中一股重要的外部支持力量，第一书记的嵌入也可以缓冲村干部和村民之间的对立。第一书记嵌入到现有的村级治理体系中，不仅给当地输入了权力资源，而且一定程度上也有利于对当地村干部的权力监督，防止精英俘获资源现象的出现，从而维护社会公平和正义。此外，作为治理主体之一的第一书记，通过社会关系中的人脉资源，可以实现乡村治理资源变量上的增加。

三是巩固执政合法性的政治认同需要。精准扶贫工作是国家的一项政治工程，在压力型体制下，国家设置和执行第一书记制度也是国家政权的下沉，是国家权力关系自上而下地在村级社会渗透。在乡村治理的过程中，第一书记将党政体制、科层制度、社会制度、村民自治制度等与乡村社会关联的制度体系共同作用，从传统的"单头"书记治理转向了"双头"书记治理的乡村治理的政治结构，形成了合作治理态势。第一书记以组织权威获得资源配置和处置权，比较容易赢得民心。在乡村，第一书记的嵌入成为村级权力结构体系中重要的组成部分，是基层治理体系中的主要治理主体。第一书记的"领头羊"角色定位、职责界定和资源优势让其成为我国脱贫攻坚进程中非常重要的治理主体，是国家顶层设计和基层治理创新有效融合的体现。

四是推动基层治理现代化的需要。农村基层治理过程中存在治理主体素质不高、治理能力欠缺、宗族势力干预治理等情况，整体呈现出高度复杂化的结构。面对乡村治理的多种困境，需要重塑治理结构，加强党组织在乡村基层治理中的领导作用，强化党组织在基层治理中的中心地位和重要功能，这是推动基层治理现代化的重要内容。设置第一书记的治理理念和方式，是基层治理现代化和治理能力提升的重要体现。第一书记在基层治理中具有主体角色独立与自身素养较高的优势：一方面，可以在基层治理中成为村庄内部各种利益主体的协调者和监督者；另一方面，可以充分发挥政治素养高、政策能力强的特点，为农村基层治理注入新的动力，起到改善基层治理主体整体结构，提升基层党组织建设的作用，从而改善农村公共物品和服务的供给，增强村庄发展的内生动力。第一书记是基层党组织的带头人，还能够激活和完善乡村基层协商民主制度，提高村民的民主治理水平。

二、第一书记的制度体系

为保证第一书记嵌入基层治理的实效，第一书记在具体选派和管理使用中形成了一套体系化的制度。主要包括以下几个方面：

一是多元主体的参与制。相对于村"两委"治村而言，"两委"的角色是主"内"，第一书记的角色则是主"外"。在新的历史时期，第一书记的角色和作用主要是依靠政府部门的扶贫资金和项目，强化和落实党组织对村"两委"脱贫工作和乡村振兴工作的领导和监督。各级党委和政府通过协同与联动，动员党政体制系统外部的各种社会帮扶力量，形成以各级党委和政府为中心的多元社会治理主体共同参与的现代化乡村治理结构，构建了纵向到底、横向到边的内外联动机制。第一书记制度是国家把行政力量嵌入到村庄社会的重要渠道，把不断下沉的治理资源和治理任务落到实处。第一书记进入村庄后发挥着"治理支点"的作用，起到"输血"和"造血"的功能。

二是精准选派制。第一书记制度是通过组织选派的形式向对口帮扶村精准配置帮扶资源，包括扶贫项目、资金、政策资源和发展机会等。扶贫实践经验表明，精准匹配和选派第一书记对扶贫绩效起着关键作用，可以说，精准选派匹配好第一书记极大地影响着脱贫攻坚和乡村振兴的质量。党和国家通过选派匹配第一书记到村扶贫，是将党的制度优势转化为治理效能。因此，选好第一书记对基层治理起着至关重要的作用。根据定点帮扶村的自然资源禀赋、地理区域位置、经济发展状况和社会总体情况等要素，合理选配第一书记，特别是甄选有工作经验的、应急能力强的干部，能有效提高驻村帮扶的成效。

三是监督考核制。党通过党管组织的资源优势，通过顶层设计，赋予第一书记大量的扶贫治理物质资本和政策资源。如何评价和衡量第一书记的履职情况成为第一书记监督考核的重要问题。因此，对第一书记的履职情况进行考核是第一书记制度体系的重要内容。考核内容主要围绕"四项基本职责"进行。有些地方为了更好地监督管理第一书记的工作，将四项职责加以细化，建立起了考核指标体系（见表3-4），为考核提供直接的评价依据。考核一般分为日常考核、年度考核和任期考察几个方面，考核制度的建立有效推进了责任机制的完善。

表3-4 F县第一书记考核内容及得分表

主要职责（分）	考核内容（项）	基础分值（分）
建强基层组织（30）	健全村"两委"班子	7
	组织制度建设	4
	加强党员队伍建设	16
	村级组织活动场所建设	3
推动精准扶贫（30）	年度帮扶规划	3
	发展特色产业	10
	落实帮扶措施	7
	发展村集体经济	10
为民办事服务（20）	基础设施建设	10
	完善便民服务制度	10
提升治理水平（20）	完善民主管理制度	10
	积极推进美丽乡村建设	6
	维护农村和谐稳定	4

注：数据根据《F县驻村工作考核细则》整理

四是激励保障制。激励保障是第一书记管理中的"保健"机制，激励主要体现在事业发展以及人生价值实现方面，保障主要体现在人身安全等工作环境和工作条件方面。在以贫困治理为主的农村基层治理工作中，第一书记面对的是全新的工作内容、工作对象、工作环境，相较原单位的工作而言，这一工作具有工作身心压力和人身安全等多方面的挑战。为了更好地让第一书记安心扎根农村、用心奉献基层，建立起包括物质性与非物质性的激励措施就显得尤为重要。第一书记到村任职后，要保证原单位的人事、工资和福利不变，派出单位和地方上要为驻村第一书记工作提供必要的交通、通信、办公经费，伙食补贴以及特殊地区如高原地区的相应津贴等，这是第一书记能放心、安心、全心投入基层治理的必要条件。要保障第一书记激励机制真正落到实处，派出单位要兑现好激励承诺，在待遇上要有明确的利益机制保障，从制度管理层面让激励制度充分发挥作用，让有效的激励制度优势真正转化为第一书记的工作动力和工作效能。

五是负面召回制。负面召回是指在第一书记因为工作能力不足或工作存在较大问题不能胜任、不再适合继续留在村庄承担第一书记工作时而采取的一种补救与更新人员的做法。为了能够及时发现并及时召回需要召回的第一书记，各地先后建立起了第一书记的考核、监督与使用的动态机制。这种制度的建立，一方面是为了更好地发挥第一书记在农村基层治理中的真正作用，让有责任心、有事业心的第一书记嵌入到农村，发挥其应有的作用，避免出现第一书记的"形式嵌入"，另一方面也是为了更好地保护和激励广大参与基层治理的第一书记，让他们在压力中找准思路，在锻炼中提升能力。

第四节　第一书记嵌入的基本维度

"嵌入性"是行动主体行为过程中形成各种社会关系的一种表征。嵌入农村基层治理的第一书记在推进脱贫攻坚和乡村振兴中发挥着重要的中介作用，是我国全面建成小康社会，实现新时代农村事业同步于国家发展宏伟目标的重要参与力量。理解第一书记嵌入机制离不开国家与社会、政府与社会、政党与社会这些基本关系作用下形成的行为主体竞争、合作互动网络的基本"场域"[①]。

① 社会学家皮埃尔·布尔迪厄（Pierre Bourdieu）将"场域"界定为"位置间客观关系的网络或一个形构，这些位置是经过客观限定的"。场域是由社会成员按照特定的逻辑要求共同建设的，是社会个体参与社会活动的主要场所，是集中的符号竞争和个人策略的场所。场域中存在的经济资本、社会资本、文化资本、象征资本是决定场域竞争的基本逻辑。国家与社会互动关系中各种相关主体会形成各种"场域"现象。

一、国家与社会关系的总体性

国家与社会是政治社会学研究中的两个基本范畴。"国家与社会"关系作为一种宏观视角在研究中长期居于主导地位，成为研究中国社会治理的一种基本分析范式。在诸多学者研究的过程中，在这一关系主导下演化了各种中观层面的关系视角，如政府与社会关系、政党与社会关系等。近年来，不同学者借助这些关系视角对社会治理进行了广泛研究，集中探讨了这些关系互动中形成的不同社会治理类型、治理特征和治理困境等问题，分析了社会治理中国家、政府、政党、社会组织等各种治理主体的作用机制。尽管研究的具体内容、具体对象、具体问题不同，但这些研究总体贯彻了一个基本主线，即如何实现国家、政府、政党与社会的有效衔接互动，从而构建真正意义上的社会共同治理体系。

国家与社会关系研究的视角来源于西方的"市民社会"（Civil Society）和"法团主义"（Corporatism）理论。20 世纪 90 年代以来，随着中国经济社会体制改革的深入，社会主体得到充分发展，国内外一些学者开始尝试用市民社会理论来解释中国社会主体特征，分析社会组织参与社会治理的基本现象。在国家与社会关系上，出现了肯定与质疑两种不同的基本观点。怀特基于对中国社会组织的考察，认为中国民间社会组织在经济改革深入过程中的出现会改变国家与社会权力的平衡，国家力量趋于减弱，市民社会将会出现。[1] 邓正来认为，在中国政治领域改革过程中，市民社会在市场经济多元主体发展中能够为民主政治发展创设各种社会性条件，为此需要构建国家与社会良性互动关系。[2] 朱健刚、张磊等从实证角度验证了中国正处于或者已经具有市民社会存在的条件或状态。裴敏欣等学者则对中国市民社会提出了不同的质疑，虽然中国社会组织的大量出现在一定程度上会改变国家与社会的总体关系格局，但并不认为中国由此就出现了类似西

---

[1]　Gordon White. Prospects for Civil Society in China：A Case Study of Xiaoshan City［J］.The Australian Journal of Chinese Affairs，1993（29）.

[2]　邓正来 . 市民社会理论的研究［M］.北京：中国政法大学出版社，2002.

方的市民社会。总体来说，市民社会理论的探讨是基于国家与社会两者力量的消长而言，市民社会的建立在一定程度上意味着国家治理结构中国家对社会直接干预的减弱，相对自治性较高的市民社会能较好体现其存在的意义。法团主义与市民社会理论在对待国家与社会关系上有所不同，法团主义总体上认识到国家主导性的地位和国家权威的保护。强势的主导国家、对利益全体的限制、吸纳利益群体为国家系统一部分是法团主义的三大基本特征。强大的社会团体可以和强大而具有弹性的国家并存，国家和社会可以相互赋权。与市民社会理论比较而言，法团主义认为社会与国家并不是彼此对立的。

市民社会理论和法团主义两大理论为研究中国国家和社会关系提供了相对充分的理论基础。在中国市场转型过程中，顾昕、王旭认为，国家与专业团队等社会组织关系体现了国家法团主体性特点。[①]一些经济社会组织的发展并不是走向独立于国家之外的市民社会，而是具有典型的地方性法团主义特征。[②]一些社会组织通过融入政府系统，形成了"庇护性的国家法团主义"和"层级性国家法团主义"现象。由此而言，中国的社会组织发展过程是基于国家法团主义方式发展起来的。但这种视角下的国家与社会关系研究明显出现了西方理论与中国实践适应性不足的问题，存在西方经验与本土经验的焦虑和矛盾。[③]因此，越来越多的学者基于中国本土化经验，反思了市民社会理论和法团主义西方视角下的国家与社会关系研究中存在的问题，提出了不同的分析框架。

二、"回到"政党与社会关系

在中国国家治理、社会组织发展等研究中，国家与社会关系始终是一种主导的分析范式。但这一范式放在中国治理场域中也存在理论和实践的冲突与矛盾。

① 顾昕，王旭. 从国家主义到法团主义——中国市场转型过程中国家与专业团体关系的演变 [J]. 社会学研究，2005（2）.

② 徐建牛. 地方性国家法团主义：转型期的国家与社会关系 [J]. 浙江学刊，2010（5）.

③ 邓京力. "国家与社会"分析框架在中国史领域的应用 [J]. 史学月刊，2004（12）.

一方面，国家与社会的基本范畴在研究中很多情况下不够明晰、不作区分，往往将国家与政府两个概念混用或者等同。从政治学角度而言，国家范畴虽有不同理解，但总体上来说，国家更多是抽象意义上的政治实体存在，是国家权力基本架构、基本地理边界、基本公民主体等构成的一个系统。政府、公民、权力、社会组织等是"国家"这一范畴的主体性构成因素。与国家密切关联的概念是政府。政府是国家权力的直接掌握者和运行者，是能够直接对社会不同主体产生影响和约束的实体。一般来说，政府也是公共管理学中行使国家行政权力的公共部门，区分于私人部门和第三部门。公共利益、公共目标、公共价值等是政府的典型组织特征。在国家与社会关系研究视角下，有的延伸为政府与社会关系，但更多是把国家与政府混同，甚至直接用国家代替政府，或者将政府等同于国家。这样容易导致研究主体边界模糊、指代不明的现象，讨论针对性也就不强。

另一方面，在中国制度实践中，国家与社会关系的过分强调容易忽视中国政治制度的基本制度底色，忽视作为执政党的中国共产党这一政治实体在国家与社会关系中的特殊性和一般性的区别。在我国现在的"党政体制"下，"党政军民学，东西南北中，党是领导一切的"。中国共产党不仅是国家的领导者，也是社会整体的领导者。中国的国家是权力的外在制度表现形式（各种国家制度）和内在表现形式（中国共产党）的总和。[①] 从制度发展与制度优势而言，习近平总书记早在中国共产党成立 95 周年大会上的讲话中就深刻指出："中国特色社会主义最本质的特征是中国共产党领导，中国特色社会主义制度的最大优势是中国共产党领导。"[②] 这一重要论述深刻揭示了中国制度的基本特征，强调了中国共产党在政治运行中的主导地位，是研究中国政治和中国治理的基本钥匙，也是国家与社会关系视角下研究中国国家治理问题的基本遵循。中国共产党在我国是特殊的、根本区别于西方政党的政治主体，是国家政治生活中组织和动员社会力量的特殊

---

① 吕增奎.执政的转型：海外学者论中国共产党的建设［M］.北京：中央编译出版社，2011.

② 习近平.习近平在庆祝中国共产党成立 95 周年大会上的讲话［N］.人民日报，2016-7-2（2）.

组织。因此，在国家与社会关系基础上衍生的政府与社会、政党与社会关系成为理解中国政治社会的基本路径。林尚立、赵宇峰认为，现代国家的政治结构主轴中首要的是国家与社会的关系，但在中国的政治结构中，除了国家与社会这一主轴，还有执政党的中国共产党这一重要关系。① 欧内斯特·巴克（Emest Barker）认为，政党是架在社会与国家两端上的，并把社会中思考和讨论的水倒入政治机构的水车并使之转动的导管和水闸。② 徐勇认为，20 世纪以来中国的"政权下乡"过程实际上是现代国家对乡土社会的整合过程。③ 从基层治理中中国共产党的地位和功能角度而言，中国政治的一个根本性问题是中国共产党如何通过执政来领导中国基层社会治理，如何协调各方关系来建构起有效的基层系统治理格局，以破解各类基层社会治理困局，并最终实现基层社会治理绩效提升与长期执政空间建构的互动共进。④ 在具体的基层治理中，中国共产党通过增强基层组织的引领力和整合力嵌入乡村社会，发挥其政治资源、组织资源和公共资源优势，为社会自治力量"增能"和"赋权"，与乡村社会形成互为补充的有效社会治理模式。⑤

在我国政治权力结构中，尽管中国共产党的组织运行与国家机构的运转紧密结合、系统推进，但从整个国家权力架构而言，中国共产党是所有权力结构中的中心和核心，中国共产党这一组织是超越于国家机器的。⑥ 中国共产党的组织运行不同于国家机器的运转，它不仅有系统化的自身组织运转体系，还在国家系统之外存在大量的党员以及渗透于整个社会的党的基层组织。⑦ 中国共产党基于

---

① 林尚立，赵宇峰. 中国发展的政治基础——以人民民主为中心的考察［J］. 学术月刊, 2012（5）.

② Emest Barker. Reflections on Government［M］.Oxford University Press, 1942.

③ 徐勇. 政权下乡：现代国家对乡土社会的整合［J］.贵州社会科学, 2007（11）.

④ 刘伟. 从"嵌入吸纳制"到"服务引领制"：中国共产党基层社会治理体制转型与路径选择［J］.行政论坛, 2017（5）.

⑤ 袁方成，杨灿. 嵌入式整合：后"政党下乡"时代乡村治理的政党逻辑［J］.学海, 2019（5）.

⑥ 景跃进. 党、国家与社会：三者维度的关系——从基层实践看中国政治的特点［J］.华中师范大学学报（人文社会科学版），2005（2）.

⑦ 唐文玉. 嵌入、依附抑或独立——"党社关系"维度下的社会组织发展模式考察［J］.中共中央党校学报, 2019, 23（4）.

其政治属性的特殊性，通过不同的形式和方式延伸或者渗透融入"政、军、民、学、社"等方方面面，影响社会的组织和发展。因此，从这个层面上而言，政党与社会关系才是把握国家与社会关系的关键，离开了这一基本关系的国家治理研究都可能会偏离研究的基本主旨。事实上，在大量的国家与社会二元分析范式下，很多研究并没有厘清政党与社会的内在关联，或者把中国共产党组织作为"国家"的范畴简单化处理，或者将其与"政府"捆绑在一起予以同质化解释。由此而言，简单地把中国共产党归入国家范畴是不合适的。正是这些研究视角局限性的存在，引发了大量学者在国家与社会关系视角中更多关注政党与社会关系，以郑永年为代表的学者主张在研究中应该"把中国共产党带回来"，以政党视角关注中国政治社会的发展逻辑。因此，国家治理体系的研究应包含政党与社会关系的维度。

实践中，在中国具体的国家治理场域内，党的治理主体性、中心性地位和功能一直是作为一条基本原则和要求。党的十九届四中全会审议通过的《中共中央关于坚持和完善中国特色社会主义制度、推进国家治理体系和治理能力现代化若干重大问题的决定》全面系统提出了构建"完善党委领导、政府负责、民主协商、社会协同、公众参与、法治保障、科技支撑的社会治理体系"。这一治理体系更加明确了党在治理体系构建中的主体地位。2021 年 4 月，中共中央、国务院下发的《关于加强基层治理体系和治理能力现代化建设的意见》再次指出"完善党全面领导基层治理制度"。中国共产党作为国家治理的主导者这一基本原则已经成为当下治理理论研究和治理实践推进的基本内容和方向。我国的国家治理体系和治理能力现代化建设具有一般治理理论的基础特征，但更多具有中国政治制度、经济制度、社会制度等特色的治理特征。治理主体的多元性并不代表治理主体在治理中结构、地位、功能上的同等性，中国共产党的领导和主体地位始终是治理体系中的主导和主角，国家与社会关系、政党与社会关系也是在中国共产党对国家和社会主导下展开的具体关系。

基于上述关于治理研究方式与研究维度的考察而言，讨论第一书记参与基层治理的嵌入性除了国家与社会关系这一基本维度外，还应更多转换到政党与社会关系上来。因为无论从宏观政治体制，还是从微观组织属性、组织关系，第一书记的治理行为都离不开中国基本制度框架和制度底色。

第五节　第一书记嵌入的总体机制及系统动力学分析

一、基于"嵌入性"的总体机制

（一）嵌入性理论的应用

嵌入性理论的"嵌入性"为经济行为的发生提供了一种新的研究视角。从嵌入性理论发展的基本脉络可以看出，波兰尼首先提出了嵌入性理论的"嵌入性"基本概念，并指出了经济系统与社会系统的嵌入性基本问题。经过格兰诺维特等人的深入研究，形成了以关系嵌入和结构嵌入为基础的嵌入性理论基本分析框架。后期学者的研究分析大多是在此基础上的拓展和沿袭，并借助于大量的实证研究方法。从嵌入的效应来看，嵌入性是影响经济行为主体的重要变量因素。尽管乌兹在嵌入性与企业绩效关系研究中提出了"关系嵌入性悖论"的观点，但大量研究都支持各种嵌入性会给企业组织等行为主体带来行动和绩效的正相关影响。在嵌入性理论看来，从社会结构或者社会网络探讨经济行动的"合法性"乃是新经济社会学研究的基本视角。嵌入性理论在对古典经济学理性选择基本假设的批判基础上架起了经济系统与社会系统的桥梁，同时也对社会网络理论进行了拓展和深化。以格兰诺维特关系嵌入和结构嵌入为经典的嵌入性分析框架被广泛应用于企业组织学等研究领域。

经过 20 世纪 80 年代以来的理论发展，嵌入性理论已经与经济地理学、社会学、管理学、区域经济学、发展经济学等理论快速融合，成为一个重要的社会科学理论分析工具。其理论也越来越多地被政治学、组织学、管理学、社会学等社会科学研究领域所运用。在嵌入性理论研究发展中，有关嵌入性本身的专门研究减少了，但是以嵌入性作为确定性理论前提的研究增多了。[①] 总体而言，嵌入性

---

① 许宝君，陈伟东 . 自主治理与政府嵌入统合：公共事务治理之道［J］. 河南社会科学,2017（5）.

理论之所以有很强的理论解释力与以下几个理论的合理性分不开：一是嵌入性理论解释中将经济行为主体扩大了，嵌入主体不仅包括微观及行为的个体，还包括由个体组成的组织。从社会学理论而言，行为个体本身都是社会组织化的一种表现，任何个体行为背后都包含其所属组织的影子，组织的结构特征和组织环境因素深刻影响着个体行为。二是在分析行为主体的经济行为时必须建立在社会网络结构中，既要考虑个体带来的个体网络关系，也要考虑组织的网络关系。社会网络是社会主体行为的基本载体，不管是个体行为还是组织行为都是架构在一定的基于人际交往社会关系和社会整体结构之中的。三是嵌入性是多元的、多维的、多层次的。不同类型的嵌入性所指称的内涵有所不同，但都不同程度地会对行为主体产生深刻影响。分析嵌入性的差异有助于更清晰地解构个体、组织的社会行为，更准确地理解各种因素影响的关联性。

与此同时出现的一个问题是，嵌入性概念在理论应用和解释中，其含义逐渐发生变化，概念抽象化的程度越来越高，概念被宽泛化、滥用化和失真化，形成了"概念伞"现象。在我国，嵌入性理论最初兴起于中国社会工作的本土化解释。[①] 社会工作研究的嵌入性发展几乎形成了一种学术思潮。嵌入性理论引入到我国后，诸多学科在经过理论的重新解释后，其理论已发生大量迁移，特别是在政治学、公共管理学等学科领域的国家治理领域得到广泛应用，甚至成为阐释国家与社会协同从事社会治理的重要概念工具。[②]

（二）第一书记嵌入的总体机制

由嵌入性理论可以看出，"嵌入性"简言之是行为主体所关联的各种社会关系综合以及由此带来的各种影响，它是社会主体基于目的需要，通过与其他行为主体之间的链接、互动形成的一种新的经济社会关系。"嵌入性治理"则是基于嵌入的关系特征和过程，通过治理结构和网络关系等的重新建构实现治理体系和

---

① 徐选国，罗茜.嵌入何以发展：社会工作本土化进程中嵌入观的流变与再构［J］.新视野，2020（1）.

② 张慧.嵌入性理论：发展脉络、理论迁移与研究路径［J］.社会科学动态，2022（7）.

功能整体优化的一种治理范式。"嵌入性"的形成与个体行动中内生的嵌入机制以及个体社会行动的情感、价值与社会规范等相关。

　　第一书记是具有鲜明中国特色的本土化基层治理主体，是发生在基层治理现代化建设和国家经济社会发展战略推进中"中国故事"的一个实践缩影。第一书记实践经验也蕴含了丰富的理论逻辑，可以从多角度加以阐释。从脱贫攻坚到乡村振兴，第一书记参与农村基层治理的常态化、制度化机制体制正在逐渐确立，第一书记的实践及价值给学术研究提供了不断"源流"。近年来，关于第一书记的研究已有相当成果，这些研究视角多样、方法多元、内容多种，以贫困治理为主导的农村基层治理体系和治理能力现代化研究是其基本的研究主题之一，其中从嵌入性理论角度探讨第一书记的实践业已成为诸多研究中的一种主要方向。

　　国家治理行动是一个多元主体参与的过程，是国家社会中不同行为者嵌入社会网络和社会结构中的过程。因此，从这个意义上而言，第一书记参与基层治理的行为过程也典型性地体现了嵌入性特征。以第一书记为代表的干部驻村制是一种通过农村基层治理"外部性"主体的介入来解决基层治理，特别是贫困治理中系列问题，提升基层治理效能，实现治理有效的制度安排。从制度实践过程而言，第一书记的行动是一个原本不属于农村基层治理场域的主体，通过一定的方式和机制而"嵌入"的活动，是一种事务介入另一种事务的过程或结果的"嵌入"过程。[①] 第一书记作为一个行为主体，是个体与组织的混合体代称。对于驻村的每一个第一书记而言，它是一个个具体的个人，而第一书记群体则是一种组织学意义上的组织形态，其行为主体所处的环境、结构等社会外部条件对主体产生的影响是嵌入性的一种表达。[②] 第一书记代表的既是国家力量，也是政党力量，是党和国家通过第一书记联结农村基层社会的中间主体。第一书记行为过程的发生、发展与基层治理的社会网络和社会结构深度嵌入，与国家

---

① 唐兴军. 嵌入性治理：国家与社会关系视阈下的行业协会研究——以上海有色金属协会为个案[D]. 上海：华东师范大学，2016.

② ［英］卡尔·波兰尼. 巨变：当代政治与经济的起源［M］. 黄树民，译. 北京：社会科学文献出版社，2013.

政治制度环境、不同群体的认知、文化价值观念等密不可分。其组织行为与社会整个体系之间会形成相互引导、促进和限制的复杂关系。[①] 更深层次的是，第一书记嵌入基层治理引发了社会网络中社会总体结构和社会关系性的根本改变，结构嵌入和关系嵌入特征非常明显。行动者在嵌入个人关系中面对各种相互认同和互惠交换等社会性因素，同时嵌入行动也会引起各种行动者嵌入关系的社会网络变化。第一书记行为不是简单的"经济人"或"社会人"特征，而是赋予更多"社会网络人"特征。[②]

近些年，从嵌入性理论视角研究第一书记嵌入性问题已成为第一书记相关研究的主要方向之一。但这些研究呈现两个基本趋势：一是从一般意义上借用嵌入概念，单向度讨论第一书记作为一个主体参与贫困治理的效用、困境等。这种研究基本上没有正面回应嵌入性理论的核心要义，而只是用一般概念解释一般现象。严格来说，这一研究趋势并不是嵌入性理论视角下的第一书记研究。二是以原初嵌入性理论的一般观点来解释实践中第一书记机制、体制等。这一研究较多地用嵌入性理论的一些经典分析理论框架来探讨第一书记的嵌入性问题，其中以格兰诺维特结构嵌入和关系嵌入为主要分析范式的居多，同时也有综合祖金和迪马吉奥等人政治嵌入、认知嵌入、结构嵌入、文化嵌入等分析模式。

第一书记参与基层治理的嵌入性呈现在其具体嵌入机制形成和发生作用过程中。总体而言，第一书记参与基层治理的嵌入性就是代表党和国家（政府）的第一书记通过政治嵌入、组织嵌入、结构嵌入、关系嵌入等方式和机制嵌入到农村基层治理中，生成各种正式制度规范与非正式规范的经济社会关系。这些嵌入机制的功能可以有效推动农村基层治理的政治权威重塑、基层组织重造、网络结构重构、资本关系重组，实现社会网络和政治权力关系的再生产，从而推进农村脱贫攻坚、乡村振兴、治理有效等短期和长期治理目标的系统达成（见图3-1）。

---

① 杨玉波，李备友，李守伟.嵌入性理论研究综述：基于普遍联系的视角 [J].山东社会科学，2014（3）.

② 罗峰.变革社会中的政党权威和社会整合——对中国共产党执政体系的政治学分析 [D].上海：复旦大学，2006.

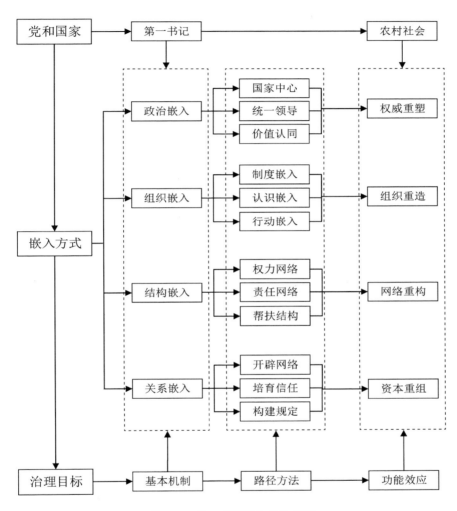

图 3-1 第一书记嵌入总体机制

二、第一书记嵌入行动的系统动力学分析

系统动力学（System Dynamics，简称 SD）是五大复杂性科学研究中的一个流派，它是美国麻省理工学院福瑞斯特（J.W.Forrester）教授在 20 世纪 50 年代首创的，用于研究经济社会发展、生态系统等复杂系统中的结构、功能及发生机制问题的大系统学科和方法。系统动力学方法强调系统性、整体性，注重系统非

线性、高阶次、多变量、多重反馈等问题的研究。在方法运用中，系统动力学运用因果关系及流率流位系的反馈结构建模方法，并通过对系统结构的分析和计算机仿真来分析复杂系统结构、功能和动态行为之间的相互作用关系。在系统动力学的因果关系分析中，彼得·圣吉（Peter Senge）将系统动力学方法与管理学方法结合起来，构建了包含"正反馈环"、"负反馈环"和"时间延滞"3个基本元件在内的因果系统基模分析法，形成了因果关系分析的基本模式，为认识系统结构功能和关系提供了基础性的工具方法。

农村基层治理系统是一种复杂的政治、经济社会系统，它也是我国国家治理系统的一部分，与国家治理构成了部分与整体的关系。第一书记嵌入基层治理的过程就是农村基层治理复杂系统不断发生作用、实现一定功能转换的运行过程。在以实现脱贫攻坚为主体战略目标的农村基层治理中，第一书记的行动涉及执政党、国家组织、基层组织、社会组织等不同类型组织及组织背后关联的各种系统构成要素，也涉及这些要素在一定的结构下如何发生作用，实现治理效能。因此，国家与社会关系、政党与社会关系、经济与社会关系等都是第一书记嵌入性讨论的范畴。第一书记作为基层治理系统特殊性的一部分，其嵌入行为是各种系统关系和结构下的一个缩影。因此，从这个层面来说，探究第一书记的嵌入治理行动过程具有复杂科学中的系统动力学方法分析的特征。

政治嵌入与组织嵌入是第一书记嵌入农村基层治理的基础和前提，结构嵌入与关系嵌入是第一书记嵌入农村基层治理的具体网络。嵌入机制既是第一书记社会行动发生的一般机理，也是其行动产生相应功能效应的必然结果。第一书记具体嵌入机制及其效应包含了因素变量之间的因果关系。第一书记嵌入机制是第一书记嵌入行动过程的一种运行模式或者表现形态。而第一书记嵌入的4种机制是其参与农村基层治理过程中的基本方式，它的生成与农村基层治理的现实需要与治理的内在驱动密不可分。

从系统动力学角度而言，第一书记的嵌入行为形成了政治嵌入、组织嵌入、结构嵌入、关系嵌入4种相互联系又相互独立子系统的统一复杂大系统。每一个子系统形成了由各种系统因素相互作用并在一定结构中的不同因果关系。在政治嵌入子系统中，通过第一书记嵌入以实现农村基层社会政治权威的重塑；在组织嵌入子系统中，通过第一书记嵌入以实现基层组织功能再造；在结构嵌入子系统中，通过第一书记嵌入以实现农村基层治理网络结构重构；在关系嵌入子系统中，通过第一书记嵌入以实现农村基层治理各种缺失的人力、社会成本重组。

（一）政治嵌入与基层权威重塑的因果关系

第一书记政治嵌入机制是国家政治体制运行下的一种具体展开，其行为背后受到国家政治制度、政治环境、政治目标等政治嵌入性综合因素的影响。在以贫困治理为主导的农村基层治理过程中，第一书记的嵌入是基于国家政治动员模式下"集中力量办大事"的政治行动逻辑。国家中心主义、党的集中统一领导以及价值认同等政治动员机制构成了第一书记嵌入行为的基本方式。从政治嵌入的功能与效用来说，第一书记的政治嵌入主要是在我国政治制度体制的政治动员模式下，通过其"代理"执政党和国家的作用来重塑党和国家在农村基层社会的政治权威，实现基层权威在量上的增加以提升执政基础。从系统动力学分析来看，实现农村基层政治权威重塑的行为包含着图 3-2 所示的几个基本因果逻辑关系。

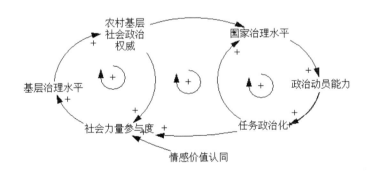

图 3-2　基层治理中政治权威重塑的因果关系

图 3-2 显示的是第一书记政治嵌入机制实现权威重塑的基本模型。该模型由3 个正向反馈构成，显示了农村基层治理中基层治理水平、政治权威树立、国家治理能力提升、社会参与度、政治动员以及任务政治化等变量之间的关系，为农村基层治理建设中政治嵌入性的重要性和必要性分析提供了路径。图 3-2 具体包

括以下 3 个因果链：

反馈回路 1：农村基层社会政治权威增量→＋社会力量参与度→＋基层治理水平→＋农村基层社会政治权威增量。

反馈回路 2：国家治理水平→＋政治动员能力→＋任务政治化→＋国家治理水平。

反馈回路 3：农村基层社会政治权威增量→＋国家治理水平→＋政治动员能力→＋任务政治化→＋社会力量参与度→＋基层治理水平→＋农村基层社会政治权威增量。

3 个因果链总体上表明农村基层社会政治权威增量与国家治理水平之间存在良性的循环关系。第一，从农村基层社会政治权威的增加上而言，随着社会力量参与到农村基层治理的程度提高，基层治理水平也会在此基础上得以提升，而基层治理水平的提升又直接导致农村基层社会政治权威的增加。第二，国家治理水平体现在很多方面，与一个国家的治理体系和治理能力等因素都有关。从因果关系来说，国家治理水平提高会提升国家政治动员能力，而政治动员能力会直接加强任务政治化程度，任务政治化下的任务完成又会进一步提升国家治理水平。第三，从范畴来说，国家治理包括基层治理，农村基层社会政治权威的增加直接导致国家治理能力的提高，在国家政治动员能力的推动下，社会各种主体会在任务政治化加强的情况下积极参与到基层治理中，与国家政治目标趋同，因此带来了基层治理水平和政治权威的提升。这些因果关系的存在为第一书记政治嵌入性的分析提供了基础和依据。

（二）组织嵌入中的基层组织再造因果关系

以村党组织和村委为主体的基层组织是农村基层治理的重要治理主体。基于历史和现实，基层组织已越来越不适应新时期基层治理的发展需要，出现了各种情况和问题。在脱贫攻坚重大战略推进过程中，基层组织承担着各项政策落实、基层治理事务解决的基础性任务，但基层治理能力不高的现状严重制约了国家整体战略的实施。因此，在短期内依靠基层组织"自组织性"机制难以实现治理能力提升的情况下，只能通过外部性的嵌入力量来实现。第一书记的组织嵌入机制，就是通过第一书记行动带动基层组织再造，实现功能提升的一种机制。这一过程也包含了基层组织再造的基本因果关系链。围绕基层组织再造这一主要变量，各种变量和因素形成了多种反馈回路（见图3-3）。

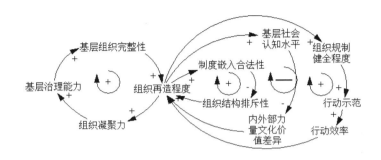

图 3-3　基层组织再造中的因果关系

图 3-3 显示了基层组织再造在外部性力量嵌入系统过程中的基本模型，显示了当前我国农村基层组织再造的一般规律，为解释第一书记的组织嵌入提供了基本依据。这个模型主要包括了以下 4 种正负反馈回路：

正反馈回路 1：组织再造程度→＋组织凝聚力→＋基层治理能力→＋基层组织完整性→＋组织再造程度。这一回路反映的是基层组织建设及治理能力的一般因果关系。

正反馈回路 2：组织再造程度→＋制度嵌入合法性→－组织结构排斥性→－组织再造程度。制度嵌入合法性主要是指外部力量嵌入基层社会的制度合法性。组织结构排斥性主要是指基层组织对外部力量的排斥程度。

负反馈回路 3：组织再造程度→＋基层社会认知水平→－内外部力量文化价值差异→＋组织再造程度。

正反馈回路 4：组织再造程度→＋组织规制健全程度→＋行动示范→＋行动效率→＋组织再造程度。

（三）结构嵌入与关系嵌入机制中的因果关系

第一书记行动从整体上体现和反映了嵌入性理论上的结构与关系嵌入特征，而且结构嵌入和关系嵌入在第一书记行动中是相互联系而非单纯割裂的，是相辅相成而非此消彼长的，结构性嵌入为关系嵌入提供了总体结构和组织运行的基础，关系嵌入的实践效果则为结构嵌入的功能发挥提供了基本依赖。在参与基层治理实践中，第一书记是"行动者"，其行动受到贫困地区政治、经济、社会等综合性制度环境的制约和影响。在此动力系统运行过程中，第一书记行动基本目标就是通过具有先进性、适合性治理能力的外部性力量将"结构性"和"关系性"嵌入到薄弱、后进村庄，重构重建村庄社会网络结构，重组重整村庄发展的内外资源和社会资本，在基层治理上打破长期以来影响村庄"治理失灵"的困境，在贫困治理上实现扶贫开发由"输血"到"造血"的根本转变，并深刻改变基层治理的制度环境，推动基层治理体系和治理能力现代化建设转型。

从嵌入机制的运行角度来说，第一书记结构嵌入与关系嵌入两个维度相互作用、相互影响，共同作用并推进农村基层治理结构、关系网络转变，包含着基层治理系统动力中的复杂因果关系（见图3-4）。这一动力系统既包含了网络结构规模、目标责任黏合度、社会信任等内生变量，也包含了网络中心度、关系强度等外生变量。图3-4包含以下3个主要正反馈回路：

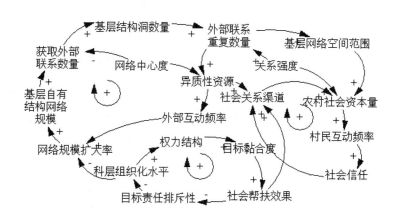

图 3-4　农村基层治理中的复杂因果关系

反馈回路1：网络规模扩大率→＋基层自有结构网络规模→＋获取外部联系数量→＋基层结构洞数量→＋外部联系重复数量→＋异质性资源→＋外部互

动频率→＋网络规模扩大率。这一回路主要表明，在结构嵌入中基层治理结构随着与外部联系的扩大会改变原有的结构状态，也会因此带来各种社会资源的增加和变化。

反馈回路 2：农村社会资本量→＋村民互动频率→＋社会信任→＋社会关系渠道→＋农村社会资本量。这一回路主要表明农村社会资本的变化与村民互动关系、农村社会信任、农村社会关系渠道等变量之间的关系，反映的是农村社会资本的构成与形成路径。

反馈回路 3：科层组织化水平→＋权力结构→＋目标黏合度→＋社会帮扶效果→－目标责任排斥性→－科层组织化水平。这一回路表明的是国家科层权力嵌入与农村基层社会目标责任、社会帮扶力量带来的效果等变量之间的关系。

本章小结

本章主要讨论的是第一书记嵌入基层治理的制度逻辑。从组织学角度来说，"第一书记"是一种组织称呼，在中国共产党的组织建设中存在了很长一段时间，有很强的组织印记。中华人民共和国成立后，随着我国革命、建设、改革和发展的不断推进，农村事业及农村基层治理逐渐得到加强。为了解决农村贫困与党建等农村基层治理的重大问题，我国先后从不同层次和类型的组织中选派了大量干部下乡，为农村基层治理注入"外部性"力量，提供"外部性"资源，形成了第一书记嵌入基层治理的制度渊源。在这一过程中，早期的干部下乡是外部力量嵌入基层治理的一种尝试，其主要目的还是解决农村贫困治理问题。这些尝试为后期常态性的嵌入治理提供了制度基础。21 世纪初，面临新情况新任务，一些地方开始选派干部派驻到农村担任书记、第一书记，以此推动农村基层组织建设，带动农村贫困问题有序解决，积累了第一书记选派制度的地方经验。在脱贫攻坚战开启后，第一书记选派制度在之前经验基础上得以全面实施，成为一种创新性的基层治理方式。

第一书记嵌入基层治理是基于推进国家整体贫困治理、基层治理现代化建设、巩固党的执政合法性等的现实需要。这一制度形成了包括多元主体参与、监督考核、激励保障、负面召回等在内的制度体系。第一书记嵌入还是国家（政党）与社会关系在农村基层治理关系调整中的一种制度表达，在嵌入的具体行动中形成了政治嵌入、组织嵌入、结构嵌入和关系嵌入的"四重"实践机制。这4种机制是第一书记嵌入基层治理系统的一种反映，具有系统动力学的基本特征，4种机制分别存在各种因果关系的关联，并且分别产生了重塑政治权威、再造基层组织、重构社会网络、重组社会资本的基层治理功能。

第四章

第一书记的政治嵌入与组织嵌入

第一节　政治嵌入与权威重塑

一、政治嵌入的内涵与外延

政治嵌入是嵌入性的重要内容之一，它是从国家政治性因素解释经济行为主体活动更为宏观层面的一种嵌入机制。祖金和迪马吉奥在格兰诺维特等人研究的基础上补充和发展了嵌入性理论，认为嵌入性包括结构嵌入、认知嵌入、文化嵌入和政治嵌入4种类型。他们所说的结构嵌入与格兰诺维特的结构嵌入具有相近的内容，是从网络结构的角度分析行为主体的网络位置及带来的相关绩效。认知嵌入关注的是经济活动主体在行为选择时周边环境和原有经验基础上形成的思维、意识的影响。文化嵌入更多从传统价值观、信念、信仰等文化性因素分析经济目标实现的方式。政治嵌入是行为主体所处的政治环境、政治体制以及权力结构对行为主体形成的影响。[①] 从这个层面来说，政治嵌入强调的是上层建筑各种政治性因素对于行为主体的塑造作用，关心的是政治性因素对于组织发展和行为主体的影响以及行为绩效与制度性障碍与激励之间的关联性。

政治性因素包括很多方面，政府体制与运行机制、国家与地方的权力结构、

[①]　Zukin S，Dimaggio P .Structures of Capital：The Social Organization of Economy［M］.Cambridge University Press，1990.

各种正式官僚结构性制度和非正式的基于信任情感性关系等都是政治性嵌入的基本构成要素。在政治嵌入方面，学者们做了很多拓展性的研究，丰富和深化了对政治嵌入的理解。1995 年，彼得·埃文斯（Peter Evans）在其所著《嵌入性自主：国家与产业转型》一书中提出了国家自主性和嵌入性自主（Embedded Autonomy）的概念，认为国家嵌入在社会之中，公共政策体现国家意图和自身价值取向，国家在制定政策和执行政策时自主性和职能必须通过国家与社会以及公私部门之间的合作来实现。[①] 或者说，公共政策或者国家意志的实现离不开国家嵌入，而国家嵌入需要经过经济社会组织的链接实现。国家必须与社会形成良好的互动，建立良好的沟通渠道，社会中的私人部门和公民社会的参与是嵌入的关键。在此基础上，何艳玲提出"嵌入式自治"，认为国家与地方是一种"国家嵌入"与"地方反嵌入"的互嵌关系，并由此提出了国家嵌入的 3 种要素路径，即政体组织形式、国家发展路径和支持合作规划的制度。[②] 在经济社会领域，政治嵌入会给经济行为主体及行动自身带来正反两方面的影响。大量学者研究发现：一方面，政治嵌入程度越高，作为市场重要的主体（企业）越能获得更多的生产发展条件和资源，取得政府组织保护下更高的效益，也能更好地减少创新中的不确定性和失败风险；另一方面，经济合作与发展组织（OECD）研究认为，政府在公共政策制定与公共信息平台建设上的推动对区域内经济主体经营活动和行为的引导或限制作用非常明显。[③] 格拉比赫耶（Grabherye）也认为，地区政府及其他组织形成的"政治行政系统"的政治嵌入性在一定程度上会阻碍生产系统根据市场实际进行自我更新和业务转型，甚至可能会带来不同的"负外部性"。

虽然政治嵌入性研究早期也是嵌入性理论用于解释经济社会的一种角度，但其研究的范畴日益扩展到政治、经济、社会、文化、组织结构等环境因素对组织

---

① Peter Evans. Embedded Autonomy：States and Industrial Transformation［M］.Princeton University Press，1995.

② 何艳玲 . 嵌入式自治：国家—地方互嵌关系下的地方治理［J］.武汉大学学报（哲学社会科学版），2009，62（4）.

③ OECD.Innovative Clusters：Drives of National Innovation System［M］.OECD Publishing，2001.

运行的影响和组织制度的塑造。从国家与社会关系角度而言，"国家镶嵌在社会中"（State-in-Society），国家力量和社会力量是在不同方向上以不同的方式相互交织和作用。刘鹏等进一步从政治环境因素讨论国家与社会组织关系时提出了"嵌入性监管"概念，认为国家基于特定的策略组合对社会组织的运行和逻辑进行干预和调控是一种"嵌入"，而社会组织也愿意主动或被动地接受这种干预和调控即为"受嵌"行为。[①] 陆益龙分析了政治嵌入对农村社会的影响，解释了政治嵌入对农村村落内部关系的裂变以及对经济无效率问题。[②] 由此可知，国家与社会关系某种程度上来说就是一种政治性嵌入的基本关系，国家嵌入到社会中就是各种政治环境、政治制度、政治权力结构等与社会组织、社会主体的一种排列组合。在这一过程中，政党是作为掌握、维护、参与国家政权最基础性的政治实体，政党政治则是现代民主政治实践。政党与国家政权总是紧密联系在一起，掌握或影响国家政权是政党发挥权威性作用的最重要政治资源，也是政党进行社会整合的重要资源。政党权威会通过不同的政治嵌入方式与社会整合，形成权力架构、政治制度化等本土化特征和自身的演进逻辑。[③] 而且，在我国的政治生活中，政治性的嵌入式治理巩固了社会精英与执政党的共生关系，能为公共决策的制定获取更多及时有效的信息，起到"降噪"和"减震"的润滑作用。[④] 在中国农村基层治理中，中国共产党通过国家政权的掌握，以"政党下乡"、"行政下乡"、"法律下乡"、"服务下乡"等政治嵌入方式有效实现了国家对农村基层社会的治理。[⑤]

---

① 刘鹏，孙燕茹.走向嵌入型监管：当代中国政府社会组织管理体制的新观察［J］.经济社会体制比较，2011（4）.

② 陆益龙.嵌入性政治与村落经济的变迁［M］.上海：上海人民出版社，2007.

③ 罗峰.变革社会中的政党权威和社会整合——对中国共产党执政体系的政治学分析［D］.上海：复旦大学，2006.

④ 程熙，杨鸣宇.嵌入式治理：中国模式"韧性"的机制来源［J］.领导科学，2014（23）.

⑤ 徐勇在研究国家与农村社会的关系中，先后论述了"政党下乡"、"法律下乡"等一系列嵌入性观点。

二、政治动员的政治嵌入性

从嵌入性的本质而言，政治嵌入是社会主体行动关联的政治性因素的综合，包括政治体制、政治制度、政治环境、政治传统、政治文化等密切相关的因素，也包括政治生活中的各种政治现象、政治实践所产生的影响和作用。政治动员既是一种国家政治运行的机制体制，也是一种国家治理的手段和工具。政治动员的效果、方式等受到一个国家的政治制度、政治环境和政治权力结构等因素的影响。因此，政治动员的政治属性是考察和理解国家（政党）与社会关系中政治嵌入性的一个基本角度。换言之，政治动员是在一定的政治制度、政治传统等政治性因素中的嵌入关系的一种形式。

一般而言，政治动员（Political Mobilization）区别于社会动员（Social Mobilization）、政治运动（Political Movement），它是由政治动员主体、客体、方式、载体、环境等要素构成的政治活动过程，在政治过程中具有统一认知、整合利益、聚集力量、集中行动等基本功能。政治动员是政治领导主体为实现政治决策规定，以自身的价值观、信仰去诱导和说服政治领导客体并取得被领导者的认同和支持，[1] 或者说是政治权威为了达到某一特定的目标而对公众进行的操纵或诱导。[2] 按照政治学者的看法，政治动员还是"统治精英获取资源尤其是人力资源为政治权威服务的过程"[3]。

政党政治是现代民主政治发展的产物。政党是一定阶级、阶层和社会利益者的集中代表。在政党活动过程中，通过一定的方式去影响、掌握和巩固国家政权是所有政党活动的基本政治目标。政治动员体制是政党实现政治目标经常采取的方式和手段。在政党政治制度框架下，以政党为代表的政治力量会在政治活动中

---

① 施雪华.政治科学原理［M］.广州：中山大学出版社，2001.

② 孔繁斌.政治动员的逻辑——一个概念模型及其应用［J］.江苏行政学院学报，2006（6）.

③ ［美］詹姆斯·R.汤森，布莱特利·沃马克.中国政治［M］.顾速，董方，译.南京：江苏人民出版社，1996.

以国家的名义和民族的立场来进行大规模的政治动员，以整合社会阶层利益，推动社会经济发展，将自己的政治主张转化为国家政策。[①] 由此而言，政治动员是一个国家政治制度下的特定政治权威组织或机构，为实现重大、特定的政治目标，采取诱导或者强制性手段并以一定的制度化或非制度化的形式去整合本组织（机构）及社会利益力量的实施过程。在这一过程中，政党政治实体是政治动员的发动主体和责任主体，市场主体和社会组织是动员的具体对象，政治动员通过压力传导和教育诱导使得各个主体、客体能够在规定时间内实现人、财、物、信息、技术等有效整合，以任务政治化的要求坚决完成既定目标。

在中国政治体制情境下，中国共产党是具有特殊意义的政治动员主体，区别于西方动员主体的内涵和形式。中国共产党经历过由革命党到执政党地位的变化，"人民的选择、历史的选择"成为中国共产党执政的现实和历史逻辑。但在执政之后，如何在不同历史阶段复杂的社会环境下提出新的任务、解决新的问题、实现新的目标，则是关乎中国共产党执政合法性来源的重大问题。中国共产党只有不断从人民的角度出发，"以人民为中心"，始终以"全心全意为人民服务"为宗旨，才能不断实现自身政治权威和人民认同的双重目的。实践充分表明，政治动员既是国家治理能力的一种体现，也是国家政治体制运行的一种经常性的治理工具和手段。

三、贫困治理任务政治化与基层权威重塑

任务政治化，简言之，就是掌握国家政权的政党将特定历史时期的重大关键发展任务上升到关乎政权持续、政治稳定的政治目标，并通过政治动员等方式组织动员全社会力量共同参与。在我国，任务政治化是中国共产党实现国家治理、解决重大发展问题的经常性方式。实践中，任务政治化可以强化动员体制内外的各种力量。党中央一旦将某项任务政治化，则意味着国家科层官僚体系的一切行政活动都以此任务为工作中心，各级党政官员的绩效都以完成政治任务的实际情

---

① 徐湘林. 中国政策过程中的科层官僚制与政治动员［J］. 中央社会主义学院学报，2021（6）.

况来评价，社会各类组织、主体的社会责任和社会贡献评价也是以此为准。在解决国家发展重大任务时，中国共产党通常会以政治动员的方式发动和组织包括本党在内的全社会力量，发挥"举国体制"下"集中力量办大事"的制度优势，在规定的时间内达成目标。在当今中国，政党组织作为一种结构已经深入广泛地嵌入到中国的各类社会及组织中。这种政治嵌入的基本目的之一就是让社会中的非公权力组织和个体在政治体制的影响下承担起一定的政治职责，从而形成参与国家基层治理的不可或缺的一部分，同时在嵌入中使其在保留原本价值取向基础上又赋予其一定的政治价值取向，也使其行为行动受到原有市场、社会规范以外的政治性规范约束。[1]

在我国农村事业发展过程中，贫困治理任务政治化是其中一项重要的内容。动员相关社会组织和主体积极参与贫困治理就是任务政治化政治动员的重要内容。正如上所述，党和政府动员组织第一书记参与农村基层治理有着历史延续性和现实必要性，缘于早期定点扶贫中的抽派干部帮扶，发展于中期部分地方推进扶贫开发与党建的第一书记选派驻村，推广于精准扶贫后全国范围内的第一书记选派常态化。

改革开放以来，面对农村经济社会的现实情况，党和政府提出了具体解决贫困问题的任务。1986 年 5 月，国务院贫困地区经济开发领导小组正式成立，拉开了我国政治动员模式下扶贫开发工作的序幕。针对解决农村贫困地区贫困人口温饱问题的重大任务，党和政府在全国范围内实施政治动员，发动和整合全社会力量帮扶贫困地区，并将定点帮扶作为一种支持贫困地区解决温饱问题的方式加以推广。为弥补国家贫困治理力量不足，充分发挥社会力量及国家党政机关内部主体的主动性，国家积极动员党政机关等有条件的单位抽调（派）精明强干的干部下到贫困县、乡、村开展联系和帮扶工作。1987 年，国务院召开第一次中央和国家机关定点扶贫工作会议，再次强调了定点扶贫和社会帮扶的政策、意义和方式等。自此，越来越多的中央和国家机关开始与贫困地区建立起联系开展定点

---

① 张彦，李汉林.治理视角下的组织工作环境：一个分析性框架［J］.中国社会科学，2020（8）.

扶贫，并积极选派干部深入扶贫一线。定点帮扶的"干部驻村"作为一种政治动员下的组织动员在当时并没有形成制度化、固定化帮扶手段，它是一种任务政治化下推动的帮扶。相关单位尽管出台了相应措施，但从全国范围来说并没有出台具体的激励约束机制，其作用的发挥更多体现在"引导性"、"象征性"方面。在经过早期的"救济式"扶贫和后期的"开发式"扶贫之后，农村贫困问题得到一定程度的改观。为进一步解决农村贫困中的温饱问题，缩小东西地区发展差距，实现共同富裕这一重大的政治发展任务，在党和政府的决策部署下，国务院决定从 1994 年到 2000 年开始实施《国家八七扶贫攻坚计划》。《国家八七扶贫攻坚计划》明确提出了政治动员的内容，要求中央、地方党政机关和有条件的企事业单位参与定点扶贫，各民主党派和工商联、各级工会、共青团、妇联等人民团体要积极参与扶贫开发工作。为此，1997 年，中组部、人事部发布《关于进一步做好选派干部下乡扶贫工作的意见》。该意见再次明确了干部的选派标准、主要任务、工作要求、考核管理等。这是政治动员下关于选派、抽派干部下乡参与扶贫、解决贫困问题的系统性和专门性规定，标志着贫困治理中的干部驻村开始制度化、规范化。

进入 21 世纪以来，为全面建成小康社会，实现社会主义现代化建设第三步战略目标，党中央、国务院开启了新一轮的扶贫开发战略，以《中国农村扶贫开发纲要（2001—2010 年）》为基点实施全国性的政治动员，继续动员全社会积极参与扶贫开发，扩大了包括科研院所、人民解放军、武警部队在内的参与扶贫主体，同时要求党政机关、企事业单位的定点扶贫要结合干部培养和锻炼继续选派干部到乡、到村蹲点扶贫。安徽、福建、山东、河南等省结合加强扶贫和党建工作，从 2001 年起出台正式的政策文件，响应党中央和国务院的政治动员，开始着手从省级层面系统选派干部到贫困村和后进村担任第一书记，并按照选派和管理规定，要求第一书记工作在村、吃住在村，抓好村级党建、助力扶贫开发。截至 2010 年，有的省份已经完成了第五、第六批第一书记和其他驻村干部的选派工作，较好地实现了党和政府政治动员中对于"人力"资源的组织动员保障任务，这也为精准扶贫中第一书记选派工作积累了丰富的实践经验。

党的十八大以来，以习近平同志为核心的党中央，坚持以人民为中心的发展思想，把脱贫攻坚摆在治国理政的重要位置，把农村绝对贫困问题的解决看成是全面建成小康社会、实现第一个百年奋斗目标的重要指标，向全党和全国人民发出了打赢脱贫攻坚战的政治总动员。2014年，中共中央办公厅、国务院办公厅印发了《关于创新机制扎实推进农村扶贫开发工作的意见》，提出了建立精准扶贫工作机制、健全干部驻村帮扶机制等一系列新的工作机制。同年12月，国务院办公厅印发了《关于进一步动员社会各方面力量参与扶贫开发的意见》，具体部署全面推进社会扶贫体制机制创新，动员社会各方力量参与贫困治理。为了全面深入响应党和国家的政治动员，贯彻和落实"精准派人"的组织动员，2015年，中组部联合多部门下发了《关于做好选派机关优秀干部到村任第一书记工作的通知》。在精准扶贫政治动员以及具体选派规定下，全国各地开始了大规模的新一轮第一书记选派驻村工作，在整个脱贫攻坚战中选派了大量第一书记（见表4-1）。第一书记作为一支重要的参与农村基层治理力量正式全面登上了国家治理现代化建设的历史舞台，深刻改变着农村治理结构，改善着农村经济社会面貌。第一书记参与农村基层治理的嵌入过程是我国解决农村贫困问题，动员各级党和政府、各类组织、各种力量的一个缩影，也是新时代脱贫攻坚和乡村振兴政治动员模式下的一种典型实践。

表4-1 部分省（区、市）脱贫攻坚累计选派第一书记情况

省（区、市）	人数（万）	省（区、市）	人数（万）
江西	1.7	山西	1.96
湖南	2.1	宁夏	0.4
湖北	1.3	甘肃	0.72
安徽	0.6	云南	4.8
河北	1.6	贵州	3.2
陕西	0.95	海南	0.8

注：数据根据各省（区、市）2021年脱贫攻坚总结表彰大会讲话及扶贫部门资料整理而成

政治动员下的嵌入行动过程都是有一定的目的性和功能性的。第一书记政治嵌入就是在现有的政治体制框架下，为了有效推进脱贫攻坚和乡村振兴，党和国家通过一定的路径和方式，使政党权威和国家权威在第一书记的嵌入作用下在农村社会得到显著延伸，国家权力架构下的党和政府执政合法性得到进一步提升，从而根本上实现农村基层社会政治权威的重塑。

第一书记的政治嵌入集中体现了我国政治动员模式下的政治体制、政治功能特性，是我国特定历史时期政治运行中的一种特有现象，也是我国贫困治理背景下政治体制运行中的各种发生机制、动力机制展开的结果。尽管选派第一书记驻村参与农村基层治理有其具体的工作要求和工作内容，即主要是以解决基层组织建设和精准扶贫为主要任务，但第一书记行动背后有其基本政治发展逻辑，那就是农村的经济贫困、基层组织现状以及农村人口流失等综合因素作用带来了政党权威和国家权威在农村下降的重大政治问题。因此，在新的历史时期，为了彻底解决影响全面建成小康社会的农村绝对贫困问题和基层治理的重大问题，党和国家从全局角度考虑，借助政治动员体制，将任务政治化，集中组织社会资源，并对原有农村基层组织机制失能予以纠偏，以实现党和国家的发展战略和治理目的。

脱贫攻坚中第一书记选派驻村是国家、政党深度嵌入到农村社会的一种政治实践，也是政治动员体制下解决新时代农村贫困治理重大问题的组织动员体现。选派规模之大、影响之远、效果之显著都是前所未有的。第一书记的行动具有典型的"政治嵌入性"，是多种政治因素共同推动和形塑的。从国家治理角度而言，中国共产党已成为国家治理结构的中心，党政体制是国家治理体系中的基础部分，因此，第一书记政治嵌入性的研究和讨论必然离不开这一基本的政治框架。从政治动员的政治意义上来说，第一书记的嵌入也是中国共产党和国家政治动员体制下的实践。

四、第一书记嵌入的政治动员机制

中国共产党在革命、建设和改革的百年历程中积累了丰富的政治动员经验。国家和地方党政机关、企事业单位、高等院校、科研院所、军队组织等之所以能够被组织动员起来，积极选派第一书记参与农村基层治理，主要包含以下 3 个方面的政治动员实现逻辑：

（一）"国家中心主义"的驱动机制

国家中心主义的研究范式是在批判相关理论的基础上于 20 世纪七八十年代兴起的政治学理论。"找回国家"①、"重新发现制度"② 等关于国家新的知识主张成为引领这一政治理论的主要思想。国家中心主义强调国家在国家、市场和社会中的核心地位和作用，强调国家权力及结构的能动性，也强调发挥国家力量聚集社会资源、动员组织社会力量的功能。国家中心的回归衍生出了各种具体的主张和理论，与"社会中心论"在一定程度上形成了对立，由此在分析国家与社会关系时出现了不同形式的强弱"国家—社会"论。尽管其理论基础与理论主张受到来自各方面的批判，但其包含的理论分析方法却为解释现实中的政治现象和政治生活提供了一种新视角。

在我国，国家中心主义驱动逻辑的政治动员机制与我国政治制度的优势与特色分不开，集中体现在"举国体制"下的"集中力量办大事"方面。这一模式的出现有着历史必然性与现实必要性。2013 年 3 月 4 日，习近平总书记在参加全国政协十二届一次会议科协、科技界委员联组讨论时指出："我们最大的优势是我国社会主义制度能够集中力量办大事。这是我们成就事业的重要法宝。"党的十九届四中全会通过的《中共中央关于坚持和完善中国特色社会主义制度 推进国家治理体系和治理能力现代化若干重大问题的决定》进一步确认"坚持全国一盘棋，调动各方面积极性，集中力量办大事的显著优势"，作为我国国家制度和国家治理体系所具有的 13 个显著优势之一。集中力量办大事的基本做法就是集中全党全国人力、物力、财力等各种政治、经济、社会等资源，集中解决特定历史时期的重大战略问题。在取得国家政权后，中国共产党为了快速摆脱一穷二白

---

① ［美］彼得·埃文斯，迪特里希·鲁施迈耶，西达·斯考克波.找回国家［M］.方力维，莫宜端，黄琪轩，等译.北京：生活·读书·新知三联书店，2009.

② ［美］詹姆斯·G.马奇，［挪威］约翰·P.奥尔森.重新发现制度：政治的组织基础［M］.张伟，译.北京：生活·读书·新知三联书店，2011.

的局面，建立起了高度集中的计划经济体制，在条件极为艰苦的情况下，以"全能型政府"的身份和地位动员集中全国力量和资源，取得了经济、科技、军事等方面的巨大成就，奠定了国家发展和国家安全的坚实基础，夯实了发展生产力的物质基础和发展保障。

从中国农村基层治理来说，长期以来农村经济社会的发展存在与全国脱节的情况，贫困问题成为国家发展战略目标实现的短板和瓶颈，基层组织的软弱涣散削弱了党和国家的政治权威。农村发展的资本、资源、组织、制度等障碍一直制约着农村的发展。在国家中心的国家体制下，国家之外不存在具有一定程度自治性的社会。农村社会自主力量的"自主性"、"自治性"一直处于有限发展状态，社会力量和社会势力并不掌握较大的自治性权力，基层社会能力发展有限，这就造成农村基层治理中"强国家、弱社会"的事实，国家渗透、整合、嵌入到社会的方方面面。基于此，党和国家在不同的历史时期主要借助于"国家"这个中心去动员组织力量帮助和扶持农村事业发展。

第一书记选派驻村的初衷是推动贫困治理中精细化组织和管理，以真正解决精准扶贫政策"最后一公里"的执行问题，推进农村基层党组织建设，以解决农村基层党组织长期存在的软弱涣散问题，开展切实行动为民办事为民解忧，改变基层治理方式实现治理有效，从而进一步密切党群关系和干群关系，提高精准扶贫给贫困村、贫困人口带来的获得感和幸福感，重塑农村社会中国共产党和国家政治权威。进入新的国家发展快车道，政治动员下的国家中心作用再次发挥了显著作用。国家通过政治动员机制，通过"组织凝聚力很强的国家官僚集体"来决策以实现国家发展战略，同时以国家的名义和形式动员社会主体力量参与到脱贫攻坚战略中来。

第一书记选派驻村的实践效果也从一个侧面反映了国家中心主义驱动的基本逻辑。本研究在对村民和基层干部（包括村"两委"干部和乡镇干部）进行的一项关于"你认为农村贫困治理中取得显著成效，最主要是来自哪方面'外部性'主体性因素"的调查中发现，"国家力量的集中投入"和"第一书记的积极帮扶"是成效取得的重要原因（见表4-2）。尽管第一书记是党的基层组织中的职务，但其个体行为背后是整个国家政治实体。党和国家从全面建成小康社会的战略目标着眼，细化并完善了精准扶贫的具体举措。在精准扶贫的贫困治理新模式下，国家集中力量动员社会主体积极参与精准扶贫。面对农村基层的实际情况和现实需要，面对农村基层治理中"人"因素的短板现状，为了衔接和实现国家动员下的各种政策资源能够在农村有效组织落地，也为了从根本上治理农村基层政治权威弱化的问题，党和国家动员组织各行各业、有着丰富经验和良好工作能力的第一书记下到农村基层一线。通过对国家政权的领导，中国共产党有效动员组织国家机构和社会组织，落实好精准扶贫中"选人精准"的要求。

表 4-2　贫困治理取得成效的 "外部性"主体因素调查

成效取得最主要原因	村民认同率（%）	基层干部认同率（%）
国家力量的集中投入	73.5	83.7
第一书记的积极帮扶	21.3	12.4
社会力量的广泛参与	3.5	3.2
其他	1.7	0.7

注：数据根据调查问卷整理而成

（二）集中统一领导的组织机制

在政治学领域，关于权威的研究较早地出现在韦伯的相关论述中。他在研究权力来源的过程中分析了传统权威、超凡魅力权威、法理权威 3 种类型权威及其特征。之后，权威作为重要政治学概念得以广泛应用。政党权威是政党由于自身的行为如制度供给、政策安排和价值张扬等，引发的人们对其认同与支持的一种状态。[①] 政党权威的塑造、维护、巩固与政党本身的组织结构、领导方式、运行机制等存在着内在的、本质的关联。当代中国政治议程中的"权威"问题，本质上属于作为执政党的中国共产党的领导权威范畴。保证和维护党的集中统一领导

---

① 罗峰 . 政党权威中的"内整合"与"选择性激励"：集体行动的分析视角［J］. 政治与法律，2009（12）.

是维护巩固中国共产党政党权威的基本要求。

从政治动员发动和推动来说，执政党的组织领导机制是政党权威的基本组织保证。中国共产党在我国政权体系中居于"总揽全局、协调各方"的地位，是按照民主集中制原则组织构建起来的包括中央组织、地方组织和基层组织在内的庞大而又有序的严密组织体系。在实现党的集中统一领导的过程中，党以具体的领导方式嵌入国家治理体系中，融入国家治理的各个方面。在整个国家政治运行中，党中央的决策部署会在党的组织领导机制运行下通过党的宣传、组织、统战、政法等部门得到坚决贯彻落实。同时，党的政策主张也会通过法定程序上升为国家意志，以国家力量实现党的政治意图。

在第一书记的选派过程中，中组部联合相关部门发布了《关于做好选派机关优秀干部到村任第一书记工作的通知》，并依托组织层级关系，依靠党和国家组织结构和领导机制，根据部门主管和属地负责的组织运行关系，将组织动员下的第一书记选派工作贯彻实施。各省（自治区、直辖市）、市、县也及时响应动员号召，相继出台了第一书记选派的实施办法和细则，形成了由上而下专门性的组织动员规定，保证了党和国家政令的上下一致，实现了政治权威"纵向到底、横向到边"的延伸。从选派第一书记的身份而言，共产党员的政治身份是政治动员下执政党权威得以体现的最直接表达。党员身份决定了其在党的集中统一领导下应该率先积极响应党的政治动员，维护政党权威。党员在面对自上而下的组织动员时展现积极主动的一面，既体现了党员的责任，也体现了党员的义务。因此，从这个层面来说，党员参与第一书记选派也是组织化动员模式下政党权威强势机制的必然。

（三）情感价值的认同机制

情感和价值是相互区别的两个概念，但在一定意义上也有相通相近的一面。情感是社会中的个体在人际交往和社会认知、感知中形成的一种心理体验，它是一种以自我体验的形式反映客体与主体需要关系的心理现象。[①] 人是

---

① 郭景萍.情感社会学：理论、历史、现实［M］.上海：上海三联书店，2008.

情感的有机体，情感的发生与个体的经验密切相关。"人作为对象性的、感性的存在物，是一个受动的存在物；因为它感到自己是受动的，所以是一个有激情的存在物。激情、热情是人强烈追求自己对象的本质力量。"价值是经济学范畴，更是哲学范畴。从哲学意义而言，价值是反映主体、客体之间关系的一个范畴，具体来说，就是客体的属性功能与主体需要之间的效应反映。基于主客体关系的体验，人们会形成各自认同的多种表达形式的价值观，引导和规范人们的行动和观念。

政治动员功能之一是凝聚社会共识，促使集体理性与个人理性"同频"，形成社会合力，产生"共振"。共识是"在一定的时代生活、一定的地理环境中的个人所共享的一系列信念、价值观念和规范"。社会共识之所以能够形成，在于任何社会归根结底都是一种扎根于共同价值体系的道德秩序。政治动员的基本目的就是通过不同的方式、形式引导社会不同主体在意识上趋于一致，形成价值情感认同，在行动上趋于一体，形成参与社会行动的力量。进入新时代以来，在社会主义核心价值观的引领下，国家以全面建成小康社会、实现中华民族伟大复兴为政治动员的共同愿景，塑造和培养了全体国人的价值情感观，激发了各类社会主体积极奉献社会。

脱贫攻坚是我国国家战略实现的关键和重要举措，也是事关国家繁荣、社会发展和个人成就的命运共同体建设工程，需要激发每个人的爱国主义、集体主义和社会主义情怀的价值情感。在脱贫攻坚战略的实施中，国家通过宣传教育、示范引领等政治动员方式和途径，塑造社会主体对解决贫困问题的情感认同。在情感表达和情感唤起的过程中，各类组织和社会个体都完成了从国家共识到社会意识，再到组织、个人自觉的转变，形成了自愿自主参与脱贫攻坚事业的动力和激情。具体而言，在选派第一书记驻村的号召和感召下，原有定点扶贫帮扶的党政机关和相关组织单位不断优化力量，重新选派驻村队伍，选定第一书记，各地各级各类企事业单位、科研院所等结合自身的优势，在主动投入国家扶贫事业的同时还积极宣传鼓励本组织本单位的人员根据要求参加第一书记选派。这些组织和个人是精准扶贫"大扶贫"格局中的重要有机组成部分。

那些积极参与单位选派担任第一书记的人员大多数都是基于社会价值情感认同而付诸实践行动的。

笔者在调查中发现，所有被调查者都是"主动自愿申请"而非"被动组织安排"参与第一书记选派工作的。笔者进一步调查发现，在具体动机中，选择"承担和实现社会责任"、"热爱农村工作"、"锻炼工作能力"的人占比分别为93.5%、92.8%、91.2%。这充分说明，参与第一书记选派的人更多是有感于扶贫事业的伟大、有期于投身农村工作的热情和激情、有责于全面建成小康社会的担当和使命。

第二节　组织嵌入与组织再造

一、嵌入与受嵌：组织嵌入主客体的互动

在社会活动中，组织的生命过程是组织与周边环境影响下的不同组织不断发生各种关系的过程。组织与组织之间组织嵌入性反映的是组织所处网络环境、关系积累以及历史关系等。[①] 从组织嵌入性的功能层面来说，组织间的合作经验的累积除了可以降低信息不对称的程度外，还有助于彼此信息关系的建立，因而可大幅度降低交易成本。[②] 换言之，组织嵌入是组织行为主体之间发生的各种组织关系和过程，这些关系的发生与一定条件下的政治、经济、社会等因素相联系。组织嵌入包括嵌入主体的"嵌入"过程，也包括嵌入客体的"受嵌"过程，嵌入性是这两个过程双向互动的关系。

在我国讨论政党、国家组织嵌入的研究中，大多数学者基于现有政治体制分析中国共产党如何将人员、组织和制度等嵌入到国家、社会组织，以实现和强

---

① Hagedoorn J. Understanding the Cross-level Embeddedness of Interfirm Partnership Formation［J］. Academy of Management Review, 2006, 31（3）.

② Dyer J H, Singh H.The Relational View：Cooperative Strategy and Sources of Interorganizational Competitive Advantage［J］. Academy of Management Review，1998，23（4）.

化执政党对国家和社会的全面领导，丰富党领导的"触角"和"末梢"，巩固党的执政基础。从狭义而言，组织嵌入是组织行为"嵌入性"发生的基本机制，通常是指一个组织行动嵌入到另外一个组织行动，从而引起组织结构、功能等发生变化的过程。笔者这里讨论的组织嵌入是组织嵌入中"人员嵌入"的一种基本形式，主要分析的是第一书记嵌入农村基层后对农村基层组织的再造。

随着党对农村社会组织嵌入的加深和农村经济社会的不断发展，农村已初步形成了以党的基层组织为核心、村民自治和村务监督组织为基础、集体经济组织和农民合作组织为纽带、其他各种经济社会服务组织为补充的农村组织体系（见表4–3）。这些组织发展各有特点，各有功能，但也各有困境，典型问题是村"两委"组织能力越来越不适应农村发展的需要。以第一书记为组织形态的组织嵌入正是破解这一难题的直接动力来源，也是更好地推进脱贫攻坚和乡村振兴，实现农村基层治理现代化建设的重要基础性要求。

表4–3　当前我国农村基层治理的组织体系

组织类型	组织地位
党的基层组织 （党支部、党总支）	治理核心
村民自治组织（村委会） 村务监督组织（村务监督委员会）	治理基础
集体经济组织（集体经济实体） 农民合作组织（农民专业合作社）	治理纽带
其他经济社会服务组织 农村各种民间性组织	治理补充

第一书记作为一种引发嵌入关系的行为主体，是一种个体行为，更是一种群体行为，具有国家、政府和政党等组织学意义上的基本特征。进入新时代，脱贫攻坚和乡村振兴是解决我国"三农"问题的重要战略举措，是实现"两个一百年"奋斗目标和中华民族伟大复兴中国梦的必然要求，也是党和国家主导下全社会共同参与的一项伟大事业。基层党组织的治理能力决定了基层治理成效的广度

和深度，因此，加强以农村基层党组织为中心的基层组织建设是脱贫攻坚和乡村振兴中的主要和关键任务。精准扶贫中第一书记驻村的主要职责和任务之一就是通过党建引领、行动示范等途径强健农村基层组织，引领村级党组织真正发挥脱贫攻坚战的战斗堡垒作用，实现农村社会再组织化，达到基层组织结构功能再造，提升农村基层治理能力，推动农村事业长期持续发展。

二、治理失灵与治理需要：组织嵌入的宏观背景

第一书记组织嵌入的生成有农村基层组织发展的现实需求，也有党和国家制度供给的必要。改革开放以来，随着经济变革的逐渐深入，社会、政治领域也发生了根本变化。在农村，中华人民共和国成立后确立的"政社合一"制逐渐瓦解，社会利益分化、社会结构重组带来了社会治理结构的巨变，农民与政府、农村与国家、执政党与农民关系发生了结构上、功能上、形式上等多方面的改变。在家庭联产承包责任制确立的农村经济体制发生变化的过程中，"乡政村治"的农村基层治理模式得以建立，乡（镇）作为一级地方政权组织与村民自治组织之间的关系不再是以前的领导与被领导、依附与被依附关系，而是指导与被指导关系。这种关系的转变更加深刻改变了农村、国家与执政党的三角关系。

特别是 2006 年以来，农村全面取消农业税改革的实行给农村带来了政治、经济、社会的全面转型。乡村社会关系和社会权力结构发生明显转变，"三离"现象更加突出：一是农村基层组织与乡（镇）关系逐渐"疏离"，农村基层组织不再负有乡（镇）征税缴税等直接职能，也不再是乡（镇）功能延伸的得力"帮手"，农村基层组织与农民关系不再密切。二是农民与农村的关系逐渐"远离"。在市场化、城镇化大发展时期，农村经济日益边缘化，城市经济日渐活跃，农村逐渐失去了农村劳动力的用武之地，农民维持生计改善生活的动力促使大量农民开始走出农村，走向城镇，离开传统生活来源的土地，谋求新的生产生活方式。三是农村发展与国家发展关系出现"断离"。尽管国家一直以来没有放松对农村的贫困治理，但实际上贫困治理的效能和效果与全国经济社会发展的效能和效果出现了不平衡的现象。农村经济社会的发展、村民自治的加强以及各种社会组织

社会力量崛起等带来的经济发展、政治巩固、社会稳定需求与供给问题给中国共产党的执政带来了严峻考验。

一方面，传统建制方式建立起来的基层党组织运用传统的组织运作方式与新社会空间结构运作特征已经无法相容，[①] 基层治理结构发生的重大变化带来了基层集体行动效率低下等基层治理危机问题。农村基层组织力"虚化"、"弱化"、"软化"等问题日益突出，基层党组织对农村社会的组织、动员与领导趋于消减，引起了农村治理"失灵"、"失能"与"制度空转"等问题。基层组织的现状使得外部资本进入乡村的交易成本增加，导致日益增多的"资本下乡"面临窘境。农村基层治理也成为国家治理体系和治理能力现代化建设中的"短板"。这些现象和问题的背后是农村基层党组织建设出现了组织"软弱"、"涣散"等"去组织化"问题。这为基层组织再造、基层治理结构重塑提出了迫切而又现实的需要。

另一方面，农村的贫困问题始终是制约国家经济社会发展的重大问题，贫困治理是基层治理的应有之义。农村基层组织力的缺失、农村发展的全面落后使得组织农民发展农业、建设农村变得非常艰难。解决"落后村"、"后进村"问题，实现全面脱困也就成为脱贫攻坚和乡村振兴战略推进的主要任务和目标。2013 年以来，围绕新时代贫困治理和国家发展战略，党和国家开展实施了"精准扶贫"模式下的脱贫攻坚战和乡村振兴战略，出台了一系列政策。这为农村基层治理提供了基础的制度供给。脱贫攻坚战关乎国家全面建成小康社会的战略实现，也关乎党在农村执政根基的巩固。农村党的基层组织是带动、引领和动员农村各类主体积极参与脱贫攻坚、巩固脱贫攻坚和乡村振兴的"火车头"，是发挥战斗堡垒作用的坚定力量。保证国家政策的顺利实施需要以政治引领力、决策议事力、政策执行力、组织发展力等为基础的农村基层组织发挥战斗堡垒作用。

---

① 彭勃，邵春霞.组织嵌入与功能调适：执政党基层组织研究［J］.上海行政学院学报,2012（2）.

三、组织力式微：组织嵌入的直接动力

一般而言，农村基层组织力主要是指村党支部委员会和村民委员会"两委"在组织活动、组织行动中所表现的能力。村级党组织是党的基层组织战斗堡垒，也是领导和支持村民自治的组织。因此，实践中基层组织力更多是指村级党组织的组织力。面对新任务、新目标和新要求，农村基层组织力的式微越来越成为农村基层治理的"短板"和"瓶颈"。农村基层组织力的式微是基层治理"碎片化"、"内卷化"、"悬浮化"的集中反映，也是基层组织，特别是基层党组织日益"脱嵌"乡村社会的体现。表4-4为截至2014年中央和各省组织部门排查确定的全国软弱涣散村党组织的基本情况，从一个侧面反映了基层组织力的现状。基层组织的现状严重制约了农村基层治理，严重影响了精准扶贫的顺利推进。

表4-4　截至2014年全国软弱涣散村党组织的基本情况 [①]

软弱涣散村党组织		已初步整顿村党组织		班子不齐、书记长期缺职		
数量（个）	占村党组织总数（%）	数量（个）	占需要整顿组织数（%）	数量（个）	已配齐村党组织书记数量（个）	占需要配齐组织数（%）
57688	9.6	55364	95.97	7195	5679	78.93

除此之外，组织力不强还具体体现在以下几个方面：

（一）农村基层组织力总体供给不足

脱贫攻坚的顺利完成需要有强大的基层组织力保障，乡村振兴首要的是组织振兴，组织振兴首要是人才振兴，组织力发展是组织振兴的重要内容。在我国农村基层治理结构中，村党支部委员会和村民委员会"两委"是基层治理的基层组织，村党支部书记和村委会主任是农村组织力的具体构成主体。农村基层"两委"组织中主要负责人及群体特质是农村组织力构成的基本要素。组织力主体特

[①]　盛若蔚.全国六万多软弱涣散基层党组织被整顿［N］.人民日报，2014-5-31（4）.

质的基础构建需要有稳定的个体特征和优秀的人才队伍，没有人才就谈不上组织和组织力。因此，组织力的供给主要是指能够为组织提供胜任一定岗位、承担一定职责的人才队伍。

现阶段农村基层组织力供给不足主要表现为以下几个方面：一是能够作为"两委"基层组织储备和使用的人才总量有限，甚至是班子成员候选推荐的人员都不足。"两委"组成人员是构成基层组织的个体，在现有的组织运行中，"两委"成员基本上是交叉任职。在选举产生"两委"成员的过程中，各村会根据村庄大小、人口分布等情况确定不同的成员数。现阶段大多数"两委"班子成员数保持在 5 位左右。在选举产生推选候选人的过程中，有些地方因为符合要求的候选人人数不够，只能采取变通的做法，保证"两委"的成立。

我们这个村有 8 个村民小组，小组也较分散，全村人口有 2605 人，在全镇属于中等大小的村，是全县较偏远的村。80 年代后期，粮食价格较好，大家主要靠种水稻维持生计。90 年代以来，粮食价格变动较大，加上市场经济体制改革，村里越来越多青壮年劳动力开始离乡到外地谋生。有些初中刚毕业的没考上高中的孩子也随父母到了外地，这些孩子大部分进厂务工。在外务工成为我们村收入的主要来源。这些年来村里越来越空了，人越来越少，赚了钱的或者在城里买了房，或者在农村盖了房，但城里的房和农村建的房都是空着或者给家里老人住。这些人只是过年回来待上 10 天左右。这样算下来，全村常年在家的户数和人数都不到 1/3，而且留下的大多是"老弱病残"。这些人没什么文化，他们对村里的事情也不怎么关心，也没能力关心。因此在"两委"班子换届时经常遇到"巧妇难为无米之炊"的问题，找来找去，找不到合适的候选人。（来源于 2019 年 8 月与 S 村村支书的访谈）

二是能够较好胜任村支书（主任）的人才有限。村支书与村主任是"两委"班子的领头人。但在实际的基层组织发展中，"能人治村"、"富人治村"现象并不常见。

搭好班子，特别是选好班子领头人对农村各项事业发展很关键。但现实是，一方面，有能力的人不常留在村，用不上、不好用；另一方面，有些有致富带动能力、有一定组织能力的人又不愿参与农村事务，不愿成为"两委"带头人。因为他们觉得参与"两委"工作会耽误自己很多时间，影响自己事业的发展。在脱贫攻坚中，村里事情也多，压力也大，他们宁可出资出力，也不愿直接去当村干部，特别是当"两委"负责人。有些农村党员也是在反复做工作和多方面沟通后才同意担任村支书，这些人是需要一定奉献和付出的。（来源于 2019 年 8 月与 A 镇党委书记的访谈）

我们县在脱贫攻坚完成后的 2021 年上半年完成了全部行政村"两委"的换届选举工作。在换届选举工作中就遇到了推荐人选"卡壳"的问题，有些村在推荐"两委"组织人选过程中出现人选"推不出"的难产现象，主要是能够常年在家，且符合推荐要求的人选不足，在人选补新与留旧的选择中更多采取了留旧的策略。因此，在新产生的"两委"成员中，队伍人员结构调整幅度较小，大部分还是原有人员基础上的换届。新当选的村"两委"成员交叉任职更明显，绝大部分行政村实行了村支书与村主任"一肩挑"。有个别村支书（主任）年龄还是偏大，最高的达到了 62 岁。（来源于 2021 年 7 月与 A 镇党委书记的访谈）

三是党的基层组织自我发展能力有限，组织新鲜血液输送动力不足，新发展党员的需求与供给不平衡。在农村基层党组织中，党员队伍老龄化、党员知识结构低层化、党员发展非均衡化现象突出。老龄党员占比较高，新发展党员占比较低，有的村连续多年是"零发展"。这种现状使得农村发展缺乏组织保障，人才储备有限，影响发展的连续性和充足性，影响乡村振兴的顺利推进。

（二）政治引领力不强

政治引领力是公共组织力的首要基础构成，指的是组织在领导活动中基于政治认知、政治观念所展现的政治行动力。政治引领力是农村基层组织最基础性的功能和作用力量，是保证农村发展政治方向和增强党在农村执政根基的重要支撑。在精准扶贫政策落地到村过程中，村"两委"班子，特别是村支书（主任）承担着有力执行决策、有效协调利益的政治引领作用，扮演着基层国家政策宣传者、资源分配者和社会公共价值导向者的角色。但在实际工作中，一些村"两委"负责人党性修养不高，品行不端，政治判断力缺乏，法治观念和意识淡薄，对脱贫攻坚认识不足，对自身职责与地位定位不清，不能展现应有的政治行动力。囿于此，一些农村党的基层组织政治引领功能也就得不到强化，党的群众工作优势和党员先锋模范作用也就得不到充分发挥，基层治理的政治方向也就难以保证。在涉及村级发展的议事决策和组织动员会议中，在涉及村级项目申报、建设以及低保、医保、危房改造等民生政策的落实中，一些村级负责人忽视公共利益，谋求个人利益，违背"四议两公开"的基本民主决策程序和要求，搞"一言堂"、"一人决"，部分村级负责人利用权力和熟人等关系搞权力腐败、权力滥用，出现"微腐败大危害"现象，甚至衍生出各种"黑恶势力"，严重破坏农村基层政治生态和政治引领力，严重削弱基层组织在精准扶贫和乡村振兴中的组织动员能力。

（三）政策执行力不够

政策执行力是公共组织力的主要内容，是组织活动过程中的具体体现，反映组织者的组织水平。从政策过程角度而言，政策执行是链接政策目标与政策结果的重要阶段，影响政策执行效果除了政策本身的科学性和合理性、政策执行环境、目标群体的特征等因素外，政策执行者所表现的能力是政策执行过程中的关键因素。

在脱贫攻坚和乡村振兴战略中，大量的乡村政策最后要落实到村级产业发展、文化建设、生态保护、社会民生等具体方面，政策落实关联各村、各户、各人。农村基层组织执行者既是政策执行的直接参与者，也是政策落地的沟通者，发挥着执行中央及地方政策"最后一公里"的"末梢"功能。总体而言，农村基层组织在政策执行过程中"乱执行、慢执行、不执行、应付执行"等执行不到位问题依然突出。一些基层组织执行者因不能准确理解和把握政策要义，对一些原则性强的政策采取了想当然的做法，或者沿用固有的政策执行思维，出现"乱执行"的现象。对一些经常性的政策落实，比如脱贫攻坚中精准识别、精准管理，巩固脱贫攻坚成果防止返贫的动态监测等，一些执行者不主动、不积极、不及时有效完成各项任务。这些问题的存在最终会影响脱贫攻坚和乡村振兴战略目标的实现。

基层"两委"组织是落实县和乡镇政策的重要主体。尽管一些村有第一书记和驻村工作队，但大量的工作还需村干部去落实落细。在精准扶贫的头几年，特别是 2014 年、2015 年、2016 年这几年，国家一些政策还没有完全成体系化，还在不断完善过程中，我们基层乡镇干部也不清楚如何推进精准扶贫。到了农村，一些村干部面对新的扶贫政策，更是无从下手，在政策执行中也是等等看、看看等，或者在执行中不断改正。比如精准识别，我们就反复做过两次。再比如在低保政策落实中，尽管有较为明确的政策要求，但基层干部在操作中还会有各种"小算盘"，弄出各种"关系保"、"人情保"，影响政策的落地。（来源于 2019 年 5 月与 B 镇党委书记的访谈）

（四）组织发展带动力不牢

组织发展带动力是组织驱动经济社会发展的经济基础以及带领农村经济社会发展的能力。在实践中，组织发展带动力还存在现实的问题：一是农村原有的集体经济薄弱，农村组织发展带动力的经济基础不稳。经济是基础，是工作开展的基本条件，农村集体经济收入是衡量一个村发展持续性、动力性的基本指标。没有集体经济收入就没有村级集体产业发展的投入与产出，就形成不了基层组织发展的基本经济支撑。脱贫攻坚中，在国家力量主导和社会支持下，大量的资源下沉到乡、村，初步构建了农村产业基础，发展了农村经济，盘活了农村资源，村集体经济效益出现可喜变化，相应积累了产业发展和社会事业发展的基础。但总体上来说，这些基础与农村产业发展和社会发展的要求还有很大差距，在引领"三农"问题解决的组织发展带动力上还存在抓手不牢、动力不大、后劲不足的问题。

二是基层组织示范带动力匮乏。基层组织以及相关负责人的示范带动力是公共组织力的另一来源。农民是参与者和受益者，农村繁荣和农业发展需要农民主体"在场"。农村基层组织担负着培育产业基础、壮大集体经济、增加农民收入的责任，但是一些基层组织缺乏市场意识和经济发展规划的能力，致使农村集体经济发展受限。尽管有些村在"能人效应"带动下产业发展、农民增收得到了一定改观，起到了一定示范作用，但其带动力总体有限。

（五）组织凝聚力不高

组织凝聚力是组织团结动员群体成员而产生的向心力，是领导主体与被领导主体在组织直接与间接互动过程中形成的一种公共合力。基层组织战斗堡垒作用的发挥需要依靠组织的强大凝聚力。在脱贫攻坚前，一些农村基层党组织"软弱涣散"，呈现"有组织无活动、有活动没行动"的状况，主要负责人"不管事，不能事"，组织中的党员长期游离于组织之外，组织凝聚力不高。村民自治也是长期处于"无为而治"的状态，在日常工作中看不到自治组织的作用和影子，村民也感受不到自治的价值。

在脱贫攻坚战开始的前些年，有些"两委"组织存在"名不副实"、"运转失灵"的情况。平时干部很少到村部去，也很少在一起开会议事，日常村里工作由村支书或村主任包办，上面有检查工作村干部才会去。农民也没有什么事经常去村部，农民有事也一般到村支书或者村主任家里去找，村里的公章也是经常放在干部家里。（来源于2019年5月与B镇党委书记的访谈）

这些年来，经过脱贫攻坚战的锻炼，农村基层组织的面貌发生较大改观，但村级组织凝聚力不高的问题并没有得到根本有效治理。村级组织普遍存在党员素质能力低、基层干部老龄化、党员流动性大、村庄空心化、村民分散化等问题。基层组织与村民之间的联系桥梁作用发挥不好，党员干部和党员的先锋模范作用难以体现，能够凝聚和动员的力量有限，一些"急难险重"的任务往往也只是几个村干部包办、代办。（来源于2020年7月与B镇党委书记的访谈）

四、融合与提升：组织再造的基本方式

从乡村治理发展历程来说，第一书记组织嵌入参与农村基层治理是中华人民共和国成立以来中国共产党对农村社会的"组织再嵌入"。具体来说，就是代表党和国家力量的第一书记通过人员嵌入、制度嵌入、价值认知嵌入等组织嵌入形式嵌入到农村基层社会，将一个组织的行动逻辑渗透并内化融合到另一个组织中，以此强健基层组织、提升基层组织力，推进基层治理走向"有效"。第一书记的组织嵌入可以对基层组织进行再造，增进政府与社会的互动，也有助于村庄各种精准扶贫资源的再分配，解决基层组织组织能力低下带来的农村资本交易成本过高的问题。

（一）制度嵌入

从宏观上而言，制度涉及政治、经济、社会等各方面，它是社会发展过程中人们基于生产生活的需要制定的各种规则规范。制度包括"为社会生活提供稳定性和意义的规制性、规范性和文化—认知性要素，以及相关的活动与资源。作为一种较为持久的社会结构，它为人们的生活及互动提供了一个栖身之所"[1]。"共同性、明确性和自主性标度是制度的主要特征，而规则型制度是其核心内容。"[2]从组织运行的微观层面上而言，制度是组织构成的基本要件之一，它是关于组织属性特征、结构功能、运行规范等的总规定。合理规范的制度会为行动者提供导引和资源，对个体活动产生支持和使能作用。[3]在组织的生命过程中，制度还是组织存续发展变迁的基本动力，组织制度的生成往往会通过继承延续、创新发展和嵌入融合等形式获得。为了使组织具有更强的合法性，组织通常会以制度嵌入

---

① ［美］W.理查德·斯科特.制度与组织——思想观念与物质利益［M］.姚伟，王黎芳，译.北京：中国人民大学出版社，2010.

② ［英］罗德·黑格，马丁·哈罗普.比较政府与政治导论［M］.张小劲，丁韶彬，李姿姿，译.北京：中国人民大学出版社，2007.

③ 苏海.制度嵌入生活：农村贫困女性减贫的本土实践及反思——源于"扶贫车间"的案例考察［J］.云南民族大学学报（哲学社会科学版），2021，38（1）.

的形式使其具备合法性机制。

制度嵌入是指各种制度环境及制度因素对个体行为与行动产生的影响，制度的运转是以嵌入在更大的制度、系统和文化背景之中为基础的。[①] 在我国，政党组织嵌入主要是执政的中国共产党对社会的嵌入，这种嵌入需要一定的制度作为嵌入的依据和条件。在具体的组织嵌入中，制度嵌入主要是关于党组织嵌入、党员嵌入过程中形成和确立的相关制度与规则。[②] 由此而言，制度嵌入不但涉及行为主体的规定性，还关联制度环境的合法性来源。

第一书记组织嵌入的制度嵌入性是党和国家在新的历史时期解决基层组织建设和农村绝对贫困问题，突出精准扶贫开发模式效用的一种带有强制性的制度安排。党和国家通过这种强制性的制度安排将代表党和国家力量的第一书记融入农村基层社会，明确其工作任务，将第一书记的工作要求与基层工作联系起来，实现驻村工作机制与基层社会治理体系相结合。

制度嵌入性是第一书记选派驻村制度合法性的具体体现，也是第一书记帮扶机制得以顺利运行产生实际效果的制度前提。第一书记制度嵌入性合法性间接来源于党和国家长期以来干部驻村传统带来的群众基础和群众认同，直接来源于中组部联合相关部门下发的《关于做好选派机关优秀干部到村任第一书记工作的通知》及其他政策性文本带来的制度规范。该通知是围绕精准扶贫方略实施中第一书记选派驻村制度的总规定，是党和国家前期脱贫攻坚和后期乡村振兴战略推进中农村基层治理体系和治理能力现代化建设的重要制度发展。党和国家从顶层制定设计第一书记选派制度，完善了相应的组织管理制度框架，并以"政策设计师"的身份对所嵌入单位的决策和规划进行调整，[③] 将来自顶层的政策设计通过

---

① 姚泽麟. 政府职能与分级诊疗——"制度嵌入性"视角的历史总结［J］. 公共管理学报, 2016（3）.

② 王为，吴理财. 嵌入、吸纳与生产：新时代乡村再组织化的过程与逻辑［J］. 社会主义研究, 2022（3）.

③ 李利宏，郑甜甜. 第一书记驻村扶贫政治行为的嵌入逻辑［J］. 中共山西省委党校学报, 2018, 41（1）.

一定的机制和方式转变为可以为基层治理产生效用的制度产出。① 这一制度的嵌入具有"制度下乡"的基本特征，为第一书记参与农村基层治理提供了整体制度环境，为第一书记行动合法性和权力合法性提供了直接制度基础和来源，也为基层治理能力提升提供了重要路径。第一书记的行动必须以此制度作为总方针、总目标和总任务，对第一书记的监督管理也必须以此为基本制度依据。

作为一种"外源性"公共权力对农村社会的干预和参与，第一书记选派制度的推行是基于打破传统农村"简约治理"下的熟人关系封闭场域以及服务农村基层治理的现实需要。这种公共权力的行使不能采用党和国家体系内的命令控制式的方式去作用于农村基层组织和村民，而只能结合农村基层治理场域和治理现状，以"嵌入式"的方式去获得更多的支持、减少更多的冲突、塑造更强的合法性。换言之，第一书记制度嵌入过程的方式和程度会影响制度嵌入的效果以及制度设计的初衷。有效的"制度嵌入"同时具备"获取合法性"和"保有自主性"两个标准。② 制度嵌入获取合法性意味着制度本身的来源合法，也意味着制度在运行中得到了制度所及场域内所有行动者的认可、支持和接纳。诚如迈耶（Meyer）和斯科特（Scott）所言，"组织（制度）的合法性是指一个组织能够得到文化支持的程度——已经确定的文化说明系统为组织的存在提供的解释程度"。从制度嵌入的合法性来源来说，党和国家是第一书记制度嵌入的发起者和推动者，是推动脱贫攻坚和乡村振兴战略的直接政治力量，主体的合法性已在历史、制度和实践中确立。针对农村基层治理实际，党和政府下发的选派第一书记的正式文件，构建了选派第一书记的基础制度。第一书记作为个体或群体参与到农村基层治理是组织嵌入中人员嵌入的一种形式，也是嵌入制度的具体体现和主要内容。第一书记制度嵌入的组织目标是完成国家权力向农村社会的再嵌入，进而实现国家治理现代化建设中的基层治理现代化，有效解决农村社会环境中组织

---

① 舒全峰．公共领导力供给、国家赋权与制度重构——第一书记治村的制度逻辑［J］．行政科学论坛，2017（11）．
② 林雪霏，周治强．村庄公共品的"赋能式供给"及其制度嵌入——以两村用水户协会运行为例［J］．公共管理学报，2022，19（1）．

建设、扶贫开发、自治保障等单靠基层社会内部力量难以解决的问题，最终达到国家意志在农村社会的实现。

在国家的推动下，第一书记选派制度很快在全国范围内得以推进和执行，各地相继出台了关于第一书记选派的要求条件、监督考核、组织领导等更为具体的实施办法和实施细则。此后党和国家围绕精准扶贫与农村工作召开会议形成的重要决策，以及包括中央一号文件在内的其他重要制度文件，都强调要健全第一书记到农村参与基层组织建设、开展扶贫等常态化机制。2019年，为进一步坚持和加强党对农村工作的全面领导，提高党的农村基层组织建设质量，为打赢脱贫攻坚战、深入实施乡村振兴战略奠定组织基础，中共中央印发了《中国共产党农村基层组织工作条例》。该条例根据新时期农村基层党建工作的新要求，提出了在领导班子和干部队伍建设中，"根据工作需要，上级党组织可以向村党组织选派第一书记"。这进一步确立了第一书记制度嵌入的合法性来源，为第一书记参与基层治理，特别是为农村基层组织中"以提升组织力为重点"的基层党建提供了长久的制度依据。尽管第一书记制度嵌入过程中多多少少会受到原有农村基层社会各种因素的影响，甚至是排斥、抵制，但其制度嵌入的自主性并没有被侵蚀。第一书记制度在实践中的成效已经得到社会公众，特别是乡镇干部、村"两委"干部以及广大农民的普遍认可。

（二）认知与文化嵌入

认知是行为主体对周边环境客观事物的感知、思维过程和结果。认知的形成过程与行为主体原有的思维意识和传统价值观念、信念、信仰等群体认知相关。在嵌入性理论方面，祖金和迪马吉奥提出的"认知文化嵌入性"强调行为主体行动时受到自身及所嵌入场域的社会认知及相关文化因素的影响。这为理解第一书记组织嵌入提供了理论基础，也为组织嵌入的目标和方向提供了思路和方向。

党的十九大报告明确指出："要以提升组织力为重点，突出政治功能，把企业、农村、机关、学校、科研院所、街道社区、社会组织等基层党组织建设成为宣传党的主张、贯彻党的决定、领导基层治理、团结动员群众、推动改革发展的坚强战斗堡垒。"现实中农村基层组织力的式微，从根本上说是基层组织构成人员，特别是村"两委"主要负责人"思想观念落伍"、"价值认知脱节"和"行动能力掉队"造成的。第一书记的认知嵌入就是将党的执政理念、历史使命、价值追求和国家发展战略的基本目标等认知文化因素与对基层组织进行的改造和重塑结合起来，对组织进行引导或限制，并通过行动示范增进基层组织的行动自觉能力。

第一书记的组织行动与其自身长期以来形成的价值观、信仰、思维方式有关，在组织嵌入过程中，第一书记的认知会对其嵌入的组织行为产生影响。第一书记是来自各行各业、各级各类组织的优秀中国共产党党员，是中国共产党的组织代表者，是以党的规章制度规范作为党员活动原则的主体，其个体和组织行动受到党的政治传统、价值认知与思维方式支配。执政党的性质宗旨与其倡导的基本价值观的嵌入是最为基础，又是根本性的嵌入。通过第一书记认知嵌入，执政党的意志主张和政策导向可以在基层社会得以延伸和深入，实现执政党价值诉求在全党和全社会的趋于一致，进而产生强大的行动能力。第一书记通过日常工作中的政策宣传活动和党建学习教育活动嵌入到基层组织和基层群众中，不断获得基层干部和群众的认可，形成群体认知和行为。在加强基层组织建设上，如何提升组织力首先要解决的是农村基层组织的思想观念认知问题，这就要求第一书记采用合适的方式方法对基层干部进行党性党规、党的执政理念再学习再教育，以思想引领为前提，并结合精准扶贫方略的具体任务和要求，对基层组织进行整体性再造，制定和确定各种基层民主议事方式，改变过去村"两委"议事中决策随意化、执行简单化的观念和做法，把制度化、规范化、正常化的组织活动原则深度嵌入到组织运行中去，增强基层干部的政治意识、纪律观念和行动能力，提高基层组织及其成员和村民对党和国家的价值认同。

第一书记是从各级各类组织选派的，在政治关、品行关、廉政关、能力关、纪律关等方面都表现优良的主体，他们在受教育程度、思维方式和工作方法等个体特质方面都有一定的认知比较优势。他们会基于自身的特质去影响和改变驻村地区的干部和群众的思想认知、发展观念以及行为目标，帮助贫困地区干部和群众在思想认知上"脱贫"。相较村"两委"成员而言，大部分第一书记都是年轻化、知识化的代表，有工作干劲和经验，也有创新思维、民主法治意识。他们以自己长期习得的思想观念、行为方式对基层组织再造，对基层组织成员进行行动示范，与村民、乡贤或宗族等互动。伴随着第一书记认知嵌入的逐渐深入，农村基层社会在思想观念、行动能力上也逐渐发生根本变化。民主、公平、透明、奉献、敬业等价值理念在广大村干部和村民心中生根，党和国家精准扶贫政策"发展为了大家、脱贫为了大家"的政策导向也得到群众的认同。

第一书记刚来那会儿，我们都不怎么当回事，对党和国家精准扶贫政策也不清楚。但在接触一两个月后，我们发现第一书记确实不一样，他们真的在把他们的观念、思想和他们的行动结合在一起，不是简单地叫别人怎么做的说教者，而是把党的执政理念和要求付诸行动的引领者。第一书记影响带动了我们，加深了我们对党的性质宗旨的认识，也改变了我们对精准扶贫政策的认识。（来源于2019年6月与S村村支书的访谈）

（三）行动与规则嵌入

行动嵌入与认知嵌入是组织嵌入过程中相互关联的两个方面。行动是认知的实践，认知是行动的引导。第一书记通过参与脱贫攻坚各方面的工作，将文化认知嵌入到基层社会，并通过健全各项行动规则和工作规范，带领基层组织走出组织困境，引导村民开展行动，实现组织目标。进一步而言，行动嵌入就是第一书记发挥党员先锋模范作用，发挥第一书记的"第一"作用，以切实行动履行好在加强党建、精准扶贫、为民办事、治理有效等方面的职责。规则嵌入就是在行动嵌入基础上建立和健全基层治理各项工作规范，通过"制度上墙"、"观念入心"等方式进一步提升基层干部的政治认知和精准扶贫的工作要求，规范基层组织的组织工作程序，增强基层组织的组织力。

第一书记选派驻村是加强农村基层组织建设，解决农村"软、散、乱、穷"等问题的重要举措。据多项农村情况调查和分析，基层组织建设问题与农村贫困问题、农村发展问题密切关联，一些基层组织落后村往往就是贫困村、问题村。

基层组织班子配备不齐，基层"两委"负责人缺位、不作为、不胜任容易导致基层组织空转、停转，导致村民与村级组织的割裂、农村基层党组织的战斗堡垒作用失效、村民自治组织的自治功能失能。尽管第一书记驻村的职责和任务有很多，但首先要解决的是组织建设问题。这一问题的解决是所有问题解决的关键，也是精准扶贫政策全面推进的基础。

我是 2015 年第一次参加选派，也是驻本村的第一任第一书记。我们这个村是重点贫困村，工作千头万绪，在分析村情的基础上，我只有找准工作方向，找到工作突破点和关键点，才能有序推进自己的工作。这个关键点就是先把村党组织健全起来。没有基层组织的依靠，第一书记和驻村工作队将举步维艰。（来源于 2019 年 12 月与 B 村第一书记黄 ×× 的访谈）

围绕基层组织建设，第一书记以制度建设为抓手，以增强组织成员的制度意识、规则意识、组织意识、执行意识和服务意识为发力点，"沉得住心、俯得下身、走得进村、入得了户"。为了把各项行动落到实处，也为了各项工作有章可遵、有制可循，第一书记与驻村工作队以身作则、率先垂范，激发村干部的积极性，带领大家建章立制，坚持完善学习教育制度，并将这些制度和规定"上墙"。制度"上墙"就是第一书记围绕驻村的工作内容和工作部署，建立和梳理各种规章制度，将其设计制作好张贴在会议室或公共活动空间，让村民能随时看到、随时学习、随时运用。"上墙"后的制度规定成为一种特定的政治符号和行动指引，可以充分发挥激励约束和指导指向的作用。这些制度规定主要包括 4 个方面的内容：一是有关党性修养教育和党纪党规的内容；二是有关精准扶贫的工作信息和工作流程；三是有关基层治理的内容、驻村工作队和村"两委"成员构成、各村民小组的联系方式以及网格化和空间分布图等；四是有关精准扶贫政策落实以及为民办事的行管信息，包括低保、医保、危房改造申请办理等具体事项。

对于村级组织长期存在的班子松散、班子不团结、履职不尽责等现象以及有些村党支部书记"在位而不到位"、"缺位又到不了位"的情况，第一书记根据具体情况，摸清基层组织底数，向上争取乡镇党委政府支持、向下广泛听取民意，从各种致富带头人、有良好群众基础的回乡创业和退伍人员中选拔培养基层干部，选优配齐配强基层组织成员，构建完整且有组织力、战斗力的班子。

我们这个村在我来之前，基层组织活动很少开展。村支书有自己的事业，主要是在外地承包工程，节假日才会回家。镇上有事有时会联系他，有时也直接交代由村主任代办。村里的工作除了必须要党支部作决定的，村支书一般都不会回来。因此，村的发展一直处在全镇比较靠后的位置。开展精准扶贫以来，我通过上门谈心、电话交流等方式与村支书进行了很多次交流，希望他能在发展好事业和履行好职责中找到平衡，回来与大家共同参与扶贫事业。在大家的互相支持下，村支书再次回到村里，把工作重心投入到村里。（来源于 2019 年 12 月与 B 村第一书记黄 ×× 的访谈）

另外，对于一些村办公基础设施短缺的现象，第一书记利用选派单位给予的办公经费、工作经费，为村添置电脑、桌椅等，改善村"两委"办公基础条件，更好地服务精准扶贫工作，也为村级组织运转提供了基本的物质保障。在日常工作中，第一书记的主要工作就是与村"两委"班子一起走村串户，了解研究村情，分析脱贫发展之路。根据驻村的工作时间要求，第一书记在村里工作时间一般是一周"五天四夜"或者"四天五夜"，但是绝大部分第一书记都是"全天候"在岗在勤，一个月都难得休息，以"岗位在村、责任在村、阵地在村"兑现第一书记组织嵌入的承诺。

本章小结

本章主要讨论了第一书记嵌入的政治嵌入和组织嵌入机制及其功能。第一书记政治嵌入机制是国家政治体制运行下的一种具体展开，其行为背后受到国家政治制度、政治环境、政治目标等政治嵌入性综合因素的影响。在以贫困治理为主导的农村基层治理过程中，第一书记嵌入是基于国家政治动员模式下"集中力量办大事"的政治行动逻辑。国家中心主义、党的集中统一领导以及价值认同等政治动员机制构成了第一书记嵌入行为的基本方式。从政治嵌入的功能与效用来说，第一书记的政治嵌入主要是通过其"代理"执政党和国家的作用来重塑党和国家在农村基层社会的政治权威，实现基层权威在量上的增加以提升执政基础。国家治理包括基层治理，农村基层社会的政治权威增加直接导致国家治理能力的提高。在国家政治动员的推动下，社会各种主体会在任务政治化加强的情况下积极参与到基层治理中，与国家政治目标趋同，因此带来了基层治理水平和政治权威的提升。

以村党支部委员会和村民委员会即"两委"为主体的基层组织是农村基层治理的重要主体。基于我国历史与现实情况，基层组织已越来越不适应新时期基层治理的发展需要，出现了各种情况和问题。在脱贫攻坚战略推进过程中，基层组织承担着各项政策落实、各项基层治理事务解决的基础性任务，但基层治理能力不够的现状严重制约了国家整体战略的实施。因此，在短期内依靠基层组织"自组织性"机制难以实现治理能力提升的情况下，只能通过外部性的嵌入力量来实现。第一书记的组织嵌入机制，就是通过第一书记行动带动基层组织再造，实现功能提升的一种机制。这一嵌入过程包括制度嵌入、认知嵌入、规则和行动嵌入等具体方式和路径。

第五章
第一书记的结构嵌入与关系嵌入

第一节 结构嵌入与关系嵌入的关联性

在嵌入性理论分析中，结构嵌入和关系嵌入既是格兰诺维特嵌入性理论分析的核心框架，也是经济社会学整个嵌入性理论的核心观点。格兰诺维特在《经济行为和社会结构：嵌入问题》中提出的嵌入性理论基础上，又在《经济生活社会学》中进一步将嵌入性分为关系嵌入（Relational Embeddedness）与结构嵌入（Structural Embeddedness），延伸了对嵌入性的分析。结构嵌入和关系嵌入是对于"经济行为嵌入社会关系"基础命题的深度理解，为解析嵌入主体、客体、行为和效应的嵌入结构提供了基础，[①] 也为社会网络结构的分析提供了新的视角。

从嵌入的系统性而言，结构嵌入和关系嵌入是社会网络结构的两个不同方面的变量，具体而言，关系嵌入是对嵌入网络的微观解构，而结构嵌入是对嵌入网络的中观解构，[②] 两者有内在关联，不是彼此独立存在，而是相互依赖存在的，甚至在高密度的网络中，结构嵌入和关系嵌入在某种情境下具有互相替代关系。结构嵌入为行动者的行动提供了基本治理结构和组织基础，关系嵌入是行动者发生的具体关系特征，两者在社会网络结构中扮演着不同角色，有不同特征（见表

---

① 侯仕军.社会嵌入概念与结构的整合性解析［J］.江苏社会科学，2011（2）.

② 黄中伟，王宇露.关于经济行为的社会嵌入理论研究述评［J］.外国经济与管理，2007（12）.

5-1）。从格兰诺维特的嵌入性理论可以看出，结构嵌入是行为主体所在网络与其他社会网络相联系构成并嵌入整个社会的网络结构，这种网络结构可以看作是一种嵌入主体的外部网络，描述了行为主体多维度多角度嵌入关系构成的各种网络总体结构、功能以及行为主体本身所在网络中的位置。结构嵌入的关注重点是网络的密度以及行为主体网络位置对其行为以及由此带来的绩效影响。关系嵌入则是行为主体的经济行为嵌入与他人在社会交往互动中所形成的关系网络，更多是描述行为主体所嵌入网络中人际社会二元关系的结构和特征。这种结构特征表现为关系疏密程度、关系质量等。在效应发生过程中，持续人际关系（Ongoing Interpersonal Relationship）网络中的某些因素，比如各种规则性期望、对相互赞同认同的渴求、互惠性原则，都会对行为主体的经济决策行为与行动目标产生重要影响。

表 5-1 结构嵌入与关系嵌入比较

	理论来源与视角	嵌入特征与基础	重点关注与变量
结构嵌入	社会网络	描述多维嵌入 网络总体结构 强调网络结构特征	网络密度 网络封闭性 网络位置
关系嵌入	社会资本	刻画互惠预期而发生的双向人际关系 强调关系疏密、质量等网络关系特征	关系内容、方向、延续性、强度（关系的互动频率、亲密程度、持续时间、相互服务内容）

第二节　结构嵌入与网络重构

一、互动与链接：结构嵌入的总体网络

网络是一种组织形态的结构，也是一种关系构成，是不同的相互独立而又相互依赖的个人、组织等社会行动主体，通过一定方式基于一定目标发生的关系和结构。网络可以从构成结构和构成元素来描述，包括行为主体、活动发生以及流动资源 3 个基本方面的组成要素。网络结构的形成是那些具有活动能力的行为主

体，在主动或被动参与活动的过程中，通过资源的流动而形成的彼此之间正式与非正式的关系。这一网络结构具有布尔迪厄"场域"理论的关系特征，它是"在不同位置之间存在的客观关系的网络或构型"①，也是各种组织之间关系形成的制度生活领域②。这些空间结构关系发生变化会引起场域结构的解构与再结构。总体网络结构处于动态平衡的不断调整中，网络中的主体各自相对独立且又相互补充，它们的行动代表不同的资产、信息、知识、经验与信誉，会以自己的行动方式获取竞争优势、实现组织目标。网络结构嵌入性包括网络的整体结构和功能、行动者的位置等主要内容。个体所处的网络位置以及网络整体结构对个体行为的影响是结构嵌入的主要方面。

从结构嵌入的角度来说，第一书记行为背后包括个人与组织属性因素，其活动行为以及包含的组织活动是嵌入整个社会网络中，并受到一定的社会结构影响的。具体而言，第一书记通过参与农村基层治理，全面嵌入并系统性重构农村基层治理网络结构：一方面，构建了以自己为中心的组织网络结构；另一方面，打破并丰富了原有农村基层松散的组织形态所处的组织结构和关系。这两方面共同形成了第一书记参与基层治理的网络总体结构，根本上改变了现有农村基层治理的基本结构和功能，实现了贫困治理下多维治理效果的总体提升。

第一书记在全过程参与脱贫攻坚以及乡村振兴的过程中，形成了以党和政府为主导，以第一书记为接点，以基层农村为承载，以社会其他主体为补充的多元多维网络系统结构（见图5-1）。

---

① Pierre Bourdieu.Social Space and Symbolic Power［J］.Sociological Theory，1989（7）.

② ［美］W. 理查德·斯科特.制度与组织——思想观念与物质利益［M］.姚伟，王黎芳，译.北京：中国人民大学出版社，2010.

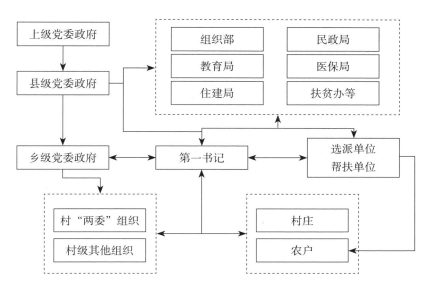

图 5-1　第一书记的结构嵌入网络

这种结构从更广的视野、更宽的角度重塑了农村基层治理的总体网络结构，构建了内容丰富、关系复杂的社会网络体系，丰富了农村基层治理的内涵和功能。第一书记所驻村是其工作的主要场所，第一书记参与基层治理的嵌入行为必然需要与县级党委政府及其职能部门、乡镇党委政府、选派单位、村"两委"及其成员、村民小组、贫困户与非贫困户等发生直接或间接的行为互动。不同关系结构位置主体之间会因为各自不同的利益和价值取向而发生竞争、斗争、妥协、合作等行为的客观关系，共同促进社会网络结构的形成和改良。第一书记这一行为主体处在整个基层治理结构嵌入网络中的"中介链接"重要位置，其行动既是自主的，也深深嵌入网络中。第一书记通过其主体行动不断与周边各种社会网络发生联系，不断传递与交换信息并引起网络关系的变化，在动态中形成相对平衡的多维的责、权、利组织关系。

在这一结构中，第一书记的结构嵌入网络总体上包含了国家网络结构和社会网络结构两部分。从国家网络结构而言，第一书记行动内嵌于国家科层体制结构，受到上级党委政府的规范和约束。从社会网络结构而言，第一书记"接点"村"两委"及村民，"衔接"选派单位和社会其他主体。为了有效推进精准扶贫，第一书记在目标责任驱动下，与各主体在组织管理监督、公共服务提供以及履职尽责运行互动中形成了复杂的交互结构关系，在纵向上整体体现了科层结构特点，但也更多突破了科层，呈现了逆科层、反科层结构特点，横向上细化了与选派单位及驻村的网络微观结构。

二、科层超越：贫困治理的常规化

科层制是韦伯官僚制经典组织理论的基础，也是组织理论丛林中的经典分析范式。尽管科层制受到不同方面的批判，但其理论层面的合理性已经得到广泛认同，甚至在某些意义上来说，科层制的组织形式被认为是现代国家的主要标志之一。科层制强调部门之间的专业分工、各司其职和复杂的正式制度，强调"对上级和正式制度负责"。制度规范化、层次等级化、分工合理化、权责明晰化、管理非人格化、行政专业化等是对科层制一般特点的总体描述。科层官僚的形成受到行政任务的质和量两个基本因素的影响，或者说行政任务的量化扩展以及行政任务的文化、经济、技术等因素带来的质变会影响科层官僚。围绕科层运行中的结构与功能排斥现象，研究者从不同层面提出了"反科层"、"逆科层"相关概念，两者都是相对于科层制的结构及运行特征而言，有相近的内涵。

从治理的角度而言，反科层治理是一种依托常规化的科层组织及资源基础的治理，但又在运作机理和运行逻辑方面对立于科层制原理的治理机制。[①] 相较科层治理的常规化、等级化、正式化、制度化的理性色彩，反科层治理机制更多表现出非常规化、非正式化、非制度化的治理特点。[②] 在治理主体具体参与治理的过程中，当组织行为中参与者的非组织化角色（人格化）侵犯到组织行为角色时，会出现科层组织体系中的"逆科层"现象，由此组织行为会出现科层体系人

---

① 丁轶. 反科层制治理：国家治理的中国经验［J］. 学术界，2016（11）.
② 李有学. 反科层治理：机制、效用及其演变［J］. 河南大学学报（社会科学版），2014（1）.

格性、决策超集权化以及各等级类别隔离弱化等特征。① 在当前我国农村基层治理中显现的反科层化行动取向，是各行动者在规定有限任期的情况下努力完成由上而下下达的高指标任务的一种行动路径选择，也是组织中跨部门整合各种资源使用的必经之路。②

长期以来，我国农村贫困治理机制建立在科层化的组织体系上，形成了以政府扶贫开发部门为中心的自上而下的组织框架和运行机制。这种科层化的治理机制具有"常规治理"的一般特点，是科层治理中路径依赖的一种体现，在贫困治理中取得了一定的成就。党的十八大以来，面对复杂的发展环境，以脱贫攻坚为主要战略的贫困治理工程呈现了高度综合性、复杂系统性、任务艰巨性的特点。党和国家为此提出了新阶段贫困治理的新任务，承诺在规定的时间内完成832个贫困县退出，解决近1亿贫困人口的绝对贫困问题。为此，国家需要在贫困治理机制上有更多创新，需要对原有的科层治理结构进行重构，对科层功能进行再造，打破常规化治理，实行具有"运动式治理"特征的体制机制，以便在全国范围内将人力、物力、财力、信息等方面资源进行有效配置和落实。这就既要发挥科层制在精准扶贫任务的专业化、等级化、技术化、规范化上的基础结构功能作用，又要在限期贫困退出的艰巨任务下超越原有科层制。因此，从这个意义上而言，脱贫攻坚中的各项体制机制既是科层治理的直接体现，又是逆科层治理的反映。精准扶贫是贫困治理的主要内容，也是新阶段农村基层治理的基本要求，它是运动式治理与常规治理的混合，遵循了"逆科层化"与"再科层化"的双重逻辑。③

---

① 尹利民.逆科层化：软约束条件下基层政府的信访治理与组织运作——基于基层政府行为的组织学分析［J］.学习与实践，2014（5）.

② 张国磊，张燕妮.农村基层治理：科层制抑或反科层化？——基于桂南Q市"联镇包村"制度运作的调研分析［J］.理论与改革，2021（2）.

③ 许汉泽，李小云."行政治理扶贫"与反贫困的中国方案——回应吴新叶教授［J］.探索与争鸣，2019（3）.

三、科层与逆科层：权力与责任结构约束下的第一书记

在脱贫攻坚时期，第一书记的行为模式一方面保留了原有科层制之下的干部驻村制度传统，另一方面又创新了组织管理的结构网络。在新的制度环境中，第一书记组织管理行动遵循了自上而下的科层化治理路径，表现出鲜明的科层化组织特征，同时也在国家推进精准扶贫政策中超越了科层制。换言之，第一书记的结构嵌入性在结构网络和组织运行中集中体现了科层与逆科层结合的特点，打破了原有农村基层治理中基层组织"悬浮"、国家治理"末梢"不能及时有效承接科层意图的困境，实现了以更高效、更有序的逆科层方式完成特殊任务的政治目标。第一书记的结构嵌入是党和国家对基层治理政治权威的重塑，是在政治动员模式下借助科层化的国家组织力量全方位落实精准扶贫政策的基本方式。选派第一书记驻村的作用在于以第一书记为重要承载点有效传递自上而下的脱贫攻坚压力，有效化解国家治理与基层治理的紧张关系。第一书记作用的发挥实际上成为国家政治体制中科层治理的一部分。

（一）科层监管权力结构中的第一书记

从结构嵌入的管理监督纵向层次来说，第一书记是精准扶贫过程中农村基层组织负责人之一，处在联结各级党政科层权威和资源的位置。质言之，第一书记在具体工作中既要总体面向上级党委政府，又要具体面向本地县、乡镇地方党委政府，其涉及的管理监督主体多元。为此，国家在宏观层面上建立了第一书记干部驻村的基本制度，明确了第一书记管理的职责与组织要求，各地坚持"谁选派谁管理、谁管理谁负责"原则，相应建立起了省、市、县党委组织部门分别管理本级派出驻村干部的具体管理制度，构建了以党委组织部门为主体的省级、市级、县级的第一书记统一管理的科层制度体系。在这一体系中，省级、市级和县级组织部门分别负责全省、全市、全县乡镇驻村干部的"宏观管理"、"统筹管理"、"日常管理"（见表5–2）。作为第一书记日常管理的基本主体，县、乡两级部门承担了包括考核激励在内的一系列监督管理职责。县级党委政府通常会在脱贫攻坚指挥部之下成立"驻村干部工作领导小组"、"驻村干部管理专班"等类似

机构，并在县委组织部设立专门办公室组织负责全县驻村干部统筹协调、规划部署、管理服务和督促落实等日常管理工作。乡镇党委政府则具体负责落实本乡镇第一书记及驻村干部的日常监督管理职责，通常也会设立相应的驻村干部办公室统一管理全乡镇的驻村干部和第一书记。这种科层制的组织管理将第一书记纳入统一的组织体系中，保证了第一书记管理及其行动符合国家科层权威向下的延伸，也有利于第一书记在科层组织体系中充分利用科层结构提供的制度资源。第一书记通过上级党委政府的统一部署和安排能够及时接受各种培训以增强自身能力，也能够根据本村村情制订和实施脱贫攻坚计划，通过经常性的工作汇报和工作建议取得上级党委政府对本村脱贫攻坚的科层力量支持，获得发挥"领头雁"作用的资源。

表 5-2　第一书记的科层管理结构体系

科层组织	管理职责
省委组织部门	宏观管理
市委组织部门	统筹管理
县委组织部门	日常管理
乡镇党委政府	日常监督管理

（二）责任目标结构中的第一书记

从目标责任的建构与落实来说，第一书记所处的网络结构运行又具有超越科层的特点。第一书记处在整个脱贫攻坚纵向目标责任的最下端位置，是省委书记、市委书记、县委书记、乡镇党委书记、村党支部书记"五级书记"抓扶贫的科层化组织结构体系的重要组成部分。依据"上下同构、左右对齐"的科层结构要求，各级党政部门都会建立起相应的组织架构，形成完整的组织结构网络和目标责任体系。在脱贫攻坚的政治任务下，国家采取政治动员的运动式治理机制代替过去常规管理治理机制，以便更好地超越过去官僚科层的组织失败。[1]

---

① 周雪光.运动型治理机制：中国国家治理的制度逻辑再思考［J］.开放时代，2012（9）.

《关于建立贫困退出机制的意见》规定，脱贫攻坚中的贫困退出目标包括"贫困县退出、贫困村退出和贫困人口退出"。上级党委政府借助并突破科层化的组织体系，以压力型的体制带来的运行动力，将本区域的具体政策目标由上而下传递到基层，这一政策目标的传递过程实质上是上一层次的组织以扶贫项目为任务发包给下级，是"以属地化管理为基础的行政逐级发包制"①。县级、乡镇党委政府是打赢脱贫攻坚战的前线指挥，承担着脱贫攻坚最直接的政治责任和主体责任。

为打赢脱贫攻坚战，全面压实脱贫攻坚战的责任，在党政正职"不脱贫不调整、不摘帽不调离"的责任导向和目标驱动下，各贫困县先后成立了由县委书记、政府县长任"双组长"的"脱贫攻坚领导小组"或"脱贫攻坚指挥部"。脱贫攻坚领导小组（脱贫攻坚指挥部）是推动整个县脱贫攻坚的"指挥中心"，也是在规定时间内实现脱贫攻坚重大任务目标而采取的"战时"性的组织。这种组织机制从根本上改变了原有科层僵化限制带来的贫困治理"内卷化"、"低效化"现象，也极大改变了政策目标因为科层传递与部门之间的相互博弈而产生的耗散现象，更有效提升了动员制的活力，一定程度上规避了政策的"选择性执行"问题。②党政主要领导亲自挂帅能够从"高位"直接推进中心任务的开展，各个职能部门及其负责人也都在脱贫攻坚领导小组（脱贫攻坚指挥部）统合指挥下统一行动、有序行动。这不但打破了原来政府内部各部门之间、上下级之间严格的"条块"职能职责界限，还顺畅了党政部门分职分责之间的协调与互动，提升了精准扶贫中各行为主体的统筹整合能力，改善了整个组织结构关系和组织之间的协调运行关系，极大减少了科层逐级逐层严格等级化带来的组织困境。在县脱贫攻坚领导小组（脱贫攻坚指挥部）的领导下，各乡镇、各村也相应成立了指挥本区域脱贫攻坚的"战区"、"站"（或者"组"、"队"）。在上级确立的脱贫目标任务下，各乡镇、村根据自身的贫情、乡情、村情，以目标管理为导向，分别签

① 周黎安．行政发包制［J］．社会，2014（6）．
② 荣敬本．"压力型体制"研究的回顾［J］．经济社会体制比较，2013（6）．

订责任状，立下"军令状"，构建了县、乡镇、村 3 级层层落实的目标责任体系。为保证脱贫攻坚目标任务的顺利完成，各县建立起了从上到下的贯通各部门各单位、联结各村各户的网络责任结构，实行"县领导包镇、单位包村、乡镇包片、干部包户"的联动帮扶责任机制，明确从县委书记到村党支部书记、第一书记、工作队员等方面的具体工作责任。

在我们县，各级领导和干部都被纳入到责任体系中。县委书记和县长对全面脱贫攻坚负总责，县级领导牵头的工作专班对全县专项扶贫工作负全责。乡镇党委书记、镇长对本乡镇脱贫攻坚负全面责任。村党支部书记对本村工作负主体责任。县直部门除了负责驻点村帮扶任务外，还需对部门职能业务负主管责任。第一书记及工作队对驻点村负帮扶责任。这些责任都以工作时间、工作要求、工作内容等形式细化了，保证责任规定清楚、责任履行到位。（来源于 2020 年 7 月与 S 县扶贫办叶主任的访谈）

在这种网络结构的责任体系中，第一书记是结构嵌入中的重要节点，是逆科层化治理中村级组织脱贫的具体参与者和执行者，处于国家宏观层面、省级市级中观层面责任体系的最下端，与县级、乡镇、村以及选派单位构成了责任共同体的组织结构网络，履行着整体科层组织体系的特殊使命和责任。第一书记在工作中将科层组织目标细化为行动导向，确保精准扶贫政策的目标瞄准贫困户、贫困人口，围绕贫困人口怎样退出、什么时候退出、每年退出多少等目标落实好责任和工作要求。

从工作流程而言，第一书记工作机制也体现了科层与逆科层的特征。面对脱贫攻坚任务和目标，第一书记的工作一方面遵循了基本科层等级组织运行规则，另一方面更多是跨越科层等级。在脱贫计划的制订与实施、危房改造推进、产业发展申报、村庄基础设施建设等具体工作中，第一书记会按照县、乡镇的统一要求，逐级报告请示。但是面对具体问题、遇到具体事情时，第一书记往往会跨越正式科层的结构来寻求问题的解决，或者说会以跨部门、跨行政层级的方式来进行工作沟通。上级部门通常也会基于目标的考虑而将政策要求和目标直接下达到基层，以提高工作效率。

脱贫攻坚是重大任务，贫困户脱贫是具体任务和目标。贫困户的致贫原因千差万别，有的是重大疾病或者灾害等突发偶然性因素造成的。为了及时解决现实问题，我们就必须突破一般的工作流程和工作安排，不能机械式地一级级上报审核后才解决，而必须通过各部门、各单位的快速联动机制及时解决。另外，我们也会经常去找上级部门领导来协调产业发展、基础设施建设等相关事项，这样会提高办事效率。（来源于 2019 年 7 月与 S 县 C 村第一书记黄 ×× 的访谈）

四、接点与匹配：社会帮扶网络结构

第一书记选派驻村包括选派和驻村两个组织环节。从精准扶贫的要求来说，"因村派人精准"要求在选派过程中"因村、因人、因时"做好人村"匹配相当"、"任务相称"，包括选人精准、用人精准、派人精准等，它是"六个精准"内容之一。选人精准主要是要选择符合、胜任农村工作能力、素质、条件的第一书记。用人精准主要是在用人过程中要从全过程对第一书记正确合理使用。派人精准主要是要求第一书记个体能力特征、组织特征与其具体工作所在村庄类型相匹配，结合村情社情按需选派，提高人与岗的相适度。在具体的派驻过程中，县级党委、政府根据不同乡镇贫困村的类型匹配来自不同行政层级、不同组织类型和不同职能部门的第一书记，这种匹配具有明显的问题导向性。从选派单位层级来看，国家级、省级、市级、县级机关企事业单位、科研院所、军事机关等都有下派第一书记。从资源优势和社会性权力特征来看，选派单位有优势单位、一般单位和边缘单位。从第一书记派驻村的类型来看，按照国家贫困村标准来划分，有国定贫困村、省定贫困村、市定贫困村，有些地方还划分县定贫困村。具体来看，这些贫困村又会因为资源禀赋、历史因素、基层组织基础、贫困程度、致贫主因等区分为不同的村庄类型。来自不同组织权威的

第一书记选派分别与基层社会中农村"两委"组织、驻村工作队、选派单位等产生互动，形塑出不同的互动模式和复杂的社会结构。[①] 从帮扶责任落实与帮扶行为的发生来说，第一书记与选派单位、村"两委"、村民（贫困户）形成了责任共同体组织结构网络。

（一）第一书记与村级组织的结构类型

第一书记从外部组织嵌入到农村社会，首先面对的是如何构建与村庄基层社会的关系结构。具体而言，代表农村社会外部性主体（外源性主体）的第一书记与代表村庄内部性主体（内源性或者自源性主体）的村干部在互动中会不断磨合，形成以下 4 种动态平衡的结构类型（见表 5-3）。

表 5-3　第一书记与村级组织的结构类型

特征\类型	权力结构	发生场域	存续阶段	治理效应
松散型	第一书记与村干部各自为政	内生动力不足的一般贫困村或者非贫困村	精准扶贫初期，存续时间短	效果没有或者不明显
代办型	第一书记强势，村干部弱势	基层组织软弱涣散的深度贫困村	精准扶贫初期、中期，存续时间较长	效果明显
辅助型	村干部强势，第一书记弱势	基层组织力较强，有一定发展基础的贫困村	精准扶贫中期，存续时间长	效果不明显
融合型	第一书记指导协助村干部，彼此合作	有一定基层组织力，但资源禀赋差的一般贫困村	精准扶贫中后期，存续时间长	效果显著

1. 松散型结构

松散型结构的特征是第一书记与村"两委"及村民关系松散，在权力结构上各自为政，在行动上各自为营，两者有一定的分工，但没有充分的合作。第一书记嵌入程度不高，其外部性权威并没有得到村庄的认可，对村"两委"组织的影

---

① 崔盼盼. 第一书记制度实践的差异化类型及其形塑机制［J］. 华中农业大学学报（社会科学版），2020（5）.

响力不够，对村庄具体事务也不具有相应的决策权。工作中第一书记只是负责一些日常性的上级交办的统计之类的工作，其作用在一定程度上成为村"两委"的"依附性行动者"，因此带来的治理效能非常有限。这一松散结构多发生于精准扶贫初期，相对而言存续时间短。虽然党和国家出台的第一书记选派通知明确了具体要求，但在具体的工作中还存在制度实践摸索和机制磨合期。从发生场域而言，这种松散型结构往往存在于内生动力不足的一般贫困村或非贫困村。这些基层组织及村民对精准扶贫的期望不高，自我发展的内在驱动力也不够，对第一书记的进驻持观望态度。

这个村之前没有派过第一书记和工作队，属于新定的一般贫困村，"两委"班子基本完整。在我刚来的半年内，大家对我这个第一书记工作也不了解，平常工作中我是主动去寻求村"两委"的支持和帮助，但村干部很少主动与我谈工作，好像总是觉得我们第一书记和工作队只是来走过场，并不会给村庄带来实质变化和作用。大家只是表面欢迎我们的到来，具体工作还是很少在一起商量和行动。村里的贫困户识别、低保户的评定等工作还是以村"两委"为主。我们的建议很多时候不会被采纳和支持。（来源于2019年7月与B村第一书记谭××的访谈）

2. 代办型结构

代办型结构的特征是第一书记嵌入程度高，且形成了第一书记代替或代表所在村党组织的权力中心和治理中心。在代办型结构中，第一书记是村庄事实上的决策者，全村的精准扶贫工作都在第一书记的统一安排下有序开展，村"两委"干部在第一书记的领导下当好配合者、协助者。这种结构通常存在于一些基层组织软弱涣散的深度贫困村。这种村庄在政治上缺少有力的组织保障，经济上又缺乏发展基础，因此在脱贫攻坚的全面推进中就急需一个强有力的力量介入，从根本上改变落后现状。从治理效应上来说，第一书记的强势介入会在短期内取得意想不到的效果，村民的认可度也会比较高，但也会由此带来村干部和村民过度依赖第一书记的现象，第一书记在村级组织运行结构上的"过度嵌入"问题。

> 对于一个长期组织"不全"、功能"停摆"的贫困村来说，我面对的首要任务是快速健全组织架构，发挥亲力亲为的带头作用，把自己当作大家的领头人，在村庄精准扶贫各种事务中敢于担当，敢于决断，体现第一责任人的价值。只有这样才能在短时期内形成一种新的组织办事结构，带领村"两委"和村民脱贫。（来源于2019年7月与D村第一书记周××的访谈）

3. 辅助型结构

从权力结构上来说，辅助型结构是村干部相对强势而第一书记相对弱势的一种关系结构。在这一结构中，村支书（或村主任）有较强的组织基础和组织能力，担负起了农村基层治理的主体角色，在村庄拥有较高的威望和影响。第一书记的驻村并不会改变原有村庄治理的结构关系和权威基础，第一书记与村干部存在明确的工作分工，前者主要负责精准扶贫中政策宣传、政策标准把握、外联资源导入和产业发展技术引入等工作，后者主要负责村民纠纷调解、工程项目招投标等工作。这一结构经常出现在精准扶贫中期，带来的治理效果不明显。

> 在工作中，我和村支书有相对的分工，村支书负责村民纠纷调解和精准扶贫中基础设施招投标等工作，我主要负责之前他没有接触过的工作，比如与外单位的帮扶联系、党建工作的落实、各种政策宣传等。（来源于2019年7月与C村第一书记黄××的访谈）

4. 融合型结构

融合型结构是第一书记结构嵌入的理想化类型，它是第一书记与村"两委"组织经过较长时期磨合后形成的既有相对分工又有合作互助的结构，是前述几种结构借助于一定的条件和方式渐进调适的结果。在组织结构运行中，第一书记与村干部相互配合，第一书记按照选派制度要求，依靠村级党组织的本土化组织作用，依托自身组织优势和特点，带领村"两委"成员积极投入到精准扶贫工作中，村干部则在第一书记的带领和指导下发挥其自有的治理主体作用，两者在目标上高度契合，任务上高度一致，行动上高度协调，对于村庄的重大事项，比如贫困户的退出、产业发展、基础设施建设等，充分沟通、协商和决策。在工作关系上，两者互相支持，取长补短，不存在利益上的冲突。这一结构的形成与村庄原有的基层组织能力和村庄自身条件有关，也与村干部对于精准扶贫中第一书记嵌入的正确认知有关。这类村庄的村"两委"班子一般来说较完整，行动能力也较强，但由于客观存在的交通不便、资源有限等条件的限制，村庄发展趋于落后。面对外部治理资源的供给，村干部又不能准确把握和使用，这就需要发挥第一书记的接点中介功能，以形成一种新的结构来推进。

我们这个村民风整体上还是比较好，村民对村"两委"还比较信任。长期以来，村干部大都各自忙自己的事，很难真正在一起议事。但2017年后，村支书在脱贫攻坚的号召下把工作重心转移到了村上，放弃了个人在外面的部分收益。经过磨合，现在大家工作热情很高，会一起就村里的脱贫大计共商共议，我和村支书有相对的工作分工，不存在谁领导谁的问题。（来源于2019年6月与S村第一书记赵××的访谈）

（二）第一书记与选派单位的结构类型

动员全社会力量参与精准扶贫形成"大扶贫"格局，是新时代贫困治理鲜明而又必要的顶层设计。从组织关系上来说，第一书记与选派单位是个体与组织之间的从属关系，是村庄之外社会力量嵌入形成的一种新型社会微观结构，这种关系是第一书记嵌入的网络总体结构的有机组成部分。在"大扶贫"格局下，第一书记与选派单位形成了多种结构关系，强化了精准扶贫的组织网络和政策执行网络。其中最为典型的是两种结构：第一书记与选派单位之间的结构；第一书记与驻村工作队共同形成的驻村组织结构。

1. 第一书记与选派单位的结构关系

选派单位是包括选派第一书记在内的驻村干部派人单位，履行着社会帮扶的重要使命和职责，发挥着驻村帮扶和结对帮扶工作的"助燃剂"作用。在实际工作中，由于各单位的组织属性、组织规模、社会能力、帮扶资源存在差异，社会主体帮扶村庄脱贫方式多样，在选人派人中表现也是千差万别，生成了不同的组合结构类型（见表5-4）。有的单位出资为主，派人为辅，结合市场需求和脱贫目标任务在当地开发大型项目助力脱贫。这一类组织主要是一些实力较强的大型企业。有的单位既出资又派人，出资表现为以项目形式参与村庄的扶贫工作，派人表现为定点帮扶或选派驻村工作队。这一类组织主要是一些有能力的传统结对帮扶的企业。有的单位以选派第一书记和驻村干部为主，以本单位资源综合帮扶为辅。这一类组织主要是各级党政机关、人民团体和企事业单位，发挥着驻村帮扶的主体作用，也是驻村帮扶结构中最为常见的形式。

表 5-4　帮扶结构类型与特征

结构类型	组织属性	帮扶形式	存在方式
出资为主，派人为辅	发挥精准扶贫社会责任的大企业（市场主体）	发展项目助力脱贫	较少
出资、派人相结合	传统结对帮扶的企业（市场主体）	定点帮扶、选派驻村工作队	较多
派人为主，出资为辅	各级党政机关、人民团体和企事业单位（县级为主）	选派第一书记、驻村干部驻村帮扶	主体

不管哪种结构形式，第一书记的选派都是在县党政部门的统筹下完成的，都形成了相似的选派结构，那就是第一书记与选派单位构成了"干部当先锋、单位做后盾"的"责、权、利"一体的组织结构关系。第一书记和驻村工作队是先锋，代表选派单位进入脱贫攻坚"一线"；选派单位是组织前行的动力源、资源提供的支持源、先锋工作的保障源。一般来说，第一书记及驻村干部的选派单位大体包括省级、市级和县级3个层次（见表5-5）。3个层次的选派单位各有优势、各有所长，共同助力帮扶贫困村、贫困户脱贫。

表 5-5　G 县 2018 年精准扶贫第一书记选派责任单位构成

驻村类型	省派单位		市派单位		县派单位（含"一托二"）	
数量（个） 180	数量（个） 34	占比（%） 18.9	数量（个） 8	占比（%） 4.4	数量（个） 138	占比（%） 76.7
已出列村（81）	6	3.3	7	3.9	68	37.8
未出列村（99）	28	15.6	1	0.5	70	38.9

　　根据 G 县的调研可知，2018 年前，G 县总计有 120 个贫困村选派了驻村第一书记及工作队，其中省派、市派、县派分别是 34 个、8 个、78 个。经过几年脱贫攻坚后，该县截至 2018 年有 81 个贫困村先后出列。为了全面决胜脱贫攻坚，G 县结合 2018 年新增 60 个新识别贫困村的实际情况，制定了《关于调整县级驻村工作队及做好当前驻村帮扶和结对帮扶重点工作的通知》《关于向"一托二"驻村工作队增派驻村工作队员的紧急通知》等文件，采取"一托二"和"拆分合包单位"等形式进行优化调整，实现了包括原有 120 个建档立卡贫困村和 60 个新识别贫困村总计 180 个贫困村选派第一书记及工作队驻村帮扶的全覆盖。原有 120 个贫困村中的第一书记有小部分因为轮换、身体情况等进行了调整，另外按照"一托二"的形式补充选派配强了 60 个新识别贫困村的驻村力量。从该县驻村第一书记及工作队的选派单位可以看出，各单位根据自身的业务特长以及组织职能特点，分别选派了数量不等的工作队员到贫困村。其中，省派单位 18 家，共选派 34 名第一书记和 68 名驻村干部到 34 个贫困村，占驻村数量的 18.9%。市派单位 6 家，共选派了 8 名第一书记和 16 名驻村干部到 8 个贫困村，占驻村数量的 4.4%。省派、市派单位没有调整，它们在 2018 年前就是选派帮扶单位（见表 5-6、表 5-7）。县派单位总共有 72 家，承担了 138 个贫困村的选派驻村工作，占 180 个贫困村驻村数量的 76.7%，除去"一托二"的 47 个贫困村，这 72 家单位总共选派了 91 名第一书记和 229 名驻村干部。这些单位几乎涵盖了所有县级党政司法机关、企事业单位，是驻村干部选派的绝对主力。具体有县农业农村局、县医疗保障局、县税务局、县自然资源和规划局、人民银

行 G 县支行、市银行 G 县支行、中国移动 G 县分公司、县委办、县发改局、县经济开发区（管委会）、县第一中学、县水务局、县政府办、中国农业银行 G 县支行、县民兵训练基地、县法院、县检察院、县公安局、县教育体育和科学技术局、县文化广电旅游局、县司法局、县委组织部、县财政局、县审计局、县委统战部、县中医院、县供销社、县交通运输局、县电视台、县总工会、县委巡察办、县环保局、县森林公安分局、县统计局、团县委（县进修学校）、县业余体育学校（县青少年活动中心）、县城市管理行政综合执法大队、县人力资源和社会保障局、县退役军人事务局、县民政局、县委党校、县委政法委、县职业中学、县邮政储蓄银行、县供电分公司、电信 G 县分公司、G 县农村商业银行、县委宣传部、县审批局、人寿保险 G 县支公司、县气象局、县人大常委会办公室、县住房和城乡建设局、县湿地公园管理处、邮政集团 G 县分公司、县政府宾馆、县公共资源交易中心、县广电网络公司、县政协秘书处、县烟草专卖局、县市场监督管理局、县人民医院、县商务局、县水城办、县妇联、县编办、县科协机关工委、县机关事务服务中心、县应急管理局、县残联、县扶贫办、人寿财险 G 县分公司等。

表 5-6　G 县 2018 年省派驻村第一书记及工作队单位构成

第一书记选派单位（34 个）	驻村类型及数量	驻村工作队构成
省地矿局（3 个）	已出列 3+ 未出列 0	省队 + 省队
省水资源与水利技术试验推广中心（1 个）	已出列 0+ 未出列 1	省队 + 省队
省水利科学研究院（1 个）	已出列 0+ 未出列 1	单一省队
省水文水资源勘测局（1 个）	已出列 0+ 未出列 1	单一省队
中国人民银行 S 市中心支行（2 个）	已出列 0+ 未出列 2	单一省队 省队 + 省队
省总工会（2 个）	已出列 0+ 未出列 2	单一省队
省司法厅（3 个）	已出列 1+ 未出列 2	单一省队
中国电子科技集团（2 个）	已出列 0+ 未出列 2	单一省队
省能源集团（3 个）	已出列 0+ 未出列 3	单一省队

第一书记选派单位（34个）	驻村类型及数量	驻村工作队构成
省档案局（2个）	已出列0+未出列2	单一省队
中国移动集团省有限公司（2个）	已出列0+未出列2	单一省队 省队+省队
中国银行省分行（2个）	已出列0+未出列2	省队+省队 单一省队
省纪委（3个）	已出列0+未出列3	单一省队
省林业厅（2个）	已出列0+未出列2	单一省队
省出入境检验检疫局（S市海关）（2个）	已出列0+未出列2	单一省队
省人防办（1个）	已出列0+未出列1	单一省队
省知识产权局（1个）	已出列1+未出列0	单一省队
省血液中心（1个）	已出列1+未出列0	单一省队

表5-7　G县2018年市派驻村第一书记及工作队单位构成

第一书记选派单位（8个）	驻村类型及数量	驻村工作队构成
市纪委（1个）	已出列1+未出列0	单一市队
SD管理区（1个）	已出列1+未出列0	单一市队
市人民检察院（2个）	已出列2+未出列0	单一市队
中国人民银行Z市中心支行（正处级）（1个）	已出列1+未出列0	单一市队
市国有林场管理处（1个）	已出列1+未出列0	单一市队
市第四医院（1个）	已出列0+未出列1	单一市队
中国联通总公司市公司（1个）	已出列1+未出列0	单一市队

第一书记是驻村帮扶工作的主要责任人，派出单位对本单位帮扶村的驻村帮扶工作负主要责任，实行派出单位在项目、资金、责任上的"捆绑"帮扶责任。为更好发挥先锋作用，第一书记和驻村干部在县、乡党委领导下履行帮扶职责，紧密配合驻村党组织和村"两委"干部开展工作，发挥扶贫脱贫生力军作用，保

证选派的第一书记和驻村干部能够忠实履职、尽心尽责。第一书记的先锋作用一方面是指其在驻村帮扶工作中的带头作用，另一方面是相对选派单位而言，第一书记是帮扶组织的代表，其全部工作内容都以帮扶为中心。第一书记除了完成好精准扶贫、建强组织、基层治理、为民办事四项规定的基本工作任务外，还需衔接好选派单位与村"两委"、县乡镇党委政府相关部门的工作，协调好选派单位帮扶责任人的结对贫困户的帮扶工作。

与此同时，选派单位对第一书记及驻村干部进行选派后的跟踪管理，不安排第一书记及驻村干部在驻村期间承担本单位日常的业务工作，也不抽调第一书记及驻村干部在正常驻村期间返回单位参与工作。为了充分保证第一书记及驻村干部全身心投入驻村帮扶，各地政府和派出单位为第一书记及驻村干部的物质生活、健康安全、监督激励等方面提供相应保障。省、市、县财政分级列支驻村工作专项经费和第一书记及驻村干部意外保险专项经费，县乡党委政府和派出单位为第一书记及驻村干部提供必要的生活条件。派出单位为第一书记及驻村干部的工作开展提供生活补助、通信交通补助以及参照地方的岗位等级津贴补助。派出单位的作用还表现在派出单位主要负责人对本单位帮扶村的驻村帮扶工作负主要领导责任。一方面，主要负责人要定期听取第一书记及驻村干部的工作汇报，亲自谋划、组织推动各项驻村帮扶工作落实，其他班子成员要不定期到帮扶村看望第一书记及驻村干部，调研、解决帮扶中遇到的各种实际问题；另一方面，派出单位也要对帮扶村的工作和派出干部的管理工作承担责任，对管理责任不到位的，派出单位也将被严肃追责问责。

我们县规定派出单位主要负责同志每半年至少到帮扶村进行1次调研，单位党组（党委）每季度至少研究1次驻村帮扶工作，听取1次驻村工作队或者第一书记工作情况汇报。每半年需向同级党委组织部门书面报告帮扶工作情况，每年向同级党委组织部门书面报告优秀第一书记及驻村干部使用情况。（来源于2019年与G县委组织部黄部长的访谈）

2. 第一书记与驻村工作队的结构关系

第一书记与驻村工作队是干部驻村帮扶的直接主体，也是社会帮扶结构的重要构成元素。两者在职责和工作任务上有交叉，有融合，但在构成的结构模式上又有所不同。从精准扶贫干部驻村的启动及选派单位的来源来看，第一书记和驻村工作队先后经历过两种基本结构模式。第一种是"书记－工作队分立"模式，即在一个村第一书记不兼任工作队队长，第一书记和驻村工作队来自不同的选派单位。这种模式在精准扶贫刚开始的几年比较常见，主要原因是工作队派驻在前，第一书记派驻在后，形成了两条不同依据的选派路径。尽管有些地方在精准扶贫之前有过第一书记的派驻，但这并不是精准扶贫时期的驻村结构模式。按照《建立精准扶贫工作机制实施方案》的要求，一些行动较早的省结合当地国民经济和社会发展五年规划中的贫困村调整情况，在原有的定点帮扶的基础上先行选派了第一批驻村帮扶工作队到贫困村，工作队队长和队员绝大多数由一个单位选派，少部分由不同单位选派。工作队成为精准扶贫刚开始时的驻村主力。2015 年第一书记选派参与精准扶贫的制度正式出台后，基于帮扶工作需要和各单位情况，一些机关、企事业单位先后行动起来，大规模选派第一书记下派到贫困村、"软弱涣散"村，由此在一些村形成了第一书记与工作队分属不同选派单位的驻村结构模式。在这一模式中，第一书记和工作队队长分属两人，驻村干部来自不同的选派单位。但这一模式结构存在的时间相对较短，伴随着精准扶贫的全面铺开，有些地方在2015年第一书记驻村制度启动后，根据工作实际需要和选派干部驻村统筹考虑，优化驻村队伍，探索形成第二种驻村结构模式——"书记－工作队融合"模式，即第一书记兼任工作队队长的选派结构模式。

2015 年 8 月，我是以第一书记兼队长身份从单位选派驻村的，与我同时驻村的其他 2 名队员来自同一系统单位但分属不同部门。我所派驻的村是省"十二五"规划贫困村，之前我们单位是帮扶联系单位，没有正式干部驻村。精准扶贫后，根据国家扶贫政策调整需要和省里干部驻村的统一部署，我们单位承担了帮扶贫困村的任务，需要选派干部驻村，我主动申请驻村并获得批准。（来源于 2019 年与 S 村第一书记杨 ×× 的访谈）

2017 年，为着力解决驻村帮扶中选人不优、管理不严、作风不实、保障不力等问题，更好发挥驻村工作队脱贫攻坚生力军作用，中共中央办公厅、国务院办公厅印发了《关于加强贫困村驻村工作队选派管理工作的指导意见》，规范了驻村工作队的选派，指出"驻村工作队队长原则上由驻村第一书记兼任"。由此，各地驻村工作相应做了调整，人员进一步优化，第一书记兼任工作队队长成为全国主要的驻村模式，第一书记与工作队队员共同构成驻村队伍成为一种常态。在这种模式中，选派单位来源多样化，人员构成复合化。一个村的驻村工作队队员有的完全由一个单位选派，有的由两三个单位选派。总体上来看，整个驻村工作队的驻村结构以"单一选派单位"为主要存在形态。换言之，第一书记和工作队队员都由同一单位选派。这一特征在 H 省 G 县的选派单位构成中也得以呈现，省派、市派、县派队伍绝大部分是单一队伍，而只有少部分县派单位是混合队伍结构。这种混合队伍结构模式的形成是派驻"供需"平衡基础上的结果。一方面，由于精准扶贫派驻任务加重，各地需要派驻的"村"数量增多，有些地方甚至在原有基础上实现了所有行政村第一书记和工作队驻村"全覆盖"，因此所需选派的驻村干部总量需求增加；另一方面，在以"县级统筹"为主的选派原则下，县级各单位成为选派的主力军，在精准扶贫全员参与过程中基本上实现了能够提供选派的县级单位和部门单位全覆盖、全组织。尽管大部分单位能够组织的人员非常有限，但在脱贫攻坚重大政治任务上，这些单位和部门也还是积极"出工出力"，在完成选派任务和维护自身单位正常运转中寻找平衡。

在第一书记与驻村工作队的融合中，驻村工作队实行的是"第一书记负责制"，第一书记成为驻村工作队这一组织的实际领导者、组织者和管理者，总体上负责驻村的各项事务，代表驻村队伍承接乡镇、县里相关部门的工作和任务，也代表工作队与其他帮扶力量发生各种业务和协调协助关系。其他队员则协助第一书记开展工作，他们相互配合、合理分工，共同推进精准扶贫工作。

第三节　关系嵌入与资本重组

一、关系嵌入的社会资本属性

（一）关系嵌入性

总体来说，经济社会学中的关系嵌入是探讨社会网络结构中行动者之间以直接联结为纽带形成的二元关系问题。格兰诺维特早在 1973 年《弱连带的优势》一文中就对关系嵌入进行了相关论述。在此后的研究中，格兰诺维特进一步论述了关系结构的基本特征和作用问题。他在分析关系嵌入时认为，人与人之间连带的强度关系大多数是以互动频率、亲密程度（相互倾诉的内容）、认识关系持续时间长短及互惠性服务的内容等来衡量，并由此形成强连带、弱连带、无连带。弱连带在关系中有其优势，因为行动者往往通过弱连带可以达到更多人的接触。他还指出，每个人都喜欢和信誉良好的人打交道，具体的人际关系以及关系结构能够产生信任，防止欺诈，而普遍的道德以及制度设计并不总是能够获得满意的防弊功能。乌兹等认为，关系嵌入还包括信任、优质信息共享、共同解决问题的机制，通过这三个方面的作用能够使行动者获得诸如降低交易成本、获取稀缺资源、降低环境不确定性和促进组织学习等收益，进而提高经济绩效。与之相似，古拉蒂（Gulati）和赛奇（Sytch）认为，关系嵌入包括共同行动、信任、信息交换范围与质量三个基本要素。安德森（Andersson）、福斯格伦（Forsgren）、霍尔姆（Holm）等聚焦于企业内部的运营和价值链，提出把嵌入性分为业务嵌入性与技术嵌入性，这两种嵌入性实质上是关系嵌入的另外一种表达。因为业务嵌入性反映了企业与外部上游的原材料供应商和产品销售下游的顾客以及其他关联商户之间关系的亲密程度，这些关系与企业的业务行为和业务绩效息息相关。技术嵌入性则反映了业务合作在企业通过外部联结来吸收新技术方面的价值，这关系到企业能否从企业网络中获取和利用新的技术，因此技术嵌入也体现了基于组织关系的交往与建立。

从嵌入性理论元理论角度来说，关系嵌入在经济社会学中更多是分析企业行为中发生的各种"经济性关系"，但这种关系背后隐含的是社会网络中基于人际关系的各种信任、规范与交换等社会资本形式和属性。如上述所言，关系嵌入与结构嵌入是一个问题的两个方面，都是探讨社会结构网络中的关系问题，而基于社会关系的各种行动者个体、组织及其构建的网络和在此基础上形成的各种规范及道德价值等形式是社会资本的构成内容。因此，关系嵌入实质上就是社会网络结构中的行动者以不同的行动方式，不断推动社会资本融入经济社会生活，实现经济社会发展目标的过程。

（二）社会资本内涵

社会资本既是经济学概念，也是政治学、社会学概念。经济学家约瑟夫·斯蒂格利茨（Joseph Stiglitz）认为，从发展理论研究范式来看，社会资本理论是继第一次"实物资本理论"和第二次"人力资本理论"后的第三次范式革命，它研究关注的是社会资本带来的政治经济效应。因此从这个意义上而言，社会资本是相对于经济资本和人力资本的一种资本。从社会资本理论研究的文献可知，不同研究者对于社会资本的理解既有不同，也有相近或相似之处（见表5-8）。哈尼范（Hanifan）是提出社会资本概念的早期学者，但对社会资本内涵作明确界定的则是法国思想家皮埃尔·布尔迪厄。布尔迪厄认为："社会资本是一种实际或者潜在的资源积累，这些资源与持久性的网络占有状态有关，而这个网络或多或少是彼此熟悉和赏识的制度化关系；或者说，这些资源与群体成员资格有关，该资格为每一个成员提供集体共有资本支撑，以及一个他们彼此信任的凭据。"由布尔迪厄的论述可知，他认为社会资本与一定的社会网络资源有关，是制度化关系组成的网络所拥有的资源表现，或者说社会资本就是社会网络中社会主体存在的一种资本体现。詹姆斯·科尔曼从功能角度出发，把社会资本与集体行动结合起来，在肯定布尔迪厄的社会资本论述的基础上指出，社会资本不是社会结构中的单一实体，而是包含了多种不同的实体，它们都包含社会结构的某些方面，而且有利于处于某一结构的行动者——无论是个人还是集体行动者——的行动，它可以为行为者所用以实现自身价值。①

表 5-8　对社会资本的主要解释

核心内涵	主要代表
网络性资源、信任	布尔迪厄（Pierre Bourdieu）
可以为不同实体在社会结构行动中实现自身价值	科尔曼（James Coleman）
社会网络关系基础上的网络、信任、规范	帕特南（Robert D.Putnam）
社会结构中的可供有目的的行动摄取和动员的各种资源	林南（Nan Lin）
包括"客观社会联系"或者社会网络和"主观纽带"或者规范	帕克斯顿（Pamela Paxton）

　　在政治学领域，学界公认研究社会资本最具影响力的是罗伯特·D.帕特南。他在研究意大利和美国社区治理后分别撰写了《使民主运转起来》和《独自打保龄球》两部专著。在这两部书中，帕特南认为，"社会组织生活的活力"是社会资本的一个重要组成部分，拥有较少社会组织数量以及参与和信任的社会资本往往是政府治理不太成功的地方。社会资本既是个人之间的一种社会网络联系，也是在此基础上产生的互惠互利和彼此信任的规范，它能使参与者共同行动，并且更加有效达到集体目标。简言之，社会资本就是社会组织所包含的或者具有的诸如网络、规范、信任等特征，这些特征可以促进对社会行动的协调，从而提高社会活动的效率。帕特南的社会资本理论结合社会网络结构关系提出了社会资本的具体含义及特征，也分析了社会资本给社会或者社区带来的整体性利好功能。林南是社会资本研究的另一重要学者，他将社会资本界定为嵌入于社会结构中的，并且是可供有目的的行动摄取和动员的各种资源。依此界定而言，社会资本是与一定的社会结构关系密切关联的，并且是一种可以提供有目的性行动取向的资源。还有的学者从类别和形态对社会资本做了细致化解释。帕梅拉·帕克斯顿认为，社会资本包括两个维度：一是那些正式和非正式社会组织在个体意愿与平等基础上形成、运转的"客观社会联系"或者社会网络；二是社会个体之

---

① 　James Coleman.Foundations of Social Theory［M］.Belknap Press of Harvard University Press，1990.

间的信任互惠互利形成的"主观纽带"或者规范。在此基础上，帕克斯顿、克里希奈（Krishna）及帕特南都认为社会资本存在两种基本形态，即跨越型社会资本（Bridging Social Capital）和紧密型社会资本（Bonding Social Capital），或者说是现代型社会资本（Modern Social Capital）和传统型社会资本（Traditional Social Capital）。在他们看来，跨越型社会资本是诸如松散的朋友和同事等不同社会群体成员间的社会交往网络和纽带，其范例包括民权运动、青年服务组织以及基督教等宗教组织。紧密型社会资本是指那些有着类似境遇的人们之间的社会交往网络纽带，或者是直系亲属、心腹之交和左邻右舍之间的纽带，其范例包括家庭和朋友之间的亲密纽带。

（三）关系嵌入中的社会资本

西方社会资本理论一方面为解释社会主体的社会特征以及社会构成因素提供了新的视角，丰富了对社会的理解，另一方面也从社会资本的功能角度解释了其给社会经济发展、政府绩效以及民主治理等带来的正负效应。

正是由于社会资本理论具有强大的解释力，中国学者在引入西方社会资本理论过程中从社会学、政治学、经济学等不同领域对中国场景下的社会资本进行了大量理论和实证研究。尽管多数学者认为"关系"与社会资本不完全是同一概念，也不是同义语，但两者在核心内涵指向上有内在关联。边燕杰认为，社会资本是一种社会网络关系，也是约束和规范个人行为的社会网络结构，还是一种可供其成员个体动员和使用的社会网络中的嵌入性资源，而且在城市居民中，社会资本的人际差异相当明显，这种差异主要来源于阶级阶层和职业所赋予的社会关联度。[①] 赵延东、罗家德认为，社会资本可以从个体（微观）和集体（宏观）两个层面来定义：个体社会资本是个体的社会资本或私人物品，包括个人社会网络及其在社会网络中可摄取的嵌入性的资源，是个人拥有的社会资本资源和个人行动中实际动员和使用的社会资本资源；集体社会资本则是一个社会或者社区内部的社会资源或公共产品，包括群体内部的社会交往与互信，以及促成集体行动并

---

① 边燕杰.城市居民社会资本的来源及作用：网络观点与调查发现［J］.中国社会科学,2004（3）.

创造资源的组织结构方式。这一层次的社会资本可以用社会信任、社会参与、社会交往和规范等指标来测量。^①此外，陈捷、卢春龙从社会信任和社会网络两个维度区分了共通性社会资本和特定性社会资本，认为共通性社会资本与跨越型社会资本相似，包括客观维度上的开放性社会网络和主观维度上的包括人们之间"无区别的"、包容性的社会信任以及互惠互利的道德规范；特定性社会资本与紧密型社会资本相似，包括客观维度上一些排他性的社会网络和主观维度上那些"区别性的"、局限性的人际信任；共通性和特定性社会资本对社区居委会的治理分别产生显著积极性和负面性作用。^②胡荣从居民的社会交往、居民的社会信任和居民参与各种社团几个社会资本的角度，考察分析了社会资本和其他因素对城市居民政治参与的影响。他认为社会网络存在着学缘、业缘和趣缘社团等多种形态，这些不同形态的社会网络对个体所能够使用的社会资本产生重要影响。^③

由上述可知，中国学者在西方社会资本理论基础上对社会资本中的关系、信任、规范等核心内涵进行了拓展性研究，他们把社会资本看作是一种社会网络关系、结构和资源，具有个体和集体行动特征属性。基于人际关系互动的信任、规范及网络依然是社会资本的基本内容，社会资本的不同构成因素对于基层治理的效应表现不同。

二、农村基层治理中的社会资本

近年来，越来越多的学者开始关注农村社会资本的构成及其对农村基层治理和乡村建设的作用问题。多数学者以社会资本为研究视角或者理论基础，探讨了中国乡村社会的社会资本构成及现状，通过实证研究分析检验乡村社会资本的影

---

① 赵延东，罗家德．如何测量社会资本：一个经验研究综述［J］．国外社会科学，2005（2）．

② 陈捷，卢春龙．共通性社会资本与特定性社会资本——社会资本与中国的城市基层治理［J］．社会学研究，2009（6）．

③ 胡荣．社会资本与城市居民的政治参与［J］．社会学研究，2008（5）．

响，并在此基础上提出乡村社会资本转型或重构的建设路径。^①从社会资本中的社会关系角度来说，当前中国农村处在传统的社会关系正在解体，现代社会关系尚未建立的阶段，这是导致当前农村社会危机和村庄失序的重要原因。在这一阶段，我国乡村传统社会资本正逐步瓦解，新型乡村社会资本还未建立，乡村社会资本经历着传统与现代之间的一种结构性断裂的危机。农村公共服务供给和公共物品生产方面的资本严重不足，这已是农村经济社会发展中面临的不争事实。农村公共空间萎缩，农村社区记忆缺失和社区认同消解以及农村公共舆论、公共精神、公共人物的缺失是农村社会资本缺失的基本现状。一方面，社会资本中包括传统道德文化下的忠恕仁义、社会信任等乡村社会规范及社会拓展的乡村网络是提高村民集体行动的关键，在中国现代社会农村建设中构建农村社会资本是推动农村建设和农村全面发展的重要路径；另一方面，传统农村社会中的关系网络有着巨大的文化惯性，影响着现代型社会资本的建立，传统农村社会网络的闭合性使得乡村合作行为和合作组织的规模难以扩大。为此，需要不断提升农村社会资本以促进新农村建设，破解乡村社会资本缺失制约新农村建设的障碍。^②要通过社会资本的重组来实现农村公共设施等公共服务和公共产品的丰富，形成包括居民互助、信任、参与等良好的社会关系网络。

脱贫攻坚既是新农村建设的延续，也是新的发展时代农村贫困治理和农村经济社会发展的全面推进。面对精准扶贫的艰巨任务，除了需要国家从宏观和顶层方面设计和推动外，还需要充分调动和培育农村各种社会资本，从而有效推动包括贫困治理在内的农村基层治理。农村社会资本是一个综合性的概念，除了具有社会资本的一般特点外，还具有其特殊性。根据上述对社会资本的一般理解，农村社会资本是农村社会中各种个体、组织基于各种人际和社会关系形成的信任、规范以及各种网络结构。农村社会关系网络蕴藏着大量的社会资本，并会以不同的形式加以表达和实现。在传统"熟人社会"的中国农村地区，村民以村庄作为

---

① 黄晓晔，刘心怡.乡村建设中的社会资本问题：概念辨析及其实际运作［J］.江苏社会科学，2018（1）.

② 吴光芸.社会主义新农村建设：将社会资本纳入分析视角［J］.现代经济探讨，2007（2）.

居住集聚地，这种乡土社会的特征形塑了人们的交往模式和交往偏好。人们习惯于以宗族关系、亲属关系和老乡关系作为农村社会关系交往的基础。尽管在 21 世纪初出现了村庄"空巢化"和农民生活城镇化加剧的趋势，但在现代农村社会转型中，村庄内或者集体组织内的居民仍然是构成社会关系网络中的社会资本的基本要素。这种嵌构在个人或者组织关系网络并借此获取或衍生的各种显性或隐形资源总和的社会资本对精准扶贫和农村基层治理作用重大，效应明显。因为社会资本与其他资本形式一样，也是"生产性"的。因此，如何发掘、培育、增强社会资本助力脱贫攻坚，助推基层治理则是农村经济社会发展的必然要求。

三、第一书记关系嵌入对于社会资本形成的重要性

第一书记关系嵌入是第一书记参与农村基层治理过程中嵌入性的另一机制，主要表现为第一书记通过运用其个人的社会交往和工作网络，促进精准扶贫过程中农村经济社会发展所需的各种社会与经济关系的形成。具体而言，第一书记在结构嵌入的基础上，利用其拥有的社会结构网络，衔接好精准扶贫各项工作，为村庄的脱贫攻坚和长久治理规划、争取和使用好各项政府扶贫资金项目、社会援助资金项目等经济资本，为农村基层治理注入和孵化各种缺失的人力资本、社会资本。农村社会资本是农村经济社会发展中以一种非正式制度形式存在的无形资本，是脱贫攻坚和农村基层治理中不可或缺的重要资本形态。第一书记是农村基层治理的重要参与者，其关系嵌入体现在重组农村社会发展资本的中介位置，发挥着社会资本重组的桥梁作用。第一书记的实践业已成为社会资本融入村庄"精准扶贫"的重要通道。第一书记可以通过本身具有的性别、年龄、身份、职业、受教育程度等个体特征为农村带来不同类型的社会资本，也可以将自身生活、工作中形成的地缘、亲缘、业源等生活和工作关系网络带入到其所驻村，为精准扶贫和农村治理助力。①

---

① 刘湖北，闵炜琪，陈靓."第一书记"社会资本与扶贫工作绩效的关系研究 ［J］.江西社会科学，2019（9）.

如上所述，第一书记的结构嵌入重构了基层治理结构网络，在此基础上，第一书记还会通过其工作关系和人际关系基础上的关系嵌入，与村"两委"组织、村民、村庄以及其他社会个体和组织形成全新的农村基层治理社会关系网络，重组和形成各种农村基层治理当中必要的社会规范和社会信任等社会资本，从而实现精准扶贫的目标和基层治理的有效。一方面，第一书记的关系嵌入可以通过与村干部、村民以及县、乡镇相关部门单位人员建立起来的信任和规范，促使国家精准扶贫政策能够由上而下直接到达村庄和村民，减少或抑制国家和农村社会之间各方的机会主义行为，提高国家精准扶贫的经济社会效率。正如斯蒂芬·南克（Stephen Knack）和菲利普·基弗（Philip Keefer）所言，在高信任度的社会里，人们对他人可能采取的行为带有一种信任式的期待，且协议的执行多依赖于非正式规则而不是正式规章，通过这种方式社会资本就能够有效降低交易成本并提高经济效益。另一方面，在第一书记重组增加的农村社会资本还可以很好地化解农村"集体行动的困境"[①]。村庄是村民"一定区域"、"社会记忆"和"共同记忆"的生活场所。当人们在那里生活了多年以后，会形成许多共同的互惠规范和模式特征的社会资本，利用这一资本，他们能够建立起制度以解决公共资源使用中出现的困境。[②] 在第一书记关系嵌入的过程中，村民之间建立起来的村规民约等互惠性规范与社会信任感能够改变村民对他人行为的期望，增强村民之间、村民与村干部之间的群体认同感与互惠互利感，激发出村民的公共精神和公共责任，从而有助于农村各项基础设施建设公共产品的生产与供给。

四、第一书记关系嵌入中的社会资本重组方式

农村社会资本的效应范围是农村地区，资本的主体范畴主要是农村地区中

---

① 经济学家很早就认识到"集体行动的困境"，并视其为影响经济增长的障碍之一。参见：［美］曼瑟·奥尔森.集体行动的逻辑：公共物品与集团理论［M］.陈郁，郭宇峰，李崇新，译.上海：格致出版社，2014.

② ［美］罗伯特·D.帕特南.使民主运转起来：现代意大利的公民传统［M］.王列，赖海榕，译.北京：中国人民大学出版社，2015.

的个体和组织。从社会交往关系层面而言，农村社会资本存在于村民之间基于血缘、地缘、业缘等形成的"人际关系"，这些关系可以被激活和动员起来。从结构层次而言，农村社会资本包括农村结构化关系网络以及结构化关系网络基础上形成的各种信任、基于互惠预期和影响人们行为的规范。这些社会资本往往与农村本身的文化制度环境密切相关。

在脱贫攻坚时期，就农村社会基层治理的特殊情况而言，农村社会资本主要包括三个方面，它们相互区别，但又相互关联。一是农村精准扶贫所需公众参与的社会关系网络，这是农村经济社会发展中结构关系网络和公众参与的社会资本；二是农村社会关系发展中形成的包括公共价值在内的有利于农村主体行为的各种道德和价值规范；三是农村基层治理的社会信任，这是从农村主体之间的社会心理层面而言的社会资本。社会关系网络是客观维度上形成的社会网络和组织，不同经济、政治和社会背景的人会在网络基础上联系在一起。社会关系网络是社会信任和道德规范产生的前提，社会信任和基于互惠互利的道德规范是主观维度的社会资本，在一定程度上，它不以彼此认识或者相同社会背景为基础。

第一书记在参与以精准扶贫为主的农村基层治理的过程中，通过其关系嵌入能够有力推动农村社会资本重组和培育，发展和形成更多的社会关系网络、社会信任与价值规范，并在个体自愿基础上把大家调动和凝聚起来，增强农村的"群体集体行动意识"，带动贫困户、贫困村有效脱贫，解决农村基层治理的各种问题。

（一）开辟治理贫困的社会关系网络

在精准扶贫的过程中，贫困的发生可能是因病、因灾、因学、因残、因地等。这些原因固然有"自然性"的不可抗拒性，但背后都包含了"社会性"的且可以通过社会性的帮扶方式加以克服和解决的因素。从社会资本角度而言，一些贫困村、贫困户贫困发生的原因与其所处的社会关系网络的封闭和缺乏密不可分。社会关系网络不仅是维系和稳定村民交往关系存续的传统纽带，更是农村社会与国家、农村地区与城镇地区资源交换、优势互补的重要基础和桥梁。精准扶贫前的农村社会转型中，农业人口大量流出的"空心化"、"空巢化"导致了农村整体性"衰败",以血缘、地缘为基础的农村社会关系日趋封闭,农村形成了一定程度上的社会关系网络孤岛,社会资本存量变少且其作用发挥有限。这些都深层次影响了农民对于农村公共事务和公共产品生产的关注与关心,农村集体行动陷入困境。

第一书记选派驻村参与贫困治理开辟了农村社会关系网络的社会资本新渠道,推进了贫困村的经济社会发展的资本应用,也推动了包括贫困户在内的所有村民参与到脱贫和发展中去。其主要路径包括以下两个方面:一是人力资本、经济资本的"社会化",即人力资本、经济资本向社会资本转化。换言之,在第一书记的积极参与和关系嵌入下,以第一书记为主的驻村工作队"外部性"人力资本、农村原有的内部性人力资本以及精准扶贫过程中动员和投入的各项经济资本都成为农村社会网络关系的一部分,成为农村脱贫攻坚社会关系网络资本。二是村民参与"密切化"。村民参与是社会资本形成的另一条件,没有村民的充分参与和经济社会关系的交流,社会资本就很难形成,精准扶贫任务也就很难顺利完成。第一书记在开辟社会关系网络中抓住农村和贫困户的脱贫现状和意愿,以发展为指引推动村民和社会组织的发展联系。

在精准扶贫的目标导向和任务驱动下,第一书记依托选派单位资源、社会背景以及单位的支持力度等"后盾"关系,发挥其自身的工作经验、知识能力、社会交往等"人脉"关系,在推进所驻村的脱贫攻坚战中穷尽其所能和所用的各种资源和关系,打破村庄原有的封闭有限的社会关系网络,扩大和促进村民的积极参与。公众参与网络是解决参与者集体行动困境,实现个人利益与公共利益整合的重要方式。一方面,第一书记积极落实推进国家精准扶贫政策,联通国家与农村在资金、资源、资本上充分使用的网络;另一方面,第一书记利用其单位组织关系、个人同学关系、亲友关系、家庭关系等社会网络,为贫困村的基础设施建设、产业发展方向、务工就业渠道的开辟等出谋划策,建立起新的村庄社会关系网络,开拓村庄的对外经济社会交往关系。

B村地处J省远离城镇、交通不便的偏远山区,由6个村民小组分散组成,村级组织工作场所位于人口相对集中的一个村小组路口。B村是有2000多贫困人口的典型深度贫困村，2015 年在精准识别后贫困发生率达到 18.9%。B 村曾以售卖原木作为主要生活来源，村民生活还比较富足，但在进入新世纪以来的发展过程中落伍了，村庄人口大量外流，空心率达到 76%，人均 0.6 亩的山区农田逐渐被荒废。原本"熟人社会"的村庄留守的大多数是六七十岁的老人，他们过着简单的生活，基本丧失了劳动能力，其基本生活来源主要是外出务工子女每年1000 至 2000 元不等的赡养费和国家补贴的农村养老费。村庄经济社会发展动力严重不足，村庄社会交往的关系网络稀少。2015 年选派于省农业厅的第一书记郑 × × 进驻后，在充分调研的基础上，B 村确定了以"棚下经济"为主的发展思路。为了解决交通问题，在第一书记的协调和选派单位的大力支持下，B 村争取到项目资金 300 万元，先后修通了进村的 10 公里村道，硬化了每个村小组的入户道路，修缮了村"两委"办公场地和村民平常相对集中的打谷场，改建了包括广播电视、通信、互联网三网在内的村庄通信设施。基础设施的改善和村庄生活公共空间的拓展为村庄"人气"的聚集和对外信息交流提供了场所场地，也为村庄社会关系网络的社会资本形成奠定了基础。2016 年，为了从根本上改变贫穷落后的状况，郑书记在其创业成功的黄同学指导和帮助下，根据村庄特殊的山区气候条件，利用其单位技术资源，说服了村主任和 6 户在家且有一定劳动力的贫困户发展蘑菇种植，在基于共同的发展目标和利益导向下，初步形成了"合作社 + 农户"的简单发展模式。经过一年的种植，贫困户人均增收近 1600 元。种植效应带动了贫困户的积极性和参与生产的主动性，也激活了在外务工村民回乡创业的愿望。经过两年的成功探索，参与种植蘑菇的农户逐渐增多。2018 年，经过摸底调查，郑书记发现有多达 30 户的村民愿意发展蘑菇种植。为了更好地推动蘑菇种植，郑书记积极动员其同学来村带动蘑菇种植产业发展，并鼓励村民把闲置的农田以每年每亩 260 元的价格流转出来，发展了拥有 15 亩的大棚种植基地，形成了更加体系化的"公司 + 合作社 + 农户"的种植模式。这一模式推动了农村经济组织的建立，不仅扩大了包括贫困户在内的农户的经济发展联系和社会交往空间，还增强了村庄与外部社会的关系，一定程度上恢复了农村社会传统交往的"关系"。"那些在一个社会中通过创造维护社会关系和社会组织模式来增强经济发展潜力的因素"的社会资本形成改善了贫困户乃至所有农户的社会生存状态，也提高了他们的群体经济社会福利，为村庄脱贫、贫困户脱贫奠定了坚实的社会资本基础。

（二）培育农村社会信任

从心理学上而言，社会信任是人与人、人与组织之间在社会交往关系行为中形成的一种人格特征和人际现象，也是在个人价值观、心情与情绪、个人社会交往经验等综合作用基础上形成并做出选择行为的心理活动的产物。在现代社会活动行为中，一切组织行为与社会生活更加需要成员间的沟通与协作，而人际良好的沟通与协作又必须以内在信任为基础。[①] 因为信任是一种社会关系结构的表现，信任日益成为人们推崇和关注的社会资本。这种基于心理认知产生的主观性社会信任是一种跨越型社会资本，它也是密切人际交往的黏合剂和减少欺诈行为的识别剂，有助于减少社会交往的复杂性，降低交易风险，提升相互合作和共同发展的机会。

总体来说，农村社会信任主要包括村民之间和村民与基层组织之间的信任。在脱贫攻坚与农村基层治理中，社会信任资本成为精准扶贫顺利达成目标的基础性资本，在构建村庄经济社会发展共同体中起着情感联结的作用。通过互信建立起来的社会信任能够促进村民之间的合作与互助，提升村民的向心力和凝聚力，也可以消除精准扶贫过程中各参与主体由于信息不对称和过往经验经历带来的不信任。伴随农村"熟人社会"社会关系网络的消减和市场经济理念与机制在农村的深度介入，村庄内部的原始性的同质性因素逐渐稀少，村民之间的交往机会和场域变得越来越少，行为更多以利益原则代替了传统人情社会中的互助关系，以此带来了农村社区记忆的淡薄和社区归属感、认同感的减弱，社会信任度变得也越来越低。村民在封闭性网络社会结构中对于外部性力量的参与普遍会产生排斥感和距离感，会采取不信任的方式加以对待。另外，村级基层组织在很长一段时间内的"悬浮"、功能停摆进一步削弱了农村社会信任，而长期以来的"漫灌"

---

① 赵立新. 从社会资本视角看当今农村社会信任［J］. 重庆社会科学，2005（2）.

式农村扶贫模式并没有从根本上解决农村的绝对贫困问题，贫困户和非贫困户对基层组织、基层政府乃至国家政策都产生了相当的不信任。这种农村社会信任资本的"洼地"限制了个人和村庄的发展，成为制约农村事业发展和精准扶贫的障碍。

第一书记的关系嵌入为农村社会信任的培育提供了契机和途径。第一书记全程参与精准识别、精准帮扶、为民办事等具体过程，带动了贫困户脱贫的行动自觉，强化了社会公平，增强了村民之间的互信和村民对基层组织的信任。

首先，精准识别贫困户是增强社会信任的起点。在国家推进精准扶贫政策之初，由于政策的不完善、不具体，基层政策执行者特别是农村基层组织干部对政策理解不充分，他们还习惯于之前的扶贫开发模式。部分地区的农村基层干部在精准识别贫困户中犯了随意性、主观性错误，把大量不是真正贫困户的识别成了贫困户，把一些"关系户"识别成了贫困户，也把一些不该享受低保政策的户（人）识别为低保户（人），出现了"关系保"、"人情保"等有违精准扶贫政策的做法。这进一步减损了原本就很低的农村社会信任，引发了村民之间的信任冲突和矛盾，导致了村民对基层组织、基层政府在执行国家政策上的怀疑。2015年后第一书记全面派驻，这些识别不精准的地方以国家明确的政策规定为依据，在第一书记的指导和监督下进行了彻底纠偏，建立起了贫困户识别和后期退出的路线图与机制，并把它作为精准扶贫过程中的基本遵循，夯实了精准扶贫中贫困户精准识别的第一步，为后续帮扶政策的跟进和实施打下了基础，也提升了社会信任。村民在精准识别的过程中看到了第一书记嵌入给农村治理和农村政策实施带来的成效。

其次，切实精准帮扶是社会信任建立的基础。在精准扶贫中，第一书记一方面要在精准识别的基础上，根据贫困户、贫困村的特定贫困原因，因人因村把党和国家的惠民富民政策精准落实到位，另一方面还要在落实政策中以切实行动和真切感情投入到与贫困户和村民的交流和交往中，与农民做朋友，与农户处好关系，增强农户脱贫的信心和决心，提高农民之间的信任以及农民对基层组织、政府的信任。从关系嵌入角度而言，第一书记与农民建立起了"强关系"，其在农村帮扶工作的时间长度和与农户交往频率是农民对第一书记信任以及在此基础上形成的普遍社会信任的基本条件。国家规定第一书记派驻时间为2—3年，要求每周"5天4夜"的工作制，这为第一书记在村庄内与农民充分交往、充分了解，建立深厚的感情关系提供了基本条件。在调研中笔者发现，除了少数因"召回"、"病回"外，大部分第一书记在精准扶贫工作中接续两个或者三个驻村期，在农村工作时间长达4年以上的不在少数，且每周工作时间实际上都是全周工作制，一个月都很少回家，派驻村成为第一书记工作和生活的"第二个家"。为了做好贫困户和村庄的帮扶工作，第一书记在工作中会不间断地去"上户"访贫，其频次和频率远远超过既定的要求。通过及时了解农户情况和信息交流，第一书记与农民建立起了亲密关系，也密切了农民与党和国家的关系。在第一书记带领村民和基层组织一起落实国家向农村提供的公共服务和公共产品的过程中，村民逐渐形成并加深了积极参与脱贫和公共事业"共同行动"的意识自觉，也建立起了人与人之间更加紧密的互动信任关系。

最后，为民办事强化了社会信任。为民办事是脱贫攻坚时期第一书记四项职责任务之一，主要体现在精准扶贫过程中第一书记带领村级组织开展为民服务全程代理、民事村办等工作上。从党和人民群众的关系而言，为民办事密切党群关系既是党全心全意为人民服务宗旨的必然要求，也是进一步增强农村社会信任资本的具体举措。第一书记是党和国家在脱贫攻坚时期选派到村为民办事、为民服务的具体参与者和带领者，也是联系党和国家与农村关系的直接嵌入主体。在具体工作中，第一书记结合农村脱贫和农民需要，细心、耐心地做好农村服务工作。一方面，以农村便民服务中心为主要载体和平台，第一书记组织带领村级组织衔接做好农村救济救助、支农惠农资金补贴、残疾申领、养老补贴、人口登记等经常性的服务工作，把"民事村办"、"服务在村"办好；另一方面，第一书记在日常走访中及时了解特殊困难群体的需要，从细微处为他们提供帮助。比如，为贫困户提供小额信贷的申请与办理，为行动不便的老人购买药品和生活用品等，把党和国家的服务"送上门"、关心"入到户"。

（三）重塑农村社会价值规范

社会价值规范存在于一定的社会群体组织结构关系中，约束着社会成员的行为与行动。作为一种社会资本形式，它是规范人与人之间社会交往和相处，并具有一定互惠性的美德和精神。这种个体联结的纽带既非理性契约，也非国家强力，更不是自由竞争，而是社会成员共同的道德规范和价值观念，即"集体意识"。这种集体意识的社会资本具有增强社会认同、提升社会互信、提高集体行动效率的作用。[①] 农村社会价值规范是基于村民互惠性基础上形成的，有积极的一面，也有消极的一面，主要包括人情世故中形成的交往原则、道德习俗、宗族礼仪等，它通常会以比较正式的村规民约或非正式的约定俗成"习惯"予以呈现。其中包括的互助合作、真诚善待、诚信宽容的公共精神也是当前农村基层治理现代化建设中"德治"建设的重要内容。现代农村社会的转型虽然冲击了传统农村社会价值规范，但也为新时期农村社会价值规范的社会资本重塑提供了契机。

如上所述，脱贫攻坚是推进新时期农村经济社会全面发展的国家发展战略，它要求的不仅是农村经济层面的脱贫，也是农村社会精神层面的脱贫。换言之，以精准扶贫为主要方略的脱贫攻坚实质上是农村物质文明、精神文明、政治文明、社会文明和生态文明五个文明共建的综合性战略工程。在第一书记关系嵌入的过程中，重塑农村社会价值规范社会资本的行动是精神文明、社会文明建设的主要体现。第一书记在精准扶贫中除了重视脱贫这一"硬任务"外，还非常重视农村社会价值规范这一"软任务"的重塑。第一书记带领基层组织干部和村民，深入挖掘乡村文化合理因素，结合社会主义核心价值观，通过村庄大舞台、村庄各种形式的会议会场、村庄议事微信交流群等平台和方式，宣传、传播和展现农村社会中出现的各种群体互惠、邻里互助、社会互动、文明共建的典型事迹，把农村社会价值规范重塑和农村社会生活紧密结合起来，极大提升了农村社会资本。

农村社会受传统文化影响深远，农村的习俗、观念等会深刻形塑基层干部、村民的行动方式，也会对第一书记关系嵌入产生"负能"效应和"反嵌"性制

---

① 胡中应.社会资本视角下的乡村振兴战略研究［J］.经济问题，2018（5）.

约。第一书记希望自己的行为或行动与当地的价值观念、工作理念趋于一致，但实际嵌入中往往会遇到"水土不服"和"强烈反弹"等问题。因此，第一书记关系嵌入还需要把精准扶贫政策的价值核心、行动要求和农村社会观念、村民朴素认知结合起来，把国家治理的长远治理追求与基层治理的基础功能结合起来。为此，第一书记关系嵌入要不断激活乡村社会文化的正能量，剔除和过滤掉那些与现代农村社会发展价值观相排斥的"负向"因子，发扬"亲邻互帮、敬老护幼"等村民相处的传统价值，重塑村规民约等"规矩"在村民议事和行为秩序中的作用，形成村庄新的公共文化精神。[①]

　　H 村是 J 省革命老区的贫困村，在县和乡镇的统一计划下，该村确定了在 2018 年整体出列。经过几年精准扶贫政策的推进，2017 年该村在危房改造、产业扶贫等方面取得了长足进展，基本解决了"两不愁三保障"的重大问题，农村面貌和贫困户状况有了根本改观。但与此同时，村庄也出现了少数贫困户"等靠要"、"不想脱贫"、"害怕脱贫"的现象，出现了少数非贫困户"事不关己"的利己问题。派驻该村的第一书记叶××在完成了第一个 3 年任期后选择继续担任第一书记，他较早关注到了这些问题，也意识到这些问题需要及时有效地与脱贫任务协同解决。在县、乡镇相关部门和领导的大力支持下，在借鉴相关地方做法的基础上，叶书记以该村的"红色资源"为元素，开展了重塑社会价值规范的"三种文化"系列活动。一是结合党和国家精准扶贫政策带来的看得见、摸得着的变化，以墙上挂标语、入户做宣传等方式开展了"听党话、感党恩"的"感恩"文化活动；二是结合本村脱贫经验，通过村庄交流座谈会和意见征求会等形式，开展了扶贫与"扶智、扶志"相结合的"奋斗"文化活动；三是针对村民日常中孝道建设和利己问题，开展了以"五好家庭"评选和"积分超市"建设为主的"道德"文化活动。活动的开展为农村互帮互助、共同前进、共同发展的集体意识和社会规范的树立起到了良好的导向作用。

---

① 张登国.第一书记"嵌入式"乡村治理的行动范式与优化策略［J］.山东社会科学,2020（11）.

本章小结

本章主要讨论第一书记嵌入的结构、关系嵌入机制及其功能。第一书记的行动从整体上体现和反映了嵌入性理论的结构与关系嵌入的特征，而且结构嵌入和关系嵌入在第一书记的行动中是相互联系而非单纯割裂，是相辅相成而非此消彼长的。结构嵌入为关系嵌入提供了总体结构和组织运行的基础，关系嵌入的实践效果则为结构嵌入的功能发挥提供了基本依赖。在参与基层治理实践中，第一书记是"行动者"，其行动受到贫困地区政治、经济、社会等综合性环境的制约和影响。在此动力系统运行过程中，第一书记行动的基本目标就是通过具有先进性、适合性治理能力的外部性力量将"结构性"和"关系性"嵌入到薄弱后进村庄，重构重建村庄社会网络结构，重组重整村庄发展的内外资源和社会资本，在基层治理上打破长期以来影响村庄"治理失灵"的困境，在贫困治理上实现扶贫开发由"输血"到"造血"的根本转变，并深刻改变基层治理的制度环境，推动基层治理体系和治理能力现代化建设的转型。

从嵌入机制的运行角度来说，第一书记结构嵌入与关系嵌入两个维度相互作用、相互影响，共同作用并推进农村基层治理结构、关系网络转变。结构嵌入系统性重构了农村基层治理网络，形成了以党和政府为主导、第一书记为接点、基层农村为承载、社会其他主体为补充的多元多维网络系统结构。关系嵌入主要表现为第一书记通过运用其个人的社会交往和工作关系，打破农村封闭社会关系网络、培育农村社会信任、构建社会价值规范以实现社会资本的重组。

第六章

第一书记嵌入的公共服务动机及实证分析

从社会行动理论而言，第一书记是社会行动的行动单元，第一书记的社会行动是在一定的情境情感、价值规范等驱动下的理性行为。在具体的嵌入运行机制中，第一书记的社会行动既是个体"客观"工具性的理性行动，又是个体"主观"动机性的社会行动。因此，第一书记嵌入机制形成中的社会行动本身就具有动机的内在性。这种动机性是与第一书记具体的公共角色相关联的，因此更多表现在公共服务动机层面。

从狭义角度而言，公共角色是掌握和行使国家权力的公共组织中承担公共职能、履行公共职责的个体。第一书记参与以贫困治理为主的基层治理过程，是政治嵌入、组织嵌入、结构嵌入、关系嵌入等多重嵌入性的综合行为表现。无论是从选派驻村的任务职责规定，还是从具体功能作用的发挥来看，第一书记都体现了公共组织实现农村特定时期特定目标的公共角色定位。第一书记参与公共管理活动的行为，并不是"制度强制"约束下的组织职责使然，更多是其公共精神、公共价值等公共服务动机的行为表现，第一书记公共角色社会行动背后隐藏着丰富的公共服务动机。探究第一书记公共角色定位及其角色背后的公共服务动机对于深入理解第一书记的"嵌入性"具有重要的价值和意义。

第一节 第一书记社会行动的公共角色赋予

从第一书记嵌入性所展现的职责和功能而言，第一书记既是精准扶贫过程中公共政策的宣传者，又是公共产品、公共服务的落实者，还是农村经济社会发展的引路人、基层组织建设的引领者和农民群众的当家人。

一、代理角色的发生

20 世纪 30 年代，美国经济学家伯利（Burley）、米恩斯（Means）等提出了委托代理理论，主张企业的所有者与经营者分离，即所有者保留企业的产权归属，经营权让渡于其他主体。20 世纪 60 年代以来，经济学家从组织信息不对称和激励等角度进一步讨论了委托代理的发生机制，丰富了委托代理理论。从理论发展的渊源来说，委托代理理论是制度经济学契约理论的重要内容，是现代企业制度在发展实践中形成的一种产权关系理论，成为现代公司治理的基本逻辑起点。在组织运行中，委托代理关系是为了解决信息不对称和激励约束问题带来的组织损害和组织障碍，基于契约基础上形成的委托和代理是一种权力关系、责任关系和利益关系。实际上，委托代理关系发生于各种组织之间、各种行为主体之间。随着组织社会理论和实践的不断发展，委托代理理论发展为在政治学、公共管理学等学科广泛应用于解释和分析各种组织关系、各种行为主体之间关系的一种基础理论。从民主政治理论而言，委托代理理论是解释权力来源与权力行使关系的一把基本钥匙，在此基础上，委托代理理论具体延伸到用来解释包括政府在内的各种政治组织、主体之间授权者（委托者）与被授权者（代理者）的责、权、利关系问题。

按照科尔曼的社会组织理论，任何一个组织中的个体既是一个个人背景下具有"个人人格"的"自然行动者"，也是组织背景下赋予"组织人格"的"法人行为者的代理人"。组织为了生存和发展会以法人行动者身份去构建和利用社会网络，寻求组织发展空间和发展目标，同时也会通过组织成员的结构关系来为集体实现调动使用社会网络资源的目的。组织作为一个整体的法人行为者行动，除了运用组织整体行动机制外，还会通过组织动员、组织愿景的塑造，充分发挥作为组织代理人的自然行为者的作用。相应地，组织中具有自然与组织双重属性的成员也会愿意挖掘并使用其个人所掌握和拥有的、组织所赋予的社会网络结构资源。因此，组织背景下的个体嵌入行为是在一定社会结构背景下的行动，涉及自然人行为者"自然人格"和"组织人格"、"自然人目标"和"组织目标"的组织环境及组织制度。组织代理人会借助代理的优势，在所有权和管理权分离的情况下可以更好地实现效益，也可以更好地构建和利用社会网络，但是也往往会因为激励不相容和信息不对称等，自然人目标与组织目标不一致，甚至出现最终损害委托人利益的组织困境。

二、农村基层代理人的转换

农村社会的基层代理人是中国基层社会治理的重要传统。[①] 以费孝通"双轨政治"为代表的诸多理论对中国传统农村社会治理中的代理人进行了多方面的研究。近年来，在研究农村基层治理中，较多学者从农村基层组织的组织属性角度讨论了"委托代理"的相关议题。

中华人民共和国成立后，在经济上高度集中的计划经济体制和政治上国家对农村社会高度管制的模式下，我国农村基层治理经历了不同时期的治理模式，每一种模式都表现出了不同的特定内容。但总体上而言，农村基层治理呈现出了国家（政府）、政党不断加强对农村社会的控制和渗透的特点。在这一过程中，"正式的官僚制进入乡村"，执政的中国共产党通过"政党下乡、政权下乡和行政下乡"等形式，将党的组织与国家官僚组织扎根并组织为一个行政的、有组织的乡村社会，[②] 传统社会治理结构和社会权力关系也相应发生改变，以"士绅"为主体的乡村社会传统代理人的"保护型经纪"（国家非正式代理人）消失了。在党和国家加强农村社会管控过程中出现的以"人民公社"为主体的农村基层组织及村干部成为国家政权在农村实现管制的直接代理人，他们在国家治理中发挥了

---

① 王阳，曹锦清. 基层代理人与规模治理：基层政府的社会组织化逻辑——基于上海市的治理经验 [J]. 上海行政学院学报，2017（3）.

② 杜何琪. "代理人"的代理人：新乡贤的兴起、组织与功能——基于国家政权建设的视角 [J]. 复旦政治学评论，2020（1）.

动员社会、落实资源分配、汲取农村资源以及巩固政权的政治经济功能。与此同时，这种代理人管制职能高度强化的模式极大压缩了农村基层社会的自治空间，其消极影响的一面随着社会变革的推进日益显现。

改革开放后的相当长时期内，在"乡政村治"的治理模式下，农村基层治理机构和治理功能发生了根本改变，基层自治逐渐取代了之前的治理模式，代表基层治理主体的"两委"组织及村干部承担了新阶段国家政权委托下的"代理人"职责。尽管村民自治的基层治理体制开始在一些地方推行，市场机制也开始建立，但村干部仍然掌握了农村的关键权威，村民各项权利主要由村庄保护。陆续建立起来的农村基层自治组织——村委会依旧具有政府行政附属单位的属性。村干部通过农村社会的权威，以国家政权代理人的主体身份代替、协助政府完成包括收税在内的大量行政性公共事务，基层社会行政化成为当时的一种基本现象。

20世纪90年代以来，伴随着国家总体政治、经济体制改革的深入，特别是农村税费改革的深入，农民在市场经济体制不断建立健全的过程中拥有了越来越多获取资源的渠道和生存发展方式，农民不像之前那样依靠村组织。而村级组织与国家政权之间的关系也因税费改革和村民自治制度的完全建立出现了关系松散的现象，国家政权力量直接对农村社会的管理有所退出但并未完全退出，国家在贫困治理以及其他具体农村公益事业中仍有赖于村级组织和村干部，需要村级组织和村干部继续充当国家代理人的角色。村民通过基层民主选举形式产生的基层自治性组织（村委会）与党的基层组织中的村干部成为村庄的"代理人"与"当家人"①。代理人主要是受政府特别是乡镇政府委托代理行使部分政府职能，当家人主要是当好村民的家，实际上体现的也是一种代理关系，受村民的委托代管村庄具体事务。这一时期村干部的公共活动实际上兼具政府行政性与基层社会自治性，处在农村基层自治代理与乡村政权代理的尴尬境地。农村基层原有的依靠党

---

① 徐勇早在1997年就发表论文《村干部的双重角色：代理人与当家人》，论述了村干部在农村基层社会中的职能角色定位。

和国家强势管制的"旧式"代理人的权威逐渐式微乃至丧失，国家和村庄双重代理人角色逐渐模糊，代理人作用逐渐弱化淡化。一方面，村民会因为村干部履职自治性不足、行政性有余而对其产生不信任，同时社会主义市场经济体制改革给农民带来了走出村庄向外谋生发展"红利"空间，农民对于村庄的内向需求减少，依赖程度降低；另一方面，随着乡镇综合改革的深入，乡镇基层权力空间得以压缩，国家对农村强制性工作减少，对村干部工作依托性也降低。乡镇干部对村干部的指挥管理也会因为村干部由选举产生自治性增强而变得不好使，不好用过去习惯性的行政方式去要求村干部。这些代理人功能的变化导致国家在推进城乡公共服务均等化改革过程中，农村公共服务下乡政策很难落实，出现了"治理失效"的尖锐问题。

三、第一书记多重"代理"的公共角色

在经历了农村基层治理的资源支持和制度基础消减的治理无效无序之后，国家治理重心开始发生下沉与转移，以党建和贫困治理为主要任务的基层治理由此走向新的阶段。这为第一书记填补基层治理结构中旧代理人的作用提供了机会和可能。农村是基层治理的社会基础，也是基层民主自治的社会空间。第一书记的嵌入反映了精准扶贫时期农村基层社会政党与社会互动的新特点，第一书记参与基层治理的行动促使基层社会结构关系发生变化。根据选派制度的设计，第一书记是基层党组织的一种组织职务，也是具体派驻村庄基层组织的组织成员，具有组织背景下的"自然人"和"组织代理人"的双重属性。第一书记选派驻村制包含了复杂的组织环境因素，展现了第一书记行为背后的社会结构嵌入逻辑。在精准扶贫实践中，第一书记是农村基层治理的参与主体，被赋予了特殊使命，体现了组织运行中的特殊属性。从组织学角度来说，第一书记在嵌入过程中生成了多重"委托－代理"的组织结构关系，第一书记的代理属性既有与村干部共同代理的一面，也有其特殊性的一面。这种复杂的组织关系重构了农村基层治理的宏观和微观结构关系，形成了以委托代理为基础的公共角色。第一书记的嵌入过程至少包括 3 个层次的代理属性（见图 6-1）。

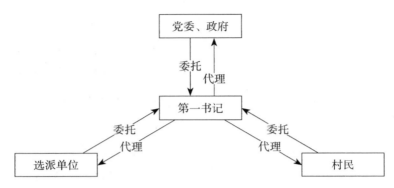

图 6-1　第一书记的多重代理属性

第一层次的代理是指第一书记成为"政府代理人"。[①] 具体而言，第一书记代表党和政府下沉到农村参与包括建强党的基层组织、推动精准扶贫等相关事务。从基本职责和工作内容来说，第一书记履职体现的是国家政治权力运行的一部分，其直接行使的权力来源于党的政治权力和政府行政权力在农村的延伸和嵌入。国家通过"嵌入"的方式将第一书记发展成为农村重要的基层治理主体，并通过其引领、带动、激活农村和全社会的发展力量，推进国家脱贫攻坚和乡村振兴战略实施。第一书记具有党和政府在农村基层社会委托的外部性组织力量的"代理者"特征，衔接着党和政府与社会不同主体的工作内容，承接的是党和政府的力量，承担的是党和政府的部分职责。从这个意义上而言，第一书记活动具有"国家性"、"政府性"、"政党性"特征，其中，党和政府是委托人，第一书记是脱贫攻坚时期的国家治理、地方治理的"新代理人"，是国家这台大机器运转中形成的社会结构的一部分。第一书记的这种代理性既有"抽象"又有"具象"属性特点。抽象代理表现为党和政府是一般意义上的委托者，并不是哪个具体组织或具体人，它是宏观层次、整体层面而言的代理，是抽象意义上的委托代理。具象代理是指第一书记有较明确的委托者，那就是其驻村所在县、乡镇的党委和

---

① 尹利民，况伟.代理人抑或当家人：第一书记的双重角色与融合——基于 G 镇的经验［J］.南昌大学学报（人文社会科学版），2018，49（2）.

政府。进一步而言，第一书记是在脱贫攻坚属地化责任的地方党委、政府领导下开展工作的，地方党委和政府将基层治理的权力委托给第一书记，由第一书记代理村庄的贫困治理。

第二层次的代理则是从村民与基层自治组织、党的基层组织与基层自治组织、第一书记与村民的关系而言的。从工作地域而言，第一书记以农村社会为主要工作环境和场所，以推动农村脱贫攻坚和乡村振兴为基本工作目标。第一书记是所驻村的中国共产党基层组织的一种职务称呼，是村级党组织中的负责人之一。第一书记的"第一"是针对其所属的组织，即其所驻村的农村党的基层组织中的"书记"而言的。党的基层组织是领导农村基层自治组织（村委会）和帮助支持村民实现自治的主体。而村委会又是村民通过选举产生的自治组织，从村民自治的组织逻辑来说，村民是实现村民自治权的委托者，村委会及其组成人员是代理者。但是从中国共产党的组织体系来说，党的农村基层组织是党在农村的战斗堡垒，是组织发动农村所有力量共同解决农村基层治理问题的主导者和领导者，因此从这个层面上而言，代表基层党组织的第一书记与村民、村庄的关系归根结底是代理与委托的关系。第一书记在工作中不仅要做好本职工作，还要广泛听取村民的意见和诉求，代表最广大村民的利益并实现其利益，当好"当家人"，代理好基层治理工作。第一书记这一层次的代理性是"具象"层面的代理，是具体所驻村、村民的代理者。

第三层次的代理也是具象代理，体现的是第一书记与其选派单位之间的代理性。选派单位是委托者，第一书记是选派单位的代理者，代表选派单位共同参与贫困治理。在脱贫攻坚和乡村振兴战略中，第一书记是特指从农村基层组织之外的不同层级、不同类型的党的基层组织中选择优秀党员干部，派驻到不同类别行政村的党组织担任第一书记的个体。这些第一书记个体数量巨大，其选派单位涵盖行业之多、涉及领域之广、跨度地域之大都是前所未有的，构成了一个庞大的扶贫群体，成为中国当前基层治理结构中发挥公共角色的特有主体之一。

第二节　第一书记公共角色的公共服务动机解构

一、第一书记行动与公共服务动机的内在一致

公共服务是一个概念、一种态度、一种责任感，甚至是一种公共道德感。而公共服务动机则是组织中的个体对于公共组织行为活动的动机做出的一种反应倾向。在佩里看来，理性动机、规范动机、情感动机是公共服务动机的三大理论基础。理性方面的公共服务动机主要包括被吸引到政策过程以满足个人需求的同时，也可以很好地服务于社会利益。规范方面的公共服务动机主要包括对公共利益、公民责任意识、公共价值和社会公平等方面的感知认同和满足愿望。情感方面的公共服务动机主要包括对政权价值和他人热爱的广义爱国主义情感激励。虽然这三个方面的动机基础各有所指，但对于具有公共角色的公职人员而言，公共服务动机通常与追求公共利益服务愿望、忠诚组织职责、认同社会公平等特定的规范取向联系更紧。

在社会行动理论看来，行动者都是在一定的情境中基于一定的行动目标、价值认知和情感感知而进行活动的。第一书记社会行动既受组织制度层面的行动目标驱使，也受个体行动对社会价值、公共利益追求等公共服务动机的驱动。第一书记嵌入农村基层治理是具有鲜明中国特色和底色的选派制度安排的结果，第一书记在脱贫攻坚和乡村振兴中扮演着重要角色，承担着重要任务，其行动展现了"中国经验"的实践价值，其行为体现了"公共服务动机"的心理驱动。在脱贫攻坚和乡村振兴中，全国共有几十万名第一书记被选派驻村，他们在全新的工作领域和工作环境中敢于作为、勇于奉献，承受着工作和精神方面的双重压力。这种中国实践经验的背后不能仅从制度安排的"客观性"方面去解读，还应该更多转向到从公共服务动机等"主观性"方面去理解。相应地，第一书记政治嵌入性、组织嵌入性、结构嵌入性、关系嵌入性与第一书记表现出来的政治认同、服务公共利益、社会信任与同情以及自我奉献、自我牺牲等都与公共服务动机中的"利他性"心理取向相关。

第一书记是在原单位就有一定工作经历的选派驻村工作人员。按照脱贫攻坚和乡村振兴选派工作制度的要求，担任第一书记工作时间一般为 2 至 3 年，在担任期满后可以再继续担任或者回原单位。在脱贫攻坚时期，少数省份在 2014 年之前就在原选派经验基础上开启了第一书记选派工作，多数省份在 2015 年根据中组部联合多部门下发的《关于做好选派机关优秀干部到村任第一书记工作的通知》完成了第一书记选派工作。在脱贫攻坚期间，各地第一书记任期完成了 2—3 个轮换周期。2020 年脱贫攻坚任务完成后，为了进一步发挥第一书记在乡村振兴中的作用，中共中央和国务院在 2021 年 3 月发布的《关于实现巩固拓展脱贫攻坚成果同乡村振兴有效衔接的意见》进一步提出了坚持和完善第一书记派驻制。2021 年 5 月中共中央办公厅印发的《关于向重点乡村持续选派驻村第一书记和工作队的意见》更加细化了乡村振兴战略下选派第一书记的规定，更加强调了把"政治素质好、热爱农村工作、敢于担当、责任感事业心强"等作为选派的基本条件。选派条件也集中反映了第一书记公共服务动机的重要性和必要性，集中体现了第一书记价值规范、公共精神等公共服务动机的核心要求。按照选派的新要求，全国各地在 2022 年 5 月已经完成了 18.6 万名驻村第一书记的轮换或选派工作。在整个脱贫攻坚和乡村振兴中，这些选派的第一书记数量众多，与众多的农村基层干部和驻村工作队共同奋斗在农村工作的第一线，履行着公共角色的特殊使命，见证并参与中国伟大的"脱贫"和"振兴"事业。尽管他们来自不同地方、不同单位，其个体特征也各有不同，但都是以脱贫攻坚和乡村振兴为基本工作内容，都是以提供农村事业发展的公共服务为基本工作目标，他们行动的背后蕴藏着深层次的公共服务动机逻辑。

二、第一书记公共服务动机的研究基础

近年来，学界关于第一书记的研究角度多样，形成了较为丰富的理论成果，为整体了解和理解第一书记的中国实践提供了坚实的研究基础。总体来说，第一书记研究以贫困治理、基层治理为基本论域，围绕第一书记在脱贫攻坚和乡村振兴背景下的制度发生、主体能力、机制运行、实践效果与困境等相关主题展开了

广泛的实证和规范性研究，形成了"接点理论"、"黏合理论"、"双轨理论"、"嵌入理论"、"主体角色理论"、"场域与结构理论"、"行动理论"、"社会资本理论"等典型的代表观点和视角。

但是，这些研究更多偏重从制度效能、治理结构、社会关系等"客观性"层面的因素来讨论第一书记的行为逻辑，缺少从"动机"这种"主观性"、"心理性"层面因素来分析第一书记嵌入性行动背后的逻辑。换言之，有关第一书记公共服务动机这类研究鲜少。

本研究对第一书记公共服务动机的实证分析最主要的就是对第一书记公共服务动机的测量。本研究以公共服务动机理论为基础，通过设计问卷，借助统计分析、回归分析等方法对第一书记公共服务动机现状进行研究，分析人口统计学变量对公共服务动机的影响，以期丰富第一书记的研究角度，完善相关政策，从而更好地激发第一书记在乡村振兴中的工作积极性，实现第一书记参与农村基层治理的"治理有效"。

相关公共服务动机的测量研究为本实证研究提供了基础。为了更好地认识公共服务动机，学者们借助各种方法创设了不同的测量体系，并以此展开相应的实证研究。佩里较早制定了"六维度"的调查问卷，他在实证调查后发现"对公共利益的承诺、社会公正、公民责任"这三个维度没有显著差异，于是将此三个维度合并为"对公共利益的承诺"，最终形成包括"参与公共政策制定的吸引力、对公共利益的承诺、公民同情心、自我牺牲（奉献）"四个测量维度的公共服务动机测量体系。① 这四个测量维度被许多学者实证检验过，成为目前最有代表性的测量维度。在我国，也有较多学者以佩里四维度测量为基础，结合中国公共服务动机的内涵以及研究问题的需要，对佩里的四维测量法进行了一些改造，形成了具有一定差异性的公共服务动机结构测量。朱春奎等根据中国实际情况和表述

---

① Perry James L. Measuring Public Service Motivation：An Assessment of Construct Reliability and Validity［J］. Journal of Public Administration Research and Theory，1996（1）.

语境对佩里问卷的 24 题项进行修订，提出公共服务动机由五维度构成。^① 为克服不同文化对公共服务动机产生的影响，金（Kim）等人尝试研制出一套适用于各国的 PSM 跨文化测量量表。包元杰等人基于金的公共服务动机跨文化量表，研制出了 8 道题的短版中文公共服务动机量表。^② 李明基于中国传统文化，将公共服务动机的测量维度划分为亲情推演、合宜原则、超越利己、整体平衡。朱光楠等对经典的公共服务动机 24 项量表删减改成了 18 项量表。李小华、董军将 PSM 的测量标准改为公共利益、造福社会、同情心、自我实现和政策制定五个维度。

公共服务动机的测量是公共服务动机研究的深化。佩里的四维度测量量表虽然来源于西方国家的国情，是具有特定语境下的测量法，但在实证的检验过程中，其体现了较好的稳定性和适用性，解释力和说服力得到了广泛认同。中国学者基于佩里测量表对中国各类党政干部进行了公共服务动机测量研究。叶先宝、朱春奎、王浦劬、王亚华等学者先后测量了综合类干部、省会城市公务员、市级与基层党政干部和公务员、县级基层公务员、乡村干部等的公共服务动机。研究结果显示了各类对象在公共服务动机上的相同和差异性。除此之外，还有少量学者对我国私人部门工作人员、大学生群体以及警察等进行了公共服务动机测量研究。总体来看，在现有研究中，还未有专门关于第一书记公共服务动机的实证研究。本研究借助并改造佩里的四维度测量模型，从"决策吸引力、公民同情心、公共利益的承诺、自我牺牲（奉献）"4 个维度来测量第一书记的公共服务动机，分析关联影响因素与公共服务动机的关系。

① 朱春奎，吴辰 . 公共服务动机对工作满意度的影响研究［J］. 公共行政评论，2012（5）.

② 包元杰，李超平 . 公共服务动机的测量：理论结构与量表修订［J］. 中国人力资源开发，2016（7）.

第三节　第一书记公共服务动机的实证分析

一、研究设计与样本来源

（一）研究设计

本研究以问卷调查为基本方法收集第一书记公共服务动机的基础数据，通过统计和回归分析研究公共服务动机的总体水平以及公共服务动机与其他相关变量之间的关系。为了深入了解第一书记公共服务动机的关联因素，笔者还对第一书记展开了针对性的深度访谈，获取了大量的质性材料，为分析结果提供了补充证据。问卷设计以佩里公共服务动机测量问卷为基础，结合第一书记脱贫攻坚和乡村振兴工作实际情况，通过对问卷进行改造形成了包含"决策吸引力、公民同情心、公共利益的承诺、自我牺牲（奉献）"4个维度24项问题的第一书记公共服务动机量表问卷（见表6-1），同时问卷中还加入了工作满意度的测评选项，以此为分析工作满意度与公共服务动机的内在关联服务。在问卷的问题赋值上，采用"李克特"五级量表设计，每个问题依次设置"非常不同意、比较不同意、一般同意、比较同意、非常同意"选项。因为具体问题的表述有"肯定"与"否定"句式，所以在题项表述中分为正向、反向两种问法，其中正向类题目从非常不同意到非常同意分别赋值1—5，负向类题目从非常同意到非常不同意分别赋值1—5。为了完善问卷，也为了更准确地把握第一书记公共服务动机，研究先期进行了50份问卷的预调。在整理预调结果的同时，笔者再次征询了有关专家对于问卷量表的意见，并根据反馈对原始问卷的题项做了进一步修改，最终形成了正式的调查问卷，较好地体现了问卷的适应性和实用性。回收问卷后，笔者采用中文版SPSS17.0统计分析软件对数据进行相关分析。

表 6-1　第一书记 24 项公共服务动机测量量表

维度	问题项	方向
决策吸引力	我不喜欢讨论国家大事	负向
	我对包括精准扶贫、乡村振兴政策制定非常感兴趣	正向
	我不关注任何政治人物	负向
	我对农村发生的事情都不感兴趣	负向
公民同情心	看到别人遇到危险和困难时我会感到难过	正向
	农村社会保障福利政策非常重要，必须实施	正向
	日常生活中人们需要互相帮助，相互照顾	正向
	我对农村贫困群体、弱势群体的困境没有太大感触	负向
	我认为弘扬爱国主义也要关注他人福利	正向
	那些处于困境却又不肯自救的村民不值得帮助	负向
	我完全支持的社会福利项目不多	负向
	与我素不相识的村民是否幸福与我无关	负向
公共利益的承诺	我认为参与公共服务是每个国家工作人员的义务	正向
	做好村里的服务工作是我最重要的工作职责	正向
	国家工作人员就应该要造福社会，即使这可能会损害个人利益	正向
	有些乡村规划我不赞同，但如果对全村的村民都好，我也乐意	正向
自我牺牲（奉献）	我会不计回报为我所驻村服务	正向
	搞好村里的经济远比行善做好事重要	负向
	我所做的很多事情都不以个人利益为出发点	正向
	即使没有报酬，为村民服务也会使我心情很好	正向
	对我而言，为我所驻的村作出贡献比取得个人成就重要得多	正向
	人不应该只懂得向社会索取，应该更多地回馈社会	正向
	我乐于为村庄的整体利益作出重大牺牲	正向
	我是那些愿意承担个人损失去帮助别人的少数人	正向

（二）样本来源

本研究样本来源于我国中部 J 省脱贫攻坚以来选派的第一书记。J 省是典型的革命老区，经济发展水平处于全国中等层次，有 25 个贫困县、3058 个"十三五"贫困村，是全国脱贫攻坚的主战场。根据脱贫攻坚需要，该省先后选派国家、省、市、县各级各类第一书记 12256 人次。在选派过程中，一些市县采取了"坚持原则与因地制宜"相结合的做法，不但对贫困村、软弱涣散村"刚性"选派了第一书记，还对一般村"柔性"选派了第一书记，实现了选派"全覆盖"。本研究在 2020 年 1 月至 2 月期间完成调查，选取调查的样本以 2019 年 J 省脱贫攻坚成效考核抽取到的样本村为基础，确定样本后再对这些抽取村的第一书记发放问卷并收集问卷。样本的来源保证了研究样本的代表性和典型性，符合调查的基本规范和基本要求。调查中总共发放问卷 270 份，回收有效问卷 232 份，有效问卷回收率为 85.93%。为了全面了解样本的人口统计学变量与公共服务动机的关系，本研究对调查对象设置了性别、年龄、学历、行政级别、服务公职年限、担任第一书记年限、选派单位来源和选派单位组织属性等方面的变量，样本的基本情况如表 6-2 所示。

表 6-2　第一书记样本的统计变量分布

变量	类别	数量	占比
性别	男	204	87.93%
	女	28	12.07%
年龄	20—30 岁	40	17.24%
	31—40 岁	56	24.14%
	41—50 岁	100	43.10%
	51 岁及以上	36	15.52%
学历	大专以下	20	8.62%
	大专	80	34.48%
	本科	128	55.17%
	研究生	4	1.73%

续表

变量	类别	数量	占比
行政级别	副处级	8	3.45%
	正科级	32	13.79%
	副科级	60	25.86%
	副科级以下	132	56.90%
服务公职年限	5 年及以下	32	13.79%
	6—10 年	36	15.52%
	11—15 年	16	6.90%
	16 年及以上	148	63.79%
任职第一书记年限	1 年以下	28	12.07%
	1—3 年	136	58.62%
	3 年以上	68	29.31%
选派单位来源	省派	12	5.17%
	市派	8	3.45%
	县派	192	82.76%
	其他	20	8.62%
选派单位组织属性	机关类（含党群组织）	140	60.34%
	企业类	16	6.90%
	事业类	76	32.76%

二、研究假设的提出

在公共服务动机测量中，将人口统计学变量作为基本考察因素是公共服务动机测量研究的基本着眼点。叶先宝、赖桂梅认为，人口统计学变量中男性公共服务动机水平略高于女性，并且管理者的行政级别不同往往公共服务动机水平值不同。[①] 李锋、王浦劬认为，教育层次、领导职位等在不同维度影响公共服务动机。[②] 朱喆、徐顽强等在研究后脱贫时代驻村干部时认为，年龄、行政级别对公共服务动机具有正向影响，公共服务动机水平在驻村干部的工作年限和驻村时间上存在显著差异。胥彦、李超平研究发现，组织任期、工作任期与公共服务动机不同维度之间均存在差异性，也存在显著正相关关系。[③] 王浦劬、孙响在探究公共服务动机的群体差异及其影响因素时发现，不同工作年限的公务员在公共服务动机上表现出显著的群体差异，工作年限越长的公务员，越具有非自利性动机。[④] 刘伟研究发现，工作时间越长的员工公共服务动机水平越高。李蕊发现，性别、年龄等个体特征与公共服务动机存在显著相关性，不同行政级别、不同编制身份也会成为影响公务人员公共服务动机的因素。[⑤] 以上学者的研究总体表明：性别、年龄、学历、行政级别、服务公职年限等人口统计学变量以及个体特征因素与公共服务动机水平存在一定的相关性。基于上述公共服务动机测量的研究基础，本研究结合第一书记的工作特点，提出以下假设：

假设 1：性别、年龄、学历等人口统计学变量与第一书记的公共服务动机水平存在显著影响关系。

假设 2：第一书记的行政级别显著影响其公共服务动机水平。

假设 3：第一书记服务公职年限显著影响其公共服务动机水平。

假设 4：任职第一书记年限显著影响第一书记公共服务动机水平。

另外，也有学者从工作满意度与公共服务动机的关系来分析公共服务动机。

① 叶先宝，赖桂梅．公共服务动机：测量、比较与影响——基于福建省样本数据的分析［J］．中国行政管理，2011（8）．

② 李锋，王浦劬．基层公务员公共服务动机的结构与前因分析［J］．华中师范大学学报（人文社会科学版），2016（1）．

③ 胥彦，李超平．人口统计学特征对公共服务动机有什么影响？来自元分析的证据［J］．心理科学进展，2020（10）．

④ 王浦劬，孙响．公务员公共服务动机与社会联系偏好的关联性研究——基于我国四地级市的实证调查［J］．中共中央党校学报，2018（5）．

⑤ 李蕊．福建省公路系统公务人员服务动机影响因素研究［D］．福州：福建农林大学，2021．

尽管对工作满意度的测量有不同的方法，但大多数研究结果都显示，工作满意度与公共服务动机之间存在相应关系。在一定程度上，公共服务动机受到工作满意度牵引。公务员的自我奉献、互助意愿、公共政策制定吸引力、公共利益承诺均对工作满意度呈现显著的正向影响，公共政策制定吸引力与自我奉献两个维度对工作满意度的影响最大。[①] 中国乡村干部的公共服务动机水平在工作满意度上也存在显著差异和因果关系。基于工作满意度与公共服务动机的关系，本研究提出如下假设：

假设 5：工作满意度显著影响第一书记公共服务动机水平。

三、数据分析及假设检验

（一）信度与效度检验

本研究借助中文版 SPSS17.0 数据分析软件对数据进行一系列描述性统计分析，以了解第一书记公共服务动机的现状，随后运用回归分析进一步探究公共服务动机影响因素与第一书记公共服务动机之间的关系。根据研究需要，问卷回收后，在运用统计分析软件对数据进行分析时需要进一步检验数据的信度和效度。经检验，本研究中公共服务动机的信度系数达到 0.901，因变量公共服务动机及其 4 个子维度标准化的克隆巴赫系数（Cronbach's α）值均在 0.7 以上（见表 6-3），说明各维度下的各变量之间的一致性较好，表明本次问卷的调查数据的信度良好，可以保证研究分析的基础要求。另外，利用样本进行探索性因素分析中，通过计算 KMO 统计量和 Bartlett 球形检验，判定变量间是否具有相关性及其程度。结果显示 KMO 为 0.835，表明非常适合进行因素分析；Bartlett 球形检验显著性概率说明此次分析 KMO 值达标并且已经通过 Bartlett 球形度检验（见表 6-4）。效度和信度检验反映了问卷数据的稳定性与一致性，可靠性与有效性。

---

① 朱春奎，吴辰．公共服务动机对工作满意度的影响研究［J］．公共行政评论，2012（5）．

表 6-3　公共服务动机量表信度检验

维度	决策吸引力	公民同情心	公共利益的承诺	自我牺牲（奉献）	公共服务动机
项目数	4	8	4	8	24
基于标准化项的克隆巴赫值	0.707	0.809	0.759	0.822	0.901

表 6-4　公共服务动机量表效度检验

维度	决策吸引力	公民同情心	公共利益的承诺	自我牺牲（奉献）	公共服务动机
项目数	4	8	4	8	24
KMO 值	0.564	0.763	0.678	0.783	0.835
Bartlett 球形检验显著度	0.000	0.000	0.000	0.000	0.000

注：KMO 大于 0.5 且球形检验显著度小于 0.05 时，认为该项分数有效

（二）第一书记公共服务动机描述性统计及相关假设检验

人口统计学的个体特征是分析公共服务动机的基本影响因素。根据问卷和研究目的，本研究中第一书记公共服务动机的检验按照以下基本思路进行：首先，将决策吸引力、公民同情心、公共利益的承诺、自我牺牲（奉献）这 4 个子维度的题项所得分值进行合并取平均值；其次，在计算出 4 个维度的分值之后，取算术平均值得到公共服务动机的分值；再次，将这些变量与公共服务动机及其 4 个子维度做比较均值分析；最后，基于上述数据分析第一书记公共服务动机的若干特征。这些测量一方面是为了总体了解第一书记公共服务动机在这些维度上的基本状况，另一方面是为了检验之前提出的相关假设。通过统计分析和检验发现下列基本结果：

1. 第一书记公共服务动机总体水平较高

从表 6-5 可以看出，虽然各个变量的具体公共服务动机水平有差异，但第一书记公共服务动机及 4 个基本维度的均值大多数在 4.0 以上，显示第一书记具有较高的公共服务动机水平。

表 6-5　公共服务动机及 4 个子维度的比较均值分析

基本变量	具体类别	决策吸引力	公民同情心	自我牺牲（奉献）	公共利益的承诺	公共服务动机
性别	男	4.13	4.07	4.38	4.14	4.15
	女	4.07	4.32	4.43	4.32	4.27
年龄	20—30 岁	4.13	4.10	4.40	4.03	4.10
	31—40 岁	4.11	4.03	4.46	4.09	4.13
	41—50 岁	4.14	4.19	4.36	4.26	4.22
	51 岁及以上	4.08	3.94	4.31	4.15	4.11
学历	大专以下	4.10	3.68	3.95	4.18	3.98
	大专	4.14	4.21	4.51	4.28	4.26
	本科	4.11	4.10	4.37	4.11	4.13
	研究生	4.25	3.88	4.50	3.62	3.96
行政级别	副处级	4.96	4.44	4.88	4.81	4.72
	正科级	4.06	3.88	4.59	4.09	4.10
	副科级	4.20	4.18	4.30	4.08	4.16
	副科级以下	4.05	4.09	4.34	4.18	4.14
服务公职年限	5 年及以下	4.13	3.94	4.41	3.91	4.02
	6—10 年	3.97	4.24	4.39	4.08	4.14
	11—15 年	4.13	3.81	4.25	3.94	3.99
	16 年及以上	4.16	4.13	4.39	4.26	4.22
任职第一书记年限	1 年以下	3.93	4.00	4.39	4.39	4.18
	1—3 年	4.05	4.04	4.29	3.99	4.05
	3 年以上	4.34	4.24	4.57	4.40	4.37
选派单位来源	省派	4.67	4.54	4.50	4.33	4.51
	市派	4.91	4.63	4.88	4.81	4.78
	县派	4.08	4.10	4.41	4.16	4.15
	其他	3.85	3.63	3.85	3.80	3.78

续表

基本变量	具体类别	决策吸引力	公民同情心	自我牺牲（奉献）	公共利益的承诺	公共服务动机
选派单位组织属性	机关类（含党群组织）	4.21	3.99	4.31	4.03	4.09
	企业类	4.44	4.13	4.44	4.25	4.29
	事业类	3.88	4.28	4.51	4.38	4.27
工作满意度	非常满意	4.50	4.43	4.67	4.57	4.52
	比较满意	3.88	3.96	4.19	3.91	3.97
	比较不满意	3.80	3.72	4.11	3.83	3.82
	非常不满意	3.63	3.75	4.38	3.50	3.72

2. 第一书记公共服务动机与性别、年龄、学历不存在显著差异

在性别方面，男性和女性公共服务动机分值分别为4.15和4.27，女性第一书记公共服务动机水平总体上略高于男性第一书记公共服务动机水平。但是按性别分组进行独立样本T检验发现（见表6-6），4个子维度中，性别在自我牺牲（奉献）与决策吸引力两个维度上存在显著差异，在其余维度上不存在差异。据此可以推测，公共服务动机不因性别差异而产生显著差异，而性别的不同除了在自我牺牲（奉献）和决策吸引力两个子维度上会有影响外，总体不会在公共服务动机上有显著差异。这说明男性、女性之间的公共服务动机水平没有显著性差异。在访谈中笔者也得知，无论是男性还是女性第一书记，他们都普遍认为大家的工作性质、工作内容一样，对于脱贫攻坚和乡村振兴的认知和行动都基本持相同的看法，并没有体现明显差异化。

表6-6　按性别分组进行独立样本T检验的结果

	性别（均值 ± 标准差）		t	p（双尾）
	男（N = 204）	女（N = 28）		
公共服务动机	4.178（±0.548）	4.286（±0.285）	1.022	0.308
决策吸引力	4.128（±0.755）	4.071（±0.690）	−.372	0.710

续表

	性别（均值 ± 标准差）		t	p（双尾）
	男（N = 204）	女（N = 28）		
公民同情心	4.066（±0.610）	4.321（±0.372）	2.159	0.032*
公共利益的承诺	4.378（±0.629）	4.429（±0.485）	.414	0.680
自我牺牲（奉献）	4.140（±0.646）	4.321（±0.413）	1.447	0.149

在年龄上，如表6-7所示，年龄在公共服务动机和4个子维度上都不具有显著差异。据此可以推测，公共服务动机不因年龄差异而产生显著差异，不同年龄不会对公共服务动机水平有显著影响。

表6-7　年龄对公共服务动机的方差分析

年龄　　因素	F	Sig
自我牺牲（奉献）	1.734	0.161
决策吸引力	0.058	0.981
公民同情心	1.909	0.129
公共利益的承诺	0.575	0.632
公共服务动机	0.102	0.660

注：** 表示 p<0.01，即差异在 α=0.01 水平上显著；*p<0.05，表示差异在 0.05 水平上显著

接受教育程度主要是从学历水平上来说，由表6-8可以看出，教育水平在公民同情心和公共利益的承诺两个子维度上有显著关系，但在公共服务动机上和其他维度上不具有显著关系，因此，公共服务动机不会因接受教育水平差异而出现显著差异。

表6-8　教育水平对公共服务动机的方差分析

教育水平　　因素	F	sig
自我牺牲（奉献）	2.246	0.084

续表

因素　　　　　教育水平	F	sig
决策吸引力	0.068	0.977
公民同情心	5.964**	0.003
公共利益的承诺	4.833**	0.003
公共服务动机	2.158	0.094

注：** 表示 $p < 0.01$，即差异在 $\alpha = 0.01$ 水平上显著；*$p < 0.05$，表示差异在 0.05 水平上显著

3. 第一书记公共服务动机在行政级别上存在显著差异

第一书记行政级别是指其在原单位的行政级别，参照我国公务员职务职级系列和党政干部职级管理的一般做法来区分。从第一书记公共服务动机行政级别分值得分顺序来看，副处级第一书记公共服务动机最高（4.72），其次是副科级（4.16），再次是副科级以下（4.14），最低的是正科级（4.10）。数值总体表明，行政级别越高，第一书记公共服务动机水平越高。笔者进一步将该组数据进行单因素方差分析（见表6-9），结果表明：在95%的置信区间下，行政级别在自我牺牲（奉献）、公民同情心、公共利益的承诺、决策吸引力的子维度上有显著差异，在公共服务动机上也存在显著差异。据此可以推测，第一书记公共服务动机因行政级别差异而产生显著差异。

表 6-9　行政级别对公共服务动机的方差分析

因素　　　　　行政级别	F	sig
自我牺牲（奉献）	3.550*	0.015
决策吸引力	4.652**	0.004
公民同情心	2.801*	0.041
公共利益的承诺	3.685*	0.013
公共服务动机	3.659*	0.013

注：** 表示 $p < 0.01$，即差异在 $\alpha = 0.01$ 水平上显著；*$p < 0.05$，表示差异在 0.05 水平上显著

4. 第一书记公共服务动机在服务公职年限上不存在显著差异

在服务公职年限方面，公共服务动机水平得分最高的是 16 年及以上组（4.22），其次是 6—10 年组（4.14），再次是 5 年及以下组（4.02），最低的是 11—15 年组（3.99）。笔者进一步进行单因素方差分析（见表 6-10），在 95% 的置信区间下，仅有决策吸引力和自我牺牲（奉献）维度在服务公职年限上存在显著差异，但公共服务动机的 P 值为 0.305，大于 0.05。据此可以推测，公共服务动机不因服务公职年限差异而产生显著差异。

表 6-10　服务公职年限对公共服务动机的方差分析

服务公职年限　　因素	F	sig
自我牺牲（奉献）	2.785*	0.042
决策吸引力	0.579	0.629
公民同情心	2.883*	0.039
公共利益的承诺	0.276	0.843
公共服务动机	1.215	0.305

注：** 表示 $p<0.01$，即差异在 $\alpha=0.01$ 水平上显著；*$p<0.05$，表示差异在 0.05 水平上显著

5. 第一书记公共服务动机与任职第一书记年限存在显著差异

在任职第一书记年限方面，公共服务动机水平最高的是 3 年以上组（4.37），其次是 1 年以下组（4.18），最低的是 1—3 年组（4.05）。笔者进一步进行单因素方差分析（见表 6-11），结果表明，在 95% 的置信区间下，公共服务动机及自我牺牲（奉献）、决策吸引力、公民同情心、公共利益的承诺 4 个子维度的 P 值均小于 0.05，因此认为任职第一书记年限显著影响公共服务动机水平。

表 6-11　任职第一书记年限对公共服务动机的方差分析

任职第一书记年限　　因素	F	sig
自我牺牲（奉献）	13.315**	0.000

续表

因素 \ 任职第一书记年限	F	sig
决策吸引力	4.538**	0.012
公民同情心	3.036†	0.050
公共利益的承诺	5.154**	0.006
公共服务动机	7.645**	0.001

注：** 表示 $p<0.01$，即差异在 $\alpha=0.01$ 水平上显著；*$p<0.05$，表示差异在 0.05 水平上显著；†$p=0.05$，表示边缘显著

6. 第一书记公共服务动机在选派单位组织属性上不存在显著差异

在选派单位组织属性方面，公共服务动机水平最高的为企业组（4.29），紧随其后的是事业组（4.27），最低的是机关（含党群组织）组（4.09），企业组和事业组的公共服务动机水平相差甚微，均高于机关（含党群组织）组。从公共服务动机水平数值上看，这一发现与一般的经验认知相异。一般认为，具有更强烈的为公众服务意愿的人应该是在机关、党群组织、事业单位等组织内工作，其公共服务动机水平会高于企业类的员工。但本次调研数据显示，企业组的公共服务动机水平并不低于机关（含党群组织）组和事业组。从方差分析结果（见表 6–12）可知，选派单位组织属性在自我牺牲（奉献）、公民同情心、决策吸引力上有显著差异，但在公共服务动机上并没有显著差异。大部分企业选派的第一书记认为，在发挥社会主体参与扶贫的格局下，企业踊跃参与到脱贫攻坚工作中来，在资金、人员、日常监督管理、后勤保障安排上积极行动，充分利用自身的优势和特点为所驻村尽职尽责贡献力量，积极完成好脱贫攻坚的各项任务。他们都认为，工作内容是无重大差别的，他们为农村做自己力所能及的事也是基于对农村脱贫事业的热爱。

表 6-12　选派单位组织属性对公共服务动机的方差分析

选派单位组织属性　　　　　因素	F	sig
自我牺牲（奉献）	8.384[**]	0.000
决策吸引力	6.767[**]	0.001
公民同情心	6.214[**]	0.002
公共利益的承诺	2.902	0.057
公共服务动机	1.951	0.144

注：** 表示 $p<0.01$，即差异在 $\alpha=0.01$ 水平上显著；*$p<0.05$，表示差异在 0.05 水平上显著

7. 第一书记公共服务动机在工作满意度上存在显著差异

工作满意度是组织中的个体在工作中体现的一种工作满意的主观评价。很多学者研究发现，影响工作满意度的因素是多方面的，公共服务动机与工作满意度之间有着内在的关联性。本研究在测试第一书记工作满意度时，以"非常满意、比较满意、比较不满意、非常不满意"等几个维度展开，比较均值对应的公共服务动机分值分别是 4.52、3.97、3.82、3.72，总体上呈现了随着满意度降低公共服务动机分值越低的形态。笔者在进行单因素方差分析后（见表 6-13），结果显示，工作满意度在自我牺牲（奉献）、决策吸引力、公民同情心、公共利益的承诺 4 个子维度上均有显著差异，可见第一书记公共服务动机与工作满意度之间有着良好的显著关系。笔者据此推测，公共服务动机因工作满意度差异而产生显著差异。

表 6-13　工作满意度对公共服务动机的方差分析

工作满意度　　　　　因素	F	sig
自我牺牲（奉献）	39.010[**]	0.000
决策吸引力	19.114[*]	0.000
公民同情心	27.106[**]	0.000

续表

因素　　　　工作满意度	F	sig
公共利益的承诺	15.921**	0.000
公共服务动机	41.098**	0.000

注：** 表示 p<0.01，即差异在 α=0.01 水平上显著

（三）回归分析的进一步检验

由前述第一书记公共服务动机基本特征及方差分析可知，第一书记公共服务动机水平在行政级别、任职第一书记年限、工作满意度 3 个方面存在显著差异，即行政级别、任职第一书记年限、工作满意度与第一书记公共服务动机有一定的相关性。笔者接下来将行政级别、任职第一书记年限、工作满意度 3 个方面作为自变量，公共服务动机作为因变量，进行回归分析以进一步探索其中的关系。表6-14 为回归模型中的自变量与公共服务动机的线性回归分析结果。

表 6-14　行政级别、任职第一书记年限、工作满意度与公共服务动机的线性回归分析

	非标准化系数		标准系数			相关性			共线性统计量	
	B	标准误	Beta	t	Sig.	零阶	偏	部分	容差	VIF
（常量）	2.49	.35		7.16	.000					
行政级别	−.043	.035	−.069	−1.214	.226	−.115	−.080	−.068	.985	1.015
任职第一书记年限	.062	.049	.074	1.271	.205	.184	.084	.071	.943	1.061
工作满意度	.263	.031	.497	8.558	**	.521	.493	.481	.935	1.069
R^2=.280　　　　调整 R^2=.271										
F=29.607　　　P=.000										
a.因变量：公共服务动机										

注：** 表示回归性在 .01 水平上显著

方差膨胀系数（VIF）是衡量多元线性回归模型中自变量之间存在线性关系

的严重程度的一种度量，通常以 10 作为判断边界。当 VIF 小于 10，则不存在多重共线性。VIF 值越接近 1，多重共线性越轻。分析显示，VIF 值均小于 10，说明自变量之间不存在多重共线性。在显著性水平为 0.05 的条件下，笔者对整个回归模型进行全局检验，结果显示 F=29.607，P=0.000，说明拟合方程具有统计学上的意义，拟合方程通过检验。R^2=0.280，调整 R^2=0.271，表明拟合方程的自变量可以解释因变量变异的 27.1%。

由拟合方程中自变量的回归系数可知，行政级别与公共服务动机呈负相关关系，表明第一书记的行政级别越高，其公共服务动机反而越低。任职第一书记年限与公共服务动机呈正相关关系，表明第一书记的工作年限越高，其公共服务动机水平也相应越高。工作满意度与公共服务动机呈正相关关系，表明工作满意度越高的第一书记，其公共服务动机水平也越高。但值得注意的是，仅有工作满意度和公共服务动机的相关性具有显著性，这表明虽然拟合方程一定程度上反映了行政级别、任职第一书记年限与公共服务动机相关，但在统计学意义上该相关性不显著。

本章小结

本章主要讨论了第一书记嵌入的公共角色及角色背后包含的公共服务动机与影响因素的关系。从组织行为学的角度而言，第一书记嵌入的社会行动是在组织驱动下的个体行动，第一书记具有组织背景下的"自然人"和"组织代理人"的属性，是组织公共角色的行动主体。在农村基层治理中，第一书记的嵌入发生了代理人的转化，承担着党和政府、选派单位和村民的多种代理人角色，角色被赋予了特殊使命和行动意义。在脱贫攻坚和乡村振兴中，大量被选派的第一书记到农村参与基层治理，承受着工作、生活等多方面的压力，这一方面是制度约束的作用，另一方面更是"热爱农村工作、敢于担当、事业心、责任心"等心理驱动的结果。第一书记在嵌入行动中表现出了强烈的政治认同、服务公共利益、自我牺牲、社会同情等公共服务动机的"利他性"心理倾向。因此，第一书记公共服务动机的主观心理层面也是其嵌入行动的基本构成。

本研究通过问卷调查收集的数据进行定量分析发现，第一书记公共服务动机总体水平较高，在性别、年龄、学历、行政级别、服务公职年限、任职第一书记年限、工作满意度等多个维度上存在着一定差异。借助比较均值分析、独立样本T检验分析、单因素方差分析等方法，可以看到第一书记公共服务动机水平现状呈现出一些基本特征。在人口统计学变量上，男性、女性第一书记公共服务动机水平非常接近，独立样本T检验的结果显示，在公共服务动机水平上不存在显著差异。第一书记公共服务动机在年龄、学历上呈现倒U型，也不存在显著差异。在服务公职年限和选派单位组织属性上也并不存在显著差异。但在行政级别、任职第一书记年限以及工作满意度上都有显著差异。笔者进一步运用回归分析，结果表明，行政级别对第一书记公共服务动机有负向影响，任职第一书记年限和工作满意度均对第一书记公共服务动机有正向影响。

第七章

第一书记嵌入的负效应与优化策略

如前章所述，第一书记参与基层治理的政治嵌入、组织嵌入、结构嵌入、关系嵌入过程带来了基层政治权威的重塑、基层组织功能的再造、基层治理机构网络的重构和社会资本的重组。这种"嵌入式治理"对党和国家与农村社会关系、政府与农民关系进行了有效的调适与调整，对接了国家治理并在基层治理中产生了较好的治理绩效。第一书记嵌入总体上实现和完成了在脱贫攻坚中强健基层组织、推动精准扶贫、为民办事与治理有效的职责任务。但是也应该看到，嵌入式治理也并非天然高效，嵌入也会存在"嵌入悖论"问题。第一书记嵌入也产生了一定的"负效应"，给基层治理和制度发展带来了一些问题。只有正确分析这些问题，才能更好地找到相应的解决路径，为乡村振兴中继续推进第一书记的治理功能进一步提供理论支持和实践依据。

第一节　嵌入发生的负效应

一、过度嵌入与治理依赖

"嵌入过度"与"嵌入不足"是嵌入性程度不同的两种现象。两种不同的嵌入程度形态对于社会结构网络获取资源和关系的产生都会产生不同的负效应。从负效应来说，第一书记参与基层治理存在的问题主要不是嵌入不足的问题，而是过度嵌入带来的治理依赖与自治式微问题。这一问题的出现有一个大概的时间线，即在驻村帮扶参与基层治理的初期，由于各种主客观因素的影响，第一书记确实存在嵌入不足的问题，但到了脱贫攻坚中后期，则主要表现为过度嵌入的问题。

在"中央统筹、省负总责、市县落实"的工作机制下，能不能按要求按时间节点实现脱贫任务是各级党委、政府最紧迫的任务。代理县级党委、政府治理权力的第一书记拥有了"基层政府权力"，成为落实地方贫困治理的主要抓手，负责帮扶贫困村并将其他帮扶政策和资源精准入村、入户，承载着上级党委、政府的任务，承接着资源资本和各种举措的落实。在第一书记的嵌入过程中，动员和发掘一切可以利用的科层与非科层、正式与非正式资源资本帮助农村脱贫也是第一书记的基本使命和工作目标。在这种主要依靠行政命令、组织动员、层级权威等方式的"刚性治理"精准扶贫模式推动下，一些贫困村经过几年的努力先后实现了快速脱贫的刚性目标。但是一旦资源减少或者注意力减弱，脱贫中形成的基础就容易动摇，贫困村就会生成治理依赖现象和问题。

第一书记嵌入和主动作为已深刻改变了农村基层治理结构，丰富了农村的社会关系网络，由此，第一书记赢得了村民和村干部的普遍信任，成为农村经济发展的引路人、基层组织建设的引领者。通过国家基础项目投资、选派单位帮扶等方式，农村的基础设施有了根本改善，农民的生产生活面貌也有了极大改变，一些村庄也有了自己的产业，这些都为农村的发展打下了一定的基础。但从长远来看，一些贫困村的经济社会发展，特别是产业发展的持续性、稳定性还不够，一些贫困户在脱贫过程中存在"等靠要"的消极思想，形成了贫困村经济社会发展、贫困户生产生活改善中因"内生动力"不足而产生的治理依赖的负效应，甚至出现"梅佐乔诺陷阱"①。

内生动力不足的治理依赖主要表现在两个方面：一是对国家资源资本的依赖，表现为农村经济社会的改变和脱贫攻坚中的"两不愁三保障"的实现主要依

---

① 意大利政府曾经给予包括梅佐乔诺在内的南部落后地区大规模财政转移支付和优惠政策支持发展，但这一地区最终仍无法获得持久发展。所谓"梅佐乔诺陷阱"，就是指落后地区在外部力量的支持下实现经济的高速增长，短时间内缩小了差距，但一旦失去外部力量的推动，贫富差距就会再度扩大。参见蔡昉.谨防"梅佐乔诺陷阱"［J］.中国改革，2010（1）.

赖于国家资源资本的下沉。尽管精准帮扶已经为农村脱贫提供了坚实的物质和精神支持，但一些村庄底子薄、基础弱的条件并没有根本改变。一些村庄的产业发展之路还要相当时间的检验，少数获益于精准扶贫政策的贫困户也产生了政策依赖行为。第一书记是精准扶贫中落实国家各项政策的最后执行者，是"国家在场"、"政府在场"的主体，是国家资源资本下乡的代表者和承接者。国家各种转移性支付的发放、农村危房改造、医疗保障、教育保障、地方政府给予的各种支持以及帮助贫困户、贫困村发展的产业奖补和项目等都是国家统筹资金资本的重要组成部分。这些政策落实与否、落实是否到位不仅是各级党委、政府评价第一书记工作的内容，更是村民、村庄最为关注的内容。因此，村民、村庄对国家资源资本的依赖就转化为对第一书记政策落实的效果和效率的依赖。

二是对社会帮扶资源的关系和信任的依赖。社会各单位组织是脱贫攻坚中参与帮扶的另一支重要力量，不同单位根据不同的能力和关系出资、出力。社会各单位组织主要承担着产业项目的主体投资和农村社会其他公益事业的帮扶工作，对农村和农民的脱贫攻坚起到了重要的助力作用。第一书记是帮扶单位的关键网络节点，是联结社会帮扶资源的主体，也是"市场在场"、"社会在场"的代表者。有些村庄依靠第一书记帮扶单位或者第一书记人脉关系的资源，在短期内实现了经济效益、社会效应的根本改观，也开启了长期稳定增收的产业发展之路，第一书记也因此赢得了广泛认同和赞誉。但与此相对应的是，一些相对弱势的单位并不具有相同优势的资源和关系，第一书记人脉等社会资源关系网络也有限，出现了因各种"禀赋差异"带来的"治理差序"现象。一些贫困村的村民对第一书记的看法和评价往往以能不能给村庄带来资金项目、会不会给农户发一些米、油之类的生活用品为标准，一些农村基层干部也往往以第一书记能否通过其社会关系和社会资源带来实际利益来评判第一书记的能力贡献和权威树立。这种对第一书记"唯利化"的评价思维已然成为农村集体行动的一种导向，说到底还是帮扶过程中"等靠要"治理依赖的一种表现。

2016 年，国家提出"消费扶贫"助力脱贫。2018 年，我们单位主动与当地建立了购销农产品关系，我负责本村和其他几个贫困村农产品的采购和销售，为农民及时卖出农产品增收提供了新渠道。但是也有个别农户习惯依赖我的帮扶，不管什么时候也不管什么情况有农产品就找我。上次有个贫困户在大雨天提着两只鸡放到村委，要我卖给单位同事。因为当天刚好有其他工程项目上的事要处理，我就没有及时联系到买家，后来不知鸡跑哪儿去了。最后我只能说我卖出去了，给了农户钱。从这件小事可以看出，农户信任我，但也说明他们过于依赖我。（来源于 2020 年 6 月与 A 村第一书记金 ×× 的访谈）

二、自治与他治的冲突

在农村基层治理的场域下，宽泛意义上的"自治"包括以农村基层组织为主体的村民自治，也包括其他组织形式的自治。村民自治的最大特点是自组织，它来自乡村社会群众性内部的自我组织与整合。[1] 这种整合所产生的结果就是建构农民主体性，农民在自我整合中是主要的"自治者"。如果说以农民为主体建立的村民自治组织是村民自治的基本载体，那么由村民选举产生的村干部则是自治组织的具体主体。"他治"主要是指以嵌入性干部为外部力量的主体参与农村基层治理，在脱贫攻坚中，第一书记是"他治"的重要主体。随着第一书记嵌入的加深，"他治"对"自治"产生了积极效应，但也造成了两者结构性冲突，表现为嵌入中的"自治萎缩"与"他治扩张"问题。

首先，第一书记的个体特征、制度规定以及权威来源加深了第一书记嵌入对村民自治的影响。第一书记是依据选派制度从各类型单位选派驻村的，并且是具有相应职务的人员，在学识、能力和职务特征上较村干部和村民具有天然优势。另外，选派制度也明确了第一书记职责是"带领"村"两委"成员开展工作，是围绕"四项"任务开展基层治理的实际参与者。这些选派规定赋予了第一书记党

---

① 陈国申，唐京华.试论外来"帮扶力量"对村民自治的影响——基于山东省 S 村"第一书记"工作实践的调查［J］.天津行政学院学报，2015，17（6）.

和政府的多重代理属性，也赋予了其权威来源于党和政府的合法性。在基层治理的权力架构上，第一书记实际上成为贫困治理中村民自治的领导中心，掌握着村级治理资源的建议权、分配权和监督权，因此在农村基层治理中拥有优势地位和优先代言权。这些都为村民自治的式微提供了条件和基础。

其次，长期以来"行政嵌入"或者"政府主导型嵌入"的嵌入传统为村民自治的萎缩和他治的扩能赋权提供了依据和参照。在脱贫攻坚时期，为了在规定时期解决农村绝对贫困问题，国家通过打破常规治理的扶贫模式，动员和组织国家和社会力量全力参与、全员参与。第一书记的参与延续并且创新了之前扶贫开发和基层组织建设中的嵌入模式，以国家力量介入农村社会的方式，突出国家资源力量在脱贫攻坚战中的主导地位。特别是农村基层组织对第一书记的过度依赖，降低了村干部的治理能力和对自身发展的信心，进一步削弱了农村自治力量的主体性地位。作为国家意志和基层地方政府代理人的第一书记，一方面要把精准扶贫的国家意志如实地向基层传递，另一方面还要解决原有农村自治中基层组织力严重不足的问题。在这一过程中，第一书记发生了基层治理的"代理转换"，即相当程度上代理了农村自治主体的村干部角色。特别是在一些基层组织软弱涣散的薄弱村，第一书记的嵌入很容易形成"代办包办"所有农村基层事务、以他治力量代替自治力量的现象。

最后，第一书记的嵌入强化了村民自治制度逻辑与实践逻辑的二律背反，消解了部分自治能力。《中华人民共和国村民委员会组织法》是当前我国村民自治的基本法律制度，其中规定了村委会的"自我管理、自我教育、自我服务"的群众性自治组织属性，也规定了"实行民主选举、民主决策、民主管理、民主监督"的运行机制。除此之外，《中华人民共和国村民委员会组织法》也规定在村民自治中必须坚持党的领导核心作用，必须遵循自治中的基本政治原则。在长期的自治实践中，村"两委"往往因为制度规定的模糊性和自治权力运行的模糊性而产生冲突，制约了基层治理能力。虽然近年来国家开始推行村支书和村主任"一肩挑"的治理权力结构模式，但并没有完全解决这一治理困境。第一书记的嵌入增加了基层治理的权力源头，形成了"第一书记—村支书—村主任"或者

"第一书记—村支书兼村主任"的治理结构。这一结构使得原有结构更加复杂化。在脱贫攻坚作为第一政治任务的基层治理场域中，基层治理由资源汲取向资源输入的转型意味着国家权力以一种全新的方式切入乡村社会，这一变化导致了村干部行政化现象普遍存在，[①]村"两委"基层自治组织自主性不断受到挤压，进而成为行政化或者半行政化的组织。《中华人民共和国村民委员会组织法》还规定了乡镇人民政府对村委会工作是"指导、支持和帮助"，"不干预村民自治范围的事项"，而村委会则是"协助"乡镇人民政府工作。同样，这种制度规定也形成了实践中的"背反"现象，即"指导"变"领导"、"协助"变"服从"。作为在乡镇党委领导和指导下的第一书记会在原本就已纠结的治理机构中偏向于采取超越困境的做法，以较为直接的方式对村庄原有日常治理结构的临时性进行制约与替代，或者以第一书记的权力为中心重组整合基层权力结构，在进一步强化基层治理的行政嵌入性的同时也进一步消解了基层自治空间。

三、组织过密化与权力耗散

"过密化"（Involution），也称为"内卷化"，这是黄宗智教授在20世纪80年代研究中国社会经济史时提出的一个重要概念，其本意是"没有发展的增长"。随后，不同学者用此概念来描述或者解释政治经济社会生活中的类似现象。周少来用"权力过密化"分析乡村治理结构性问题及其类型。[②]该研究为分析第一书记嵌入中的组织机构问题提供了基础。

第一书记嵌入一方面架起了国家与社会的关系，发挥着国家治理资源下沉基层的桥梁作用，另一方面又重塑了基层治理结构网络，把行政性的"他治"属性组织嵌入到了"自治"性的基层组织。这种桥梁作用使得第一书记面对的权力主体、责任主体更加多样化。在结构嵌入中，第一书记面对的组织包括县、乡镇党

---

① 景跃进.中国农村基层治理的逻辑转换——国家与乡村社会关系的再思考［J］.中共浙江省委党校学报，2018（1）.

② 周少来."权力过密化"：乡村治理结构性问题及其类型［J］.探索，2020（3）.

委政府及相关部门、选派单位、村"两委"组织以及其他农村经济社会组织等，这种组织网络关系在重组基层治理结构的同时也产生了"组织过密化"问题，出现了"结构性排斥"现象。特别是在嵌入基层社会过程中，引发了以第一书记为代表的外部权力与以村党组织书记为代表的内部自治权力的权力博弈。这种博弈在不同过程虽然呈现了不同的特点，但从结果和效应而言，都出现了不同程度的权力耗散、"权力内卷化"问题，影响了治理成效。

首先，"双轨治理"权力来源的差异带来了权力碰撞的可能。在贫困治理中，代表着国家权力的第一书记是外部嵌入性力量，代表基层权力的村支书是内部性的自治力量，两种不同权力来源的力量在精准扶贫的同台过程中产生了合作与竞争，形成了权力碰撞。第一书记的权力来源于上级党委、政府的委托代理，遵循的是科层化运行逻辑，服从组织指令、照章办事、专业化行事是第一书记行使权力的基本特征。而村支书的权力来源于基层社会的自治性权力，村支书是党的基层组织代表者，从法定程序而言，村支书由村党支部选举产生并报上级党委批准，特殊时期也可以由上级党委任命产生。两种权力原本具有不同来源属性，是基于贫困治理的现实需要而组合在一起的。这种组合在权力边界模糊时会因为权力功能的发挥而产生碰撞。按照选派制度要求，第一书记一方面要紧紧"依靠"村党组织，另一方面又要"带领"村"两委"组织。这一规定相对笼统模糊，容易形成第一书记与村支书"双中心"的权力分化现象。

其次，贫困治理任务的取向差异引起了权力新格局的产生。面对精准扶贫的重要任务，第一书记与村支书出现了不同的治理目标取向。总体来说，第一书记的目标更多是基于国家精准扶贫的脱贫任务，严格落实各项政策，其目标具有严格的责任制、项目制特点。第一书记的工作既要围绕贫困户的精准识别、精准帮扶、精准退出等来开展，又要围绕贫困村的产业发展、民生事业等来推动。村支书的工作基本上还是延续传统，聚焦于维护村庄稳定、发展农村经济等事项上，其任务较第一书记而言相对简单。为了贫困治理目标的实现，第一书记必然会以不同的方式打破原有的以村支书为中心的基层治理格局，调动和发挥基层组织中其他成员的积极性。不同工作思路和工作目标的两种力量在精准扶贫总体目标下

会重新洗牌，形成新的权力格局

最后，具体公共事务的决策主导带来了权力妥协。脱贫攻坚中的贫困户识别、低保评定、项目申报与建设、危房改造申报以及组织中的党员发展等事项是基层治理中的重要公共事务。第一书记和村支书在协商决定这些事项时往往会因考虑的角度不同而产生分歧。作为外部性主体的第一书记不存在与村庄或村民的利益关联，是具体利益的"局外人"，因此在公共资源的分配、政策的落实、项目实施等方面更多站在客观立场上采取决策行为，不会因为其他因素的影响而轻易改变观点，但是村支书是"熟人社会"关系下的村庄人，在公共事务的讨论、决策中往往会带有"内部人"的立场，这样就会出现第一书记与村支书决策冲突的现象。村支书的提议遇到经常性否决会影响到基层治理权威，甚至出现村支书不合作等问题，从而加大治理成本。遇到这种情况时，第一书记往往也会在沟通的情况下采取妥协方式处理。

其实在工作中我和村支书还是存在因为个人立场不同而产生争执的情况。去年村里申报立项一个 10 万元的沟渠修建项目，按照规定，这个规模的项目不需要招标，村里可以确定修建方。村支书当时就提议他本家的一个人来修，但我表示了不同意见。因为我了解到，这个人并不是一个专业人员，而且村民对他也不是很欢迎，怕影响工程质量。但村支书坚持意见，我也就同意了。我也不想因为这个项目就和村支书闹得不愉快。（来源于 2020 年 7 月与 E 村第一书记余 ×× 的访谈）

四、权责不符与名实分离

权责一致是组织行为中的一项基本原则，也是组织中的个体履职尽责的基本保障。有权无责就会出现滥权，有责无权就会出现履职虚化或者无效化。在第一书记嵌入农村基层社会参与治理的过程中，权责不符或者权责不匹配是嵌入当中的一个突出问题，其典型表现就是"权力有限，责任无限"，这导致第一书记出现严重的"责任负荷"问题,打击了第一书记参与基层治理的积极性,也制约了基层治理的效率和效能。另外,这种通过选派外部力量参与到农村内部社会的嵌入式治理,呈现了"领着单位的工资,干着农村工作的活,担着地方上的责"的职责图景,带来了身份与职责的"名实分离"情况。这些问题与现象的背后有着基本的制度逻辑与实践逻辑。

其一,权力模糊与权力有限。根据选派制度规定,第一书记有带领村级组织成员参与精准扶贫职权,形式上确定了第一书记的"第一权力",但实际上并没有赋予与第一书记"四项"职责相匹配的具体权力。虽然第一书记在落实精准扶贫政策和上级要求上有一定的权力,但这种权力又会受到"组织过密化"的权力耗散因素影响,在复杂的基层治理结构中带有先天的权力运行障碍,在"带领"作用方面缺乏权力边界和权力内容。尽管第一书记代理党委、政府驻村工作,也被赋予了权力权威,但这种权力更多是一种建立在科层权威基础上的影响力,表现得相对抽象,而不是以具象的权力内容呈现。另外,在实际的帮扶工作中,为了保证和发挥基层组织的作用,一些地方还进一步规定了第一书记在帮扶过程中要做到"指导但不指责、到位但不越位、帮带但不包办、帮忙但不添乱""总揽但不包揽,帮扶但不代办"等,进一步限制了第一书记的权力。

在工作中,我们也是摸索着前进。我们也不清楚第一书记的权力有多大,不清楚在村"两委"工作中"第一"的权力是怎样界定。遇到村里的问题,我们也不会严格分清楚这是谁的权力范围的事情,大家都是本着尽力尽责做好村里的事情。(来源于2019年6月与S村第一书记谢××的访谈)

其二,事务多元与责任无限。第一书记嵌入中的职责不符除了权力模糊与权力有限外,更突出的是责任"无限"。这既源于"四项"职责规定的脱贫攻坚任务,更是第一书记实际工作内容、工作范围以及村"两委"干部能力与素养现状的需要。

随着脱贫攻坚的全面推进和工作要求的渐进细化,在目标责任制的推动下,第一书记工作呈现了全面"接管"村庄扶贫事务、基层治理的状态。为了压实脱贫责任，上级党委政府、选派单位都以第一书记为责任承载点，在层层传递和面面传达的工作压力下，第一书记承担起了来自各方面的责任，引发了"角色负荷"、"责任负荷"的困境。这些刚性责任至少包括以下几个维度：一是中央层面的责任。选派第一书记的初衷，就是在"四项"职责的规定下解决村级组织软弱涣散，推进精准扶贫工作，并在为民办事的过程中推进基层治理有效。这四项职责相对来说较为抽象宽泛，但实际包括的内容很多。这一责任体现了脱贫攻坚战的战略要求，是宏观层面的责任。二是地方政府层面的责任。主要是县、乡镇党委和政府通过压实第一书记工作责任，带领村干部一起完成好贫困村出列、贫困户脱贫的具体目标。三是选派单位层面的责任。在结构嵌入中，选派单位成为脱贫攻坚的帮扶单位，也是整个责任体系的一部分。因此，选派单位也会将本单位的责任传递给第一书记，实现本单位责任的属地化。四是村庄和村民的责任。村庄和村民既是直接的帮扶对象，也是传递责任的主体。村庄和村民期待在第一书记的带动下尽可能多地争取项目和资源，实现尽快脱贫。在这些责任的重压下，第一书记的工作任务几乎涵盖了农村治理工作的方方面面，工作时间几乎全部排满，工作高负荷运转。责任主体的多维又带来了考核主体和考核方式的多维。考核是压实责任和工作目标的一种必要检查与督促。第一书记考核的基本场域在农村，第一书记成了责任的承担者和被考核的对象。

在平常工作中，我们遇到的最大压力和问题就是责任太大。为了完成各种工作，也为了本地的脱贫工作不落后、不出问题，我们每天的工作都是"三三制"，也就是三分之一的时间在开会安排，三分之一的时间在迎检落实，三分之一的时间在村外跑项目和村内帮扶。（来源于2019年6月与C村第一书记黄××的访谈）

其三，"五级书记负责制"下的责任转移。脱贫攻坚是在坚持党的领导下实施的省、市、县、乡、村五级书记一起抓的"一把手"政治工程。根据相关规定，村支书是"五级书记负责制"的最末端，是这一机制的权力与责任主体，但在脱贫攻坚工作中，基于第一书记驻村帮扶的制度设计和现实需要，村支书的责任主体实际上转移到了第一书记，第一书记的帮扶责任实际上变成了主体责任。这进一步反映了第一书记权责匹配中的"责任无限"，也更说明了第一书记在权力与责任中的名实分离。"有事找第一书记"成为各行为主体"集体行动"的基本逻辑。县、乡镇党委和政府及相关职能部门对接农村具体事务要找的不是村支书而是第一书记，工作中需要整改和改进的也是第一书记负责，因工作出现问题要追责的也更多是第一书记。

第二节　应对嵌入负效应的主要策略

第一书记参与基层治理发生的嵌入困境主要是基于脱贫攻坚的经验，分析讨论这些困境是为了找到问题，提出优化和调适的路径，为完善乡村振兴中第一书记的参与机制和提升第一书记参与治理的效能提供参考。

一、党建引领示范，夯实自治组织基础

从《关于做好选派机关优秀干部到村任第一书记工作的通知》《关于向重点乡村持续选派驻村第一书记和工作队的意见》可以看出，解决基层党组织软弱涣散问题、加强基层组织建设既是脱贫攻坚战，也是乡村振兴中第一书记驻村工作的总体要求和主要职责。党的十九届四中全会通过的决定明确"必须加强和创新社会治理，完善党委领导、政府负责、民主协商、社会协同、公众参与、法治保障、科技支撑的社会治理体系"。这些政策为农村基层治理，也为第一书记有效参与基层治理提供了基本的制度依据和方向。农村基层治理的短板在于基层党组织的作用功能发挥不够，领导村民自治的能力不足。组织振兴是乡村振兴的重要内容和组织保证，因此，完善第一书记嵌入机制，发挥第一书记党建引领作用还需要重点处理好以下 3 个方面的关系：

一是以党建为"基点"，发挥第一书记的党建"接点"作用，继续帮助和支

持基层组织力建设，打造"带不走的治理工作队"。在原有党建制度建设的基础上，发挥第一书记选派单位以及各种关系资源中的党建经验和党建资源优势，把选派单位的党建与驻村基层党建结合起来，把优势党建资源提炼出来，形成农村基层组织建设与社会帮扶的有效互动，增强村党组织的组织自信和组织活力。

二是以治理制度规范化建设为"要点"，调适好自治与他治的关系，培育基层自治能力，协同"双轨"力量。村民自治的组织载体是村民委员会，自治的主体是村民。因此，自治一定要充分发挥和尊重村民的自主性和创造性。第一书记嵌入要正确对待和处理党组织领导与村民自治的关系，在嵌入治理与村民自治中寻求平衡，避免嵌入给村民自治带来的冲击和自治组织的"行政化"。在具体参与基层治理的过程中，第一书记应该以"四议两公开"作为农村基层治理的重要手段和制度规范，规范自己的履职行为，带领村党组织处理好党的组织行为与村民自治之间的关系。在涉及乡村振兴中的村治规划、项目申报、工程建设、资源分配等重大问题、重大事项时，第一书记要带头遵循"党支部会提议、'两委'会商议、党员大会审议、村民代表会议或村民会议决议，以及决议公开、实施结果公开"的决策与执行程序。第一书记在这一过程中要做好制度规范实施的监督者、维护者和纠偏者，激活村民自治的参与意识，推进基层治理共同体建设。

三是以组织参与"共治"为"切入点"，推动基层治理中的其他组织及主体的治理作用，实现以农村基层党组织和村民自治组织等正式组织为根基的乡村组织再造和组织升级。在中国农村基层治理传统中，除了村"两委"组织外，还存在各种民间性、经济性组织形式，比如各种专业合作社、村民理事会、村民互助会等，这些组织具有深厚的乡土文化背景，对传统和现代农村治理都有重要影响。第一书记嵌入也是结构网络关系的建构，因此，第一书记可以在党建引领下，通过建立广泛的社会联系，用好"地方性知识"与经验，发挥这些非正式组织的沟通功能、协商功能和凝聚功能，鼓励并引导其有序参与基层治理。

二、发展内生动力，巩固衔接治理效果

党的二十大报告提出"巩固拓展脱贫攻坚成果，增强脱贫地区和脱贫群众内

生发展动力"。解决好内生动力是基层治理长期有效的基本要求，也是巩固拓展脱贫攻坚成果同乡村振兴有效衔接的重大问题。在乡村振兴中，第一书记继续发挥着国家资源、社会关系资源衔接的网络结构作用，但在具体的实践中应更加重视扶志与扶智，把嵌入的外部性因素与内部性因素有机结合起来，形成稳定的脱贫和发展内生动力，增强农户的发展自信，逐渐减少嵌入治理中的治理依赖性。

在资源的使用和分配上，第一书记需要进一步拓宽网络关系，引导农户在稳定的产业、就业上下功夫，把资源用在"长、稳、精"而不是"短、平、快"的项目上，以增强农村集体经济的发展能力和村民的增收能力。要把第一书记联结国家和社会的资源更好地衔接到村庄集体层面，让各种资源在帮户的基础上更多转到帮村。因为坚实的集体经济基础和持续的发展能力是基层有效治理的物质基础，也是农村各项公共事业、公益事业发展壮大的保证。大量贫困村的脱贫实践表明，越是没有一定经济基础的村庄，就越缺少发展的活力和组织动力，就越穷，贫困户就越多，"向政府要，等国家给"的意识和行为就越浓越多。

在巩固拓展脱贫攻坚成果同乡村振兴有效衔接中，第一书记对农户的帮扶应以"扶志""扶智"为主。第一书记通过加强农村文明新风建设，引导农户积极生产、生活，增强适应社会、适应市场的本领。第一书记还需结合国家的政策导向，摸清村庄人才底数，加强农民的职业技能和技术培训，培养懂技术、有本领、肯实干的新型农民，鼓励农民走出去，为农民就业和发展提供渠道和方法。

三、明确权责规范，调适优化考核机制

选派第一书记的初衷是在农村基层组织缺乏必要的组织力、执行力承接国家精准扶贫带来的大量资源的情况下，通过第一书记嵌入来化解组织结构困境、基层治理困境、政策执行困境和权威关系困境等。但是在脱贫攻坚科层压力的传递影响下，为完成运动式治理的目标，压实责任，又出现了各种层次各种形式的考核，使原本权力模糊、权力有限的第一书记成为所有责任的最末端"接盘者"，造成第一书记权责严重不匹配的"责任负荷"新困境，影响了第一书记的身份认同和整个基层治理的治理效能。在乡村振兴中，需要从组织制度层面上进一步明

确第一书记嵌入的权责体系，优化各种考核机制，形成权力运行机制、责任承担机制、奖励考核机制有机衔接的嵌入系统。

一是要明确第一书记的权力边界，变抽象权力为具体权力。首先，要从权力的来源和依据上做出制度规范，树立第一书记的权力权威。第一书记是代理地方党委、政府参与基层治理，第一书记的权力权威必须要有相应的保障。其次，为了避免权力的不当使用，还需以"权力清单"的形式明确嵌入到村庄的"他治性"权力到底有哪些，把"第一性"的权力具体化、可操作化。最后，相较村级组织干部而言，第一书记有对接社会、市场的一定优势和能力，因此，第一书记嵌入性权力应该更多集中在"抓主要矛盾"上，体现在党建主体、治理推进、服务提升、村庄规划、产业发展的资金使用及项目安排的"决定权"上。

二是要细化第一书记的责任范围和责任清单，变无限责任为有限责任，优化对第一书记的考核。根据第一书记选派的要求，在乡村振兴中第一书记具有"建强村党组织、推进强村富民、提升治理水平、为民办事服务"4项职责。这4项职责与脱贫攻坚的职责大同小异，但是更加细化了。在此基础上，还需结合第一书记的实践，建立起第一书记乡村振兴的责任目标体系和责任落实体系，在考核过程中要厘清工作中的主体责任和监督责任、主要责任和次要责任、主导责任和协助责任等。

三是要合理区分第一书记与村"两委"的职责关系，形成"遇事共商、问题共解、责任共担"的基层治理整体合力。在具体事务上，第一书记一方面要尽职履责，另一方面还要具体明确自身与"两委"干部的职责，在规避他治与自治的矛盾冲突中，让基层干部承担起应有的职责和任务，并"以职责清晰化锚定问责明确化"[①]，把基层治理中的主体性因素调动起来，避免组织过密化带来的自治萎缩。第一书记的职责定位要以发挥"帮助和支持"作用为原则，在履职中与村"两委"的关系是"帮办不代替、到位不越位"，做到帮办要有"底线"，到位要

---

① 张国磊，李尧磊. 第一书记嵌入农村基层治理的结构性困境与优化路径——基于桂南 B 镇的调查分析［J］. 中国行政管理，2022（10）.

有"界线"。

四、依据角色动机，完善村庄差异选派

在乡村振兴中，第一书记选派总体上以"重点村"的需要为导向，在数量上比脱贫攻坚时期要少。因此，第一书记选派要以具体问题具体分析的方法为指导，根据重点村的特殊性要求选派与之匹配的第一书记，做到更加"精准"，既要充分考虑发挥第一书记个体能力素质方面的特点，又要充分考虑发挥第一书记社会网络关系资源给重点村带来的发展机会和发展优势。除此之外，第一书记选派还应结合第一书记公共服务动机的现状和影响因素。第一书记在参与农村基层治理中具有鲜明的公共服务动机。依据前文公共服务动机研究的基本结论，为了更好激发第一书记协同村"两委"参与农村基层治理，实现乡村振兴，还需在以下几个方面不断完善第一书记选派。

第一，在选派第一书记的过程中，适当提高"科级"以下行政级别人员担任第一书记的比例，多让这一层次的人员下到农村历练。研究结果表明，行政级别更低的人员在担任第一书记工作中具有更高的公共服务动机，服务村庄与村民的意愿更加强烈。良好的公共服务动机是勇于开展工作，敢于面对问题的基本保障。农村工作是一项复杂烦琐且需要耐心和韧性的事业，这就需要选派的第一书记真正热爱农村工作，具有较强的事业心和责任心，具有不怕吃苦、敢于奉献的品格和毅力。年轻干部是未来事业的坚强支撑，需要更接地气、更具挑战的历练渠道和途径。乡村振兴为第一书记成才成长提供了广阔的舞台和平台。尽管第一书记农村工作经验和时间长短不一，但面对的乡村振兴的工作任务是相同的。选派行政级别较低，但具有较高公共服务动机的年轻干部到农村一线"用心用情用力"参与乡村振兴，锻炼和展现能力，符合选派的基本要求，符合干部人才成长的基本做法。

第二，在轮换工作中，留任一定比例的第一书记继续从事第一书记工作，继续发挥他们在乡村振兴中的"传、帮、带"作用。正如前述研究所示，第一书记工作年限与其公共服务动机水平有着正向影响，担任第一书记的时间越长，其公

共服务动机水平越高。巩固拓展脱贫攻坚成果同乡村振兴有效衔接是当前我国农村工作的重点和要点，也是全面推进乡村振兴，实现农村共同富裕的必要步骤。2021 年脱贫攻坚结束后，根据《关于向重点乡村持续选派驻村第一书记和工作队的意见》要求，第一书记在全国范围内进行了大规模的选派轮换，第一书记的工作任务和工作职责主要是建强村党组织、推进强村富民、提升治理水平、为民办事服务，其任期一般不少于 2 年。《关于向重点乡村持续选派驻村第一书记和工作队的意见》对第一书记的工作能力和工作精神提出了更精准的要求，要求在脱贫攻坚后担任第一书记的干部能够快速适应和熟悉工作，保证农村工作的延续性和持续性。在今后的选派工作中，适当留任一定比例的第一书记不仅可以充分发挥其公共服务动机在工作中的积极影响，避免其出现"工作倦态"，还可以为新选派的第一书记起到良好的示范、引领作用，避免"能力恐慌"。

第三，完善各种激励机制，提高工作满意度，实现第一书记能力特征与村庄发展实况相匹配，个人的职业发展与自我奉献等公共服务动机提升相协调。研究结果显示，第一书记的工作满意度越高，其公共服务动机水平往往会越高。激励是做好选派和管理监督第一书记工作的基础和保证。一般而言，工作满意度的影响因素包括工作条件、工作报酬、工作激励等因素。在已有的有关第一书记工作经费、工作场所、工作津贴补助、工作人身安全等激励保障的基础上，还需更深层次完善激励机制，从公共服务动机的角度，提升其工作满意度，更好地满足其基本心理需求，从而也更好地达到加强其公共服务动机的效果。因此，在选派和轮换过程中，要坚持"先定村，再定人"的原则，区分脱贫村、易地搬迁村、党组织软弱涣散村等重点村的不同特点，分析村庄的实际需要，选派合适的，具有与村庄相匹配能力的第一书记，发挥其能力所长，展现其工作价值，提升其工作满意度，确保"选得优、下得去"。同时在管理激励中，还要平衡第一书记个体长远职业发展与短期服务农村工作的关系，把第一书记的工作表现作为其今后职业发展中奖励、考核、晋升的重要激励因素。选派单位需要建立起将第一书记的考核结果作为评先评优、提拔使用、职级晋升、职称评定的重要制度规范，落实好各项激励保障政策，让第一书记真正在派驻村"融得进、干得好"。

本章小结

本章主要讨论了第一书记嵌入行动中产生的负效应问题。第一书记嵌入基层治理对党和国家与农村社会的关系、政府治理与农村基层治理的关系进行了有效的调适与调整，对接了国家治理与基层治理，也产生了良好的基层治理绩效，较好地实现了脱贫攻坚中第一书记的 4 项基本职责，也为乡村振兴中第一书记基本职责的发挥提供了基本经验。但与此同时，第一书记嵌入也并不是一直有效，也会基于制度制约、个体能力制约、基层组织成熟度制约等而产生负效应。负效益具体表现：因过度嵌入带来的治理依赖与自治式微问题；因第一书记行政嵌入特征带来的自治与他治问题；因组织制度过密化带来的权力耗散与权力冲突问题；因权责不符带来的治理行动中的名实分离问题。为减轻第一书记嵌入治理带来的负效应，还需要有相应的应对策略：一是在强健基层组织建设中，第一书记要始终把党建作为行动引领示范，不断夯实基层自治的组织基础。二是要在乡村振兴的战略牵引下，不断发展基层社会的内生动力，巩固衔接好治理效果。三是要进一步在制度上明确第一书记嵌入基层治理的权责规范，调适第一书记的监督考核机制。四是要依据公共服务动机差异化特点，完善乡村振兴中第一书记的差异选派制度。

第八章

研究结论与研究展望

第一节　研究结论

　　"实践是理论之源。"在我国，实施脱贫攻坚和乡村振兴是前后相继而又内在统一的两项农村经济社会发展的重大战略，也是推进全体人民共同富裕中国式现代化建设的重要决策。具有中国"制度底色"和"制度特色"的第一书记选派制度贯穿于两项战略的具体实施中。通过选派第一书记驻村参与农村基层治理的具体实践引起了理论与实践界的广泛关注和研究。本研究以第一书记为具体研究对象，在前人相关研究的基础上，以嵌入性理论为研究视角，探讨脱贫攻坚战中第一书记的嵌入维度、嵌入机制、嵌入功能、嵌入角色与公共服务动机、嵌入困境等"嵌入性"问题，形成了以下相关研究结论。

　　"第一书记"是早期中国共产党党内组织的一种职务称呼，在党和国家历史发展中扮演着非常重要的角色，有着特殊的历史印记。20世纪末，第一书记作为具有很强实践性的一项制度开始广泛存在于中国的农村基层治理中，为完成不同历史时期农村基层党建和扶贫开发发挥着重要的制度优势和制度效能。从制度传统来说，精准扶贫时期的第一书记制度源于"干部驻村"制。为了顺利推进"派人精准"有效完成脱贫攻坚重大任务，基于选派制度选派的"第一书记"由此成为参与以贫困治理为主的农村基层治理的一支重要力量。从理论研究而言，第一书记的驻村研究形成了众多的理论研究视角，嵌入性理论是其中之一。从实践角度而言，第一书记参与基层治理是国家（政党）力量介入农村社会的一种治理实践，第一书记的"嵌入性"是"国家"与"社会"、"政党"与"社会"这一基本关系维度基础上的体现。具体而言，第一书记的嵌入性主要包括政治嵌入、组织嵌入、结构嵌入和关系嵌入等嵌入机制。

第一书记政治嵌入就是在现有的政治体制框架下，为了推进脱贫攻坚和乡村振兴，党和国家通过一定的路径和方式，使政党权威和国家权威在第一书记的嵌入作用下能够在农村社会得到显著化延伸，国家权力架构下的党和政府执政合法性得到进一步提升，从而从根本上实现农村基层社会政治权威的重塑。第一书记的政治嵌入性集中体现了我国政治动员模式下的政治体制、政治功能特性。它是我国特定历史时期政治运行中的一种特有现象，也是我国贫困治理背景下政治体制运行中的各种发生机制、动力机制展开的结果。第一书记参与基层治理是"国家中心主义"的驱动逻辑、政党权威的组织领导机制、情感价值的认同机制的三重政治动员实践逻辑的实践。

第一书记组织嵌入的生成有农村基层组织发展中存在的"悬浮"现实需求，也有党和国家制度供给落实的必要。第一书记组织嵌入就是代表党和国家力量的第一书记，通过人员嵌入、制度嵌入、价值认知嵌入等嵌入形式嵌入到农村基层社会，将一个组织的行动逻辑渗透并内化融合到另一个组织中，实现农村社会再组织化，达到基层组织结构功能再造，以此强健基层组织、提升基层组织力，推进基层治理走向"有效"。制度嵌入赋予了第一书记选派驻村制度合法性；认知嵌入使执政党的意志主张和政策导向在基层社会得以延伸和深入；行动嵌入就是第一书记发挥党员先锋模范作用，以切实行动履行好自己的职责；规则嵌入就是通过"制度上墙"、"观念入心"等方式进一步提升基层干部的政治认知和规范基层党组织的组织工作程序。

结构嵌入和关系嵌入是网络结构的两个不同方面的变量，它们不是彼此独立存在，而是相互依赖的，甚至在高密度的网络中，结构嵌入和关系嵌入在某种情境下具有互相替代的关系。第一书记行动从整体上体现和反映了嵌入性理论上的结构与关系嵌入的特征。

从结构嵌入的角度来说，第一书记通过参与农村基层治理，全面嵌入并系统性重构了农村基层治理网络结构，形成了以党和政府为主导、第一书记为接点、基层农村为承载、社会其他主体为补充的多元多维网络系统结构。这种结构从更广的视野、更宽的角度重塑了农村基层治理的总体结构，构建了内容丰富、关系复杂的社会网络体系，丰富了农村基层治理的内涵和功能，实现了贫困治理下多维治理效果的总体提升。其中，科层与逆科层是国家权力与责任结构的基本特征，接点与匹配是社会帮扶网络结构的特征。

第一书记的关系嵌入，主要表现为第一书记通过运用其个人的社会交往和工作网络，开辟社会网络关系，促进人力资本、经济资本以及村民参与的社会资本转化，促进精准扶贫过程中农村经济社会发展所需的各种社会与经济关系的形成；衔接好精准扶贫各项工作，为村庄的脱贫攻坚和长久治理规划、争取和使用好各项政府扶贫资金、社会援助资金等经济资本，为农村基层治理注入和孵化各种缺失的人力资本、社会资本；与村"两委"组织、村民、村庄和其他社会个体、组织形成全新的农村基层治理社会关系网络，培育、重组和形成各种农村基层治理当中必要的社会规范和社会信任等社会资本，从而实现精准扶贫的目标和基层治理的有效。

在参与基层治理的过程中，第一书记既是公共政策的宣传者，又是公共产品、公共服务的落实者，还是农村经济社会发展的领路人、基层组织建设的引领者和农民群众的当家人。这些公共角色背后包含着丰富的公共服务动机。具体来说，第一书记公共服务动机在性别、学历、年龄、服务公职年限和选派单位组织属性等方面不存在显著差异，但在行政级别、任职第一书记年限以及工作满意度上有显著差异。行政级别对第一书记的公共服务动机有负向影响，任职第一书记年限和工作满意度均对第一书记的公共服务动机有正向影响。

从嵌入的负效应来看，第一书记嵌入也会存在过度嵌入与治理依赖、自治与他治的冲突、组织过密化与权力耗散、权责不符与名实分离等嵌入性困境与问题。因此，在乡村振兴的第一书记嵌入中，还需进一步夯实自治组织基础，发展内生动力，明确权责规范，依据角色动机完善村庄差异选派。

第二节 研究展望

从整个过程来看，第一书记嵌入基层治理总体经历了两个阶段，即第一书记嵌入到贫困村、软弱涣散村、集体经济薄弱村开展贫困治理为主的精准扶贫阶段，以及脱贫攻坚后嵌入到重点村参与乡村振兴阶段。本研究探讨了第一书记参与农村基层治理的具体嵌入性问题，研究了第一书记嵌入的基本制度逻辑与实践逻辑，但与此同时，本研究也还有很多不足，也有很多值得今后进一步开展研究的地方。

嵌入性理论是新经济社会学的重要理论，有很强的理论解释力。其理论主旨是分析行为主体的经济行为与社会关系之间的"嵌入性"问题。第一书记选派制度是我国特有的一种制度与实践，可以用嵌入性理论解释第一书记的嵌入性问题。嵌入性理论也为本研究提供了基本的相关分析框架。但在分析中以政治嵌入、组织嵌入、结构嵌入、关系嵌入作为第一书记嵌入的总体机制加以研究，这种论证是否合理、是否充分还有待进一步研究和完善。另外，每一种嵌入性的论证都只是以某一角度来分析，这种研究尝试难免出现"以点概面"的问题。政治嵌入主要从政治动员的政治性因素，组织嵌入主要从组织再造，结构嵌入主要从治理网络，关系嵌入主要从社会关系中的社会资本来分析。这些分析视角有一定的合理性，但这些嵌入性的理论解释与实证分析尚有进一步深入研究之处，同时这些嵌入性之间的内在关联也还没有完全解释清楚，各种机制的功能也还有待后续研究。

本研究在嵌入机制分析基础上探讨了第一书记嵌入的实践困境，也提出了一些嵌入治理优化的路径。但提出的这些困境与问题并没有得到充分论述，留出了很大的研究空间。这些问题是第一书记参与农村基层治理实践的具体反映，深入研究这些问题对于乡村振兴中第一书记的选派和作用发挥具有很强的现实意义。比如，第一书记嵌入如何实现国家权威与基层权威的协同、结合与调适？怎样规避过度嵌入带来的治理依赖？怎样做到第一书记行动是"嵌入"而非"侵入"？

如何解决第一书记的权责匹配问题？这些问题都需要继续探讨，当然这些问题也涉及更深层次的理论问题。

2021 年后，我国进入了巩固拓展脱贫攻坚成果同乡村振兴有效衔接的重要阶段，全国各地的第一书记新一轮的选派工作也在 2021 年先后完成。为了实现新时期乡村振兴这一伟大目标，需要良好的农村基层治理作支撑，需要千千万万个农村基层党组织发挥"螺丝钉"的基层战斗堡垒作用，同时也需要进一步发挥驻村第一书记的"第一性"作用。第一书记的嵌入性问题依然是我国农村基层治理中具有时代意义和价值的课题。第一书记的实践为本研究提供了经验，期望本研究存在的不足能在今后的研究中得到更深入的讨论。

参考文献

张厚安，徐勇．中国农村政治稳定与发展［M］．武汉：武汉出版社，1995．

［美］塞缪尔·P.亨廷顿．变化社会中的政治秩序［M］．王冠华，等译．北京：生活·读书·新知三联书店，1989．

倪大钊，徐志毅，等．"先锋"与"后盾"：个体资本、单位层级与第一书记贫困治理绩效——基于陕甘宁深度贫困地区 72 个贫困村的实证分析［J］．公共管理学报，2020（9）．

严国方，肖唐镖．运动式的乡村建设：理解与反思——以"部门包村"工作为案例［J］．中国农村观察，2004（5）．

欧阳静．乡镇驻村制与基层治理方式变迁［J］．中国农业大学学报（社会科学版），2012（1）．

李里峰．工作队：一种国家权力的非常规运作机制——以华北土改运动为中心的历史考察［J］．江苏社会科学，2010（3）．

刘金海．工作队：当代中国农村工作的特殊组织及形式［J］．中共党史研究，2012（12）．

韩广富，周耕．党政机关选派干部下乡扶贫制度的建立［J］．理论学刊，2013（11）．

徐卫华．仪式、关系与基层治理中的政治信任机制构建——以"万名干部进村入户"为例［J］．甘肃行政学院学报，2012（2）．

贺雪峰，仝志辉．论村庄社会关联——兼论秩序的社会基础［J］．中国社会科学，2002（3）.

谢小芹."接点治理"：贫困研究中的一个新视野——基于广西圆村"第一书记"扶贫制度的基层实践［J］.公共管理学报，2016（3）.

王晓毅.精准扶贫与驻村帮扶［J］.国家行政学院学报，2016（3）.

李鑫诚.乡村权力下沉治理模式的运行策略及其反思［J］.湖北社会科学，2017（4）.

张国磊，张新文.制度嵌入、精英下沉与基层社会治理——基于桂南 Q 市"联镇包村"的个案考察［J］.公共管理学报，2017（4）.

陈国申，唐京华.试论外来"帮扶力量"对村民自治的影响——基于山东省 S 村"第一书记"工作实践的调查［J］.天津行政学院学报，2015（6）.

马凤芝，开源.中国农村扶贫开发的政策转向及其挑战——以四川省马边彝族自治县为例［J］.西北农林科技大学学报（社会科学版），2017（6）.

舒全峰，苏毅清，张明慧，王亚华.第一书记、公共领导力与村庄集体行动——基于 CIRS"百村调查"数据的实证分析［J］.公共管理学报，2018，15（3）.

刘湖北，闵炜琪，陈靓."第一书记"社会资本与扶贫工作绩效的关系研究［J］.江西社会科学，2019（9）.

徐明强，许汉泽.新耦合治理：精准扶贫与基层党建的双重推进［J］.西北农林科技大学学报（社会科学版），2018（3）.

朱喆，徐顽强，高明.后脱贫攻坚时代驻村干部公共服务动机及其影响因素——基于武陵山区的实证研究［J］.湖南农业大学学报（社会科学版），2020，21（4）.

风笑天.社会研究：设计与写作［M］.北京：中国人民大学出版社，2014.

［美］德尔伯特·C.米勒，内尔·J.萨尔金德.研究设计与社会测量导引（第六版）［M］.风笑天，等译.重庆：重庆大学出版社，2004.

James N.Rosenau，Ernst Otto Czempiel.Governace without Government：Order and Change in World Politics［M］.Cambridge University Press，1995.

Jan Kooiman，M.Van Vliet.Governance and Public Management in Managing

Public Organization［M］.Edited by K.A Eliassen，Jan Kooiman. Sage Publication，1993.

The Commission on Global Governance.Our Global Neighborhood：The Roport of the Commission on Global Governance［M］.Oxford University Press，1995.

任勇.治理理论研究为治理现代化提供学理支撑［N］.人民日报，2019-3-25（10）.

［美］杜赞奇.文化、权力与国家：1900—1942年的华北农村［M］.王福明，译.南京：江苏人民出版社，1996.

项继权.中国乡村治理的层级及其变迁——兼论当前乡村体制的改革［J］.开放时代，2008（3）.

唐鸣，赵鲲鹏，赵志鹏.中国古代乡村治理的基本模式及其历史变迁［J］.江汉论坛，2011（3）.

子志月，王丹.中国乡村治理研究：回顾与前瞻［J］.云南行政学院学报，2018（4）.

张厚安，徐勇，项继权.中国农村村级治理：22个村的调查与比较［M］.武汉：华中师范大学出版社，2000.

廖冲绪，肖雪莲，等.我国乡村治理结构的演变及启示［J］.中共四川省委省级机关党校学报，2012（4）.

王习明.乡村治理中的老人福利［M］.武汉：湖北人民出版社，2007.

贺雪峰.乡村治理研究与村庄治理研究［J］.地方财政研究，2007（3）.

吴克伟.社会转型视野中的乡村治理——当代中国乡村社会变迁实证研究［D］.武汉：华中师范大学，2006.

张艳娥.关于乡村治理主体几个相关问题的分析［J］.农村经济，2010（1）.

谢雯，黄新宇.农村社会管理体制创新的变迁与新识［J］.求索，2011（11）.

狄金华，钟涨宝.中国农村社会管理机制的嬗变——基于整合视角的分析［J］.吉林大学社会科学学报，2012（5）.

武力.中国乡村治理结构的演变［N］.中国社会科学院院报，2006-7-13.

祁勇，赵德兴．中国乡村治理模式研究［M］．济南：山东人民出版社，2014．

袁金辉．中国乡村治理 60 年：回顾与展望［J］．国家行政学院学报，2009（5）．

刘涛，王震．中国乡村治理中的"国家—社会"的研究路径——新时期国家介入乡村治理的必要性分析［J］．中国农村观察，2007（5）．

冯石岗，杨赛．新中国成立以来我国乡村治理模式的变迁及发展趋势［J］．行政论坛，2014（2）．

吕德文．乡村治理 70 年：国家治理现代化的视角［J］．南京农业大学学报（社会科学版），2019，19（4）．

公丕祥．新中国 70 年进程中的乡村治理与自治［J］．社会科学战线，2019（5）．

李华胤．我国乡村治理的变迁与经验探析［J］．毛泽东邓小平理论研究，2019（5）．

于建嵘．社会变迁进程中乡村社会治理的转变［J］．人民论坛，2015（14）．

尤琳，陈世伟．国家治理能力视角下中国乡村治理结构的历史变迁［J］．社会主义研究，2014（6）．

蒋永穆，王丽萍，祝林林．新中国 70 年乡村治理：变迁、主线及方向［J］．求是学刊，2019（5）．

丁志刚，王杰．中国乡村治理 70 年：历史演进与逻辑理路［J］．中国农村观察，2019（4）．

黄宗智．华北的小农经济与社会变迁［M］．北京：中华书局，2000．

许婧．西方经济人类学理论发展的历程［J］．西南民族大学学报（人文社会科学版），2010（1）．

徐选国，罗茜．嵌入何以发展：社会工作本土化进程中嵌入观的流变与再构［J］．新视野，2020（1）．

［美］马克·格兰诺维特．镶嵌：社会网与经济行动［M］．罗家德，等译．北

京：社会科学文献出版社，2015.

侯仕军.社会嵌入概念与结构的整合性解析［J］.江苏社会科学，2011（2）.

兰建平，苗文斌.嵌入性理论研究综述［J］.技术经济，2009，28（1）.

Granovetter M.The Strength of Weak Ties［J］.American Journal of Sociology，1973，78（6）.

［美］罗纳德·S.伯特.结构洞：竞争的社会结构［M］.任敏，李璐，林虹，译.上海：上海人民出版社，2017.

Zukin S，Dimaggio P. Structures of Capital：The Social Organization of the Economy［M］. Cambridge University Press，1990.

Halinen A，Tornroos J A. The Role of Embeddedness in the Evolution of Business Networks［J］. Scandinavian Journal of Management，1998，14（3）.

Jessop B. Regulationist and Autopoieticist Reflections on Polanyi's Account of Market Economies and the Market Society［J］. New Political Economy，2001，6（2）.

Hess M. Spatial'relationships：Towards a Reconceptualization of Embeddedness［J］. Progress in Human Geography，2004，28（2）.

Hagedoorn J. Understanding the Cross−level Embeddedness of Interfirm Partnership Formation［J］. Academy of Management Review，2006，31（3）.

Terence R. Mitchell，Brooks C. Holtom，Thomas W. Lee，Chris J. Sablynski，Miriam Erez. Why People Stay：Using Job Embeddedness to Predict Voluntary Turnover［J］.The Academy of Management Journal，2001，44（6）.

罗峰.变革社会中的政党权威和社会整合——对中国共产党执政体系的政治学分析［D］.上海：复旦大学，2006.

陈锋.论基层政权的“嵌入式治理”——基于鲁中东村的实地调研［J］.青年研究，2011（1）.

程熙.嵌入式治理：社会网络中的执政党组织力及其实现［J］.中共浙江省委党校学报，2014（1）.

张义祯.嵌入治理机制：一个初步的分析框架［J］.地方治理研究，2016

（4）.

［美］查尔斯·卡米克，菲利普·戈尔斯基，戴维·特鲁贝克.马克斯·韦伯的《经济与社会》评论指针［M］.王迪，译.上海：上海三联书店，2014.

［德］马克斯·韦伯.经济与社会［M］.林荣远，译.北京：商务印书馆，1997.

方飞.中国青年网络公开表达的动因与呈现——基于韦伯社会行动理论的理解［J］.中国青年研究，2019（9）.

Max Weber. Economy and Society：An Outline of Interpretive Sociology［M］. Edited by Guenther Roth and Claus Wittich，University of Californian Press，1978.

［美］塔尔科特·帕森斯.社会行动的结构［M］.张明德，夏遇南，彭刚，译.南京：译林出版社，2003.

［美］乔纳森·H.特纳.社会学理论的结构［M］.吴曲辉，等译.杭州：浙江人民出版社，1987.

Staats E.B. Public Service and the Public Interest［J］.Public Administration Review，1988，48（2）.

James L.Perry，Lois Recascino Wise. The Motivation Bases of Public Service［J］. Public Administration Review，1990（3）.

曾军荣.公共服务动机：概念、特征与测量［J］.中国行政管理，2008（2）.

李小华.西方公共服务动机研究［J］.理论探讨，2007（3）.

刘帮成.中国场景下的公共服务动机研究：一个系统文献综述［J］.公共管理与政策评论，2019（5）.

王浦劬，杨晓曦.当前党政干部公共服务动机状况调查——基于中部某市党政干部的实证研究［J］.人民论坛，2017（7）.

吴旭红.公共服务动机及其前因变量研究［J］.人民论坛，2012（8）.

杨开峰，杨慧珊.公共服务动机量表的中国化［J］.治理研究，2021（5）.

符平.“嵌入性”：两种取向及其分歧［J］.社会学研究，2009（5）.

武力.论中国共产党对“三农”问题的探索［N］.光明日报，2004-11-30.

严国方，肖唐镖.运动式的乡村建设：理解与反思——以"部门包村"工作为案例［J］.中国农村观察，2004（5）.

Gordon White. Prospects for Civil Society in China：A Case Study of Xiaoshan City［J］.The Australian Journal of Chinese Affairs，1993（29）.

邓正来.市民社会理论的研究［M］.北京：中国政法大学出版社，2002.

顾昕，王旭.从国家主义到法团主义——中国市场转型过程中国家与专业团体关系的演变［J］.社会学研究，2005（2）.

徐建牛.地方性国家法团主义：转型期的国家与社会关系［J］.浙江学刊，2010（5）.

邓京力."国家与社会"分析框架在中国史领域的应用［J］.史学月刊，2004（12）.

吕增奎.执政的转型：海外学者论中国共产党的建设［M］.北京：中央编译出版社，2011.

习近平.习近平在庆祝中国共产党成立95周年大会上的讲话［N］.人民日报，2016-7-2（2）.

林尚立，赵宇峰.中国发展的政治基础——以人民民主为中心的考察［J］.学术月刊，2012（5）.

Emest Barker. Reflections on Government［M］.Oxford University Press，1942.

徐勇.政权下乡：现代国家对乡土社会的整合［J］.贵州社会科学，2007（11）.

刘伟.从"嵌入吸纳制"到"服务引领制"：中国共产党基层社会治理体制转型与路径选择［J］.行政论坛，2017（5）.

袁方成，杨灿.嵌入式整合：后"政党下乡"时代乡村治理的政党逻辑［J］.学海，2019（5）.

景跃进.党、国家与社会：三者维度的关系——从基层实践看中国政治的特点［J］.华中师范大学学报（人文社会科学版），2005（2）.

唐文玉.嵌入、依附抑或独立——"党社关系"维度下的社会组织发展模式考察［J］.中共中央党校学报，2019，23（4）.

许宝君，陈伟东.自主治理与政府嵌入统合：公共事务治理之道［J］.河南社会科学，2017（5）.

徐选国，罗茜.嵌入何以发展：社会工作本土化进程中嵌入观的流变与再构［J］.新视野，2020（1）.

张慧.嵌入性理论：发展脉络、理论迁移与研究路径［J］.社会科学动态，2022（7）.

林雪霏，周治强.村庄公共品的"赋能式供给"及其制度嵌入——以两村用水户协会运行为例［J］.公共管理学报，2022，19（1）.

唐兴军.嵌入性治理：国家与社会关系视阈下的行业协会研究——以上海有色金属协会为个案［D］.上海：华东师范大学，2016.

［英］卡尔·波兰尼.巨变：当代政治与经济的起源［M］.黄树民，译.北京：社会科学文献出版社，2013.

杨玉波，李备友，李守伟.嵌入性理论研究综述：基于普遍联系的视角［J］.山东社会科学，2014（3）.

Peter Evans. Embedded Autonomy：States and Industrial Transformation［M］. Princeton University Press，1995.

何艳玲.嵌入式自治：国家—地方互嵌关系下的地方治理［J］.武汉大学学报（哲学社会科学版），2009，62（4）.

OECD.Innovative Clusters：Drives of National Innovation System［M］.OECD Publishing，2001.

刘鹏，孙燕茹.走向嵌入型监管：当代中国政府社会组织管理体制的新观察［J］.经济社会体制比较，2011（4）.

陆益龙.嵌入性政治与村落经济的变迁［M］.上海：上海人民出版社，2007.

程熙，杨鸣宇.嵌入式治理：中国模式"韧性"的机制来源［J］.领导科学，2014（23）.

施雪华.政治科学原理［M］.广州：中山大学出版社，2001.

孔繁斌.政治动员的逻辑——一个概念模型及其应用［J］.江苏行政学院学报，2006（6）.

［美］詹姆斯·R.汤森，布莱特利·沃马克.中国政治［M］.顾速，董方，译.南京：江苏人民出版社，1996.

徐湘林.中国政策过程中的科层官僚制与政治动员［J］.中央社会主义学院学报，2021（6）.

张彦，李汉林.治理视角下的组织工作环境：一个分析性框架［J］.中国社会科学，2020（8）.

［美］彼得·埃文斯，迪特里希·鲁施迈耶，西达·斯考克波.找回国家［M］.方力维，莫宜端，黄琪轩，等译.北京：生活·读书·新知三联书店，2009.

［美］詹姆斯·G.马奇，［挪威］约翰·P.奥尔森.重新发现制度：政治的组织基础［M］.张伟，译.北京：生活·读书·新知三联书店，2011.

罗峰.政党权威中的"内整合"与"选择性激励"：集体行动的分析视角［J］.政治与法律，2009（12）.

郭景萍.情感社会学：理论、历史、现实［M］.上海：上海三联书店，2008.

Dyer J H，Singh H.The Relational View：Cooperative Strategy and Sources of Interorganizational Competitive Advantage［J］.Academy of Management Review，1998，23（4）.

彭勃，邵春霞.组织嵌入与功能调适：执政党基层组织研究［J］.上海行政学院学报，2012（2）.

盛若蔚.全国六万多软弱涣散基层党组织被整顿［N］.人民日报，2014-5-31（4）.

［美］W.理查德·斯科特.制度与组织——思想观念与物质利益［M］.姚伟，王黎芳，译.北京：中国人民大学出版社，2010.

［英］罗德·黑格，马丁·哈罗普.比较政府与政治导论［M］.张小劲，丁

韶彬，李姿姿，译．北京：中国人民大学出版社，2007.

苏海．制度嵌入生活：农村贫困女性减贫的本土实践及反思——源于"扶贫车间"的案例考察［J］．云南民族大学学报（哲学社会科学版），2021，38（1）.

姚泽麟．政府职能与分级诊疗——"制度嵌入性"视角的历史总结［J］．公共管理学报，2016（3）.

王为，吴理财．嵌入、吸纳与生产：新时代乡村再组织化的过程与逻辑［J］．社会主义研究，2022（3）.

李利宏，郑甜甜．第一书记驻村扶贫政治行为的嵌入逻辑［J］．中共山西省委党校学报，2018，41（1）.

舒全峰．公共领导力供给、国家赋权与制度重构——第一书记治村的制度逻辑［J］．行政科学论坛，2017（11）.

黄中伟，王宇露．关于经济行为的社会嵌入理论研究述评［J］．外国经济与管理，2007（12）.

Pierre Bourdieu.Social Space and Symbolic Power［J］.Sociological Theory，1989（7）.

丁轶．反科层制治理：国家治理的中国经验［J］．学术界，2016（11）.

李有学．反科层治理：机制、效用及其演变［J］．河南大学学报（社会科学版），2014（1）.

尹利民．逆科层化：软约束条件下基层政府的信访治理与组织运作——基于基层政府行为的组织学分析［J］．学习与实践，2014（5）.

张国磊，张燕妮．农村基层治理：科层制抑或反科层化？——基于桂南 Q 市"联镇包村"制度运作的调研分析［J］．理论与改革，2021（2）.

许汉泽，李小云．"行政治理扶贫"与反贫困的中国方案——回应吴新叶教授［J］．探索与争鸣，2019（3）.

周雪光．运动型治理机制：中国国家治理的制度逻辑再思考［J］．开放时代，2012（9）.

周黎安．行政发包制［J］．社会，2014（6）.

荣敬本."压力型体制"研究的回顾［J］.经济社会体制比较，2013（6）.

崔盼盼.第一书记制度实践的差异化类型及其形塑机制［J］.华中农业大学学报（社会科学版），2020（5）.

James Coleman.Foundations of Social Theory［M］.Belknap Press of Harvard University Press，1990.

边燕杰.城市居民社会资本的来源及作用：网络观点与调查发现［J］.中国社会科学，2004（3）.

赵延东，罗家德.如何测量社会资本：一个经验研究综述［J］.国外社会科学，2005（2）.

陈捷，卢春龙.共通性社会资本与特定性社会资本——社会资本与中国的城市基层治理［J］.社会学研究，2009（6）.

胡荣.社会资本与城市居民的政治参与［J］.社会学研究，2008（5）.

黄晓晔，刘心怡.乡村建设中的社会资本问题：概念辨析及其实际运作［J］.江苏社会科学，2018（1）.

吴光芸.社会主义新农村建设：将社会资本纳入分析视角［J］.现代经济探讨，2007（2）.

［美］曼瑟·奥尔森.集体行动的逻辑：公共物品与集团理论［M］.陈郁，郭宇峰，李崇新，译.上海：格致出版社，2014.

［美］罗伯特·D.帕特南.使民主运转起来：现代意大利的公民传统［M］.王列，赖海榕，译.北京：中国人民大学出版社，2015.

赵立新.从社会资本视角看当今农村社会信任［J］.重庆社会科学，2005（2）.

胡中应.社会资本视角下的乡村振兴战略研究［J］.经济问题，2018（5）.

张登国.第一书记"嵌入式"乡村治理的行动范式与优化策略［J］.山东社会科学，2020（11）.

王阳，曹锦清.基层代理人与规模治理：基层政府的社会组织化逻辑——基于上海市的治理经验［J］.上海行政学院学报，2017（3）.

杜何琪."代理人"的代理人：新乡贤的兴起、组织与功能——基于国家政

权建设的视角 [J].复旦政治学评论，2020（1）.

尹利民，况伟.代理人抑或当家人：第一书记的双重角色与融合——基于 G
镇的经验 [J].南昌大学学报（人文社会科学版），2018，49（2）.

Perry James L. Measuring Public Service Motivation：An Assessment of Construct
Reliability and Validity [J]. Journal of Public Administration Research and Theory，
1996（1）.

朱春奎，吴辰.公共服务动机对工作满意度的影响研究 [J].公共行政评论，
2012（5）.

包元杰，李超平.公共服务动机的测量：理论结构与量表修订 [J].中国人
力资源开发，2016（7）.

叶先宝，赖桂梅.公共服务动机：测量、比较与影响——基于福建省样本数
据的分析 [J].中国行政管理，2011（8）.

李锋，王浦劬.基层公务员公共服务动机的结构与前因分析 [J].华中师范
大学学报（人文社会科学版），2016（1）.

胥彦，李超平.人口统计学特征对公共服务动机有什么影响？来自元分析的
证据 [J].心理科学进展，2020（10）.

王浦劬，孙响.公务员公共服务动机与社会联系偏好的关联性研究——基于
我国四地级市的实证调查 [J].中共中央党校学报，2018（5）.

李蕊.福建省公路系统公务人员服务动机影响因素研究 [D].福州：福建农
林大学，2021.

陈国申，唐京华.试论外来"帮扶力量"对村民自治的影响——基于山东省
S 村"第一书记"工作实践的调查 [J].天津行政学院学报，2015，17（6）.

景跃进.中国农村基层治理的逻辑转换——国家与乡村社会关系的再思考
[J].中共浙江省委党校学报，2018（1）.

周少来."权力过密化"：乡村治理结构性问题及其类型 [J].探索，2020（3）.

张国磊，李尧磊.第一书记嵌入农村基层治理的结构性困境与优化路径——
基于桂南 B 镇的调查分析 [J].中国行政管理，2022（10）.

访谈提纲

一、第一书记访谈

1. 本村第一书记派驻的基本过程是怎样的？（包括什么时候开始、怎样选派、派驻中是否遇到相关瓶颈或问题等）

2. 第一书记的工作内容有哪些？

3. 第一书记与村民、村"两委"、驻村工作队、派驻单位、乡镇、县级部门的工作联系是如何展开的？

4. 在工作中取得的成就或成效有哪些？

5. 工作中遇到的问题有哪些？（乡村振兴中第一书记实践还有哪些需要完善的地方？）

二、村"两委"干部访谈

1. 本村的基本村情是怎样的？

2. 这些年来村里取得的主要成效有哪些？您认为取得成效的原因有哪些？

3. 在日常工作中您与第一书记是怎样开展工作的？这中间存在哪些需要改进的地方？

4. 有哪些组织参与到农村建设中来？

三、乡镇主要干部访谈

1. 本乡镇有哪些贫困治理、基层治理中的亮点和值得借鉴的经验？

2. 第一书记与乡镇的工作关系是如何衔接的？（怎样组织管理的？）

3. 乡村振兴中第一书记工作中的成效与需要完善的地方有哪些？

四、县级相关部门访谈

1. 本县第一书记与驻村工作队人员构成的基本情况是怎样的？县级怎样统筹选派？

2. 对第一书记是怎样考核的？具体考核指标和权重是怎样的？

3. 这些年有多少第一书记得到优先提拔使用？都是哪些部门和单位的？

调查问卷

第一书记公共服务动机及相关调查问卷提纲

尊敬的第一书记：

您好！为了更好地了解精准扶贫中第一书记的公共服务动机状况，我们组织了本次问卷调查。调查属于学术研究活动，会遵循学术规范和学术伦理。数据采集和使用以匿名方式展开，请您按照真实想法如实填写，您的回答对于本研究具有重要价值。

衷心感谢您的支持！

一、个人基本情况

1. 您的性别：（1）男；（2）女

2. 您的学历：（1）大专以下；（2）大专；（3）本科；（4）研究生

3. 您的年龄：（1）20—30岁；（2）31—40岁；（3）41—50岁；（4）51岁及以上

4. 您现在的行政级别：（1）副处级；（2）正科级；（3）副科级；（4）副科级以下

5. 您服务公职年限：（1）5年及以下；（2）6—10年；（3）11—15年；（4）16年及以上

6. 您任职第一书记年限：（1）1年以下；（2）1—3年；（3）3年以上

7. 您属于：（1）省派；（2）市派；（3）县派；（4）其他

8. 您选派单位组织属性：（1）机关类（含党群组织）；（2）企业类；（3）事业类

二、公共服务动机情况（10—32题与第9题一样，后面选项略）

9. 我不喜欢讨论国家大事：（1）非常不同意；（2）比较不同意；（3）一般同意；（4）比较同意；（5）非常同意

10. 我对包括精准扶贫、乡村振兴政策制定非常感兴趣

11. 我不关注任何政治人物

12. 我对农村发生的事情都不感兴趣

13. 看到别人遇到危险和困难时我会感到难过

14. 农村社会保障福利政策非常重要，必须实施

15. 日常生活中人们需要互相帮助，相互照顾

16. 我对农村贫困群体、弱势群体的困境没有太大感触

17. 我认为弘扬爱国主义也要关注他人福利

18. 那些处于困境却又不肯自救的村民不值得帮助

19. 我完全支持的社会福利项目不多

20. 与我素不相识的村民是否幸福与我无关

21. 我认为参与公共服务是每个国家工作人员的义务

22. 做好村里的服务工作是我最重要的工作职责

23. 国家工作人员就应该要造福社会，即使这可能会损害个人利益

24. 有些乡村规划我不赞同，但如果对全村的村民都好，我也乐意

25. 我会不计回报为我所驻村服务

26. 搞好村里的经济远比行善做好事重要

27. 我所做的很多事情都不以个人利益为出发点

28. 即使没有报酬，为村民服务也会使我心情很好

29. 对我而言，为我所驻的村作出贡献比取得个人成就重要得多

30. 人不应该只懂得向社会索取，应该更多地回馈社会

31. 我乐于为村庄的整体利益作出重大牺牲

32. 我是那些愿意承担个人损失去帮助别人的少数人

三、工作满意度及其他（33题与第9题一样，后面选项略）

33. 第一书记工作让我感到很满意：

34. 第一书记工作成就感主要来自（限选3项）：（1）村民对我工作的认同；（2）村民建设美好生活的动力增强；（3）村容村貌的变化；（4）派驻单位和县、乡镇对我工作的肯定；（5）农村物质生活、精神生活的日益改善

35. 影响第一书记工作成效的因素有（限选3项）：（1）自身学历和职务；（2）自身工作能力；（3）所在单位的支持力度；（4）县、乡镇的支持；（5）派驻村的村情

36. 第一书记工作障碍有哪些（限选3项）：（1）制度的保障还不够完善；（2）村"两委"班子的能力短板；（3）村民的配合和参与度还不够；（4）第一书记制度本身的稳定性；（5）第一书记工作的运行机制

37. 第一书记4项基本工作职责中，效果最明显的是：（1）建强村党组织；（2）推进强村富民；（3）为民办事服务；（4）提升治理水平

第一书记驻村帮扶与脱贫攻坚流程图

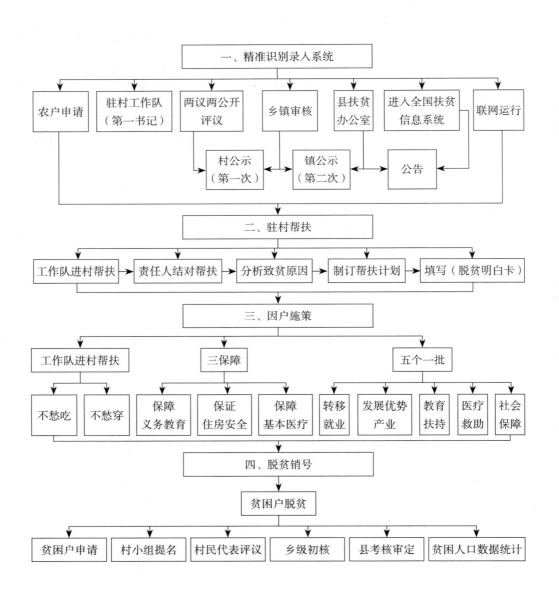

后记

　　基层治理是国家治理的基石。农村基层治理研究已然成为当前我国政治学、社会学、管理学等学科领域的一个重大课题。本研究成果是本人博士学位论文的保留与延展。第一书记选派驻村参与农村基层治理是脱贫攻坚和乡村振兴战略中我国实施的一项具有鲜明制度底色与地方治理特色的制度安排。本研究起始于前人相关研究积累的基础，启示于教研中参与各种农村调查及第三方评估期间遇到的问题思考。回望过去，我深知，成果的完成过程离不开老师、同事、朋友、亲人对我真诚与无私的关心、支持和帮助！

　　我首先要感谢的是我的导师廖晓明教授！在我学业成长与研究之路中，廖老师持续为我提供着专业学习、论文选题、论文撰写上的坚定指引和有力指导。从本科到研究生的学业过程中，廖老师一直是我的导师，他随和与直率的为人处世风格鼓励我直面生活与学习中遇到的各种问题，激励我守护坚持与坚毅的初心。

　　多年来，我也一直受教与受助于身边诸多的老师、同事。我要感谢他们在论文选题、课题调研、论文撰写以及答辩过程中给予的大量有见地的建议。他们的宝贵意见拓展了我的研究视野，完善了我的论证。他们是江西师范大学的黄小勇教授，江西财经大学的王翠霞教授，南昌大学的尹利民教授、徐兵教授、韩艺教授、刘建生教授、喻登科教授、文卫勇教授、吴光芸教授，等等。另外在成果出版的过程中，我要特别感谢南昌大学尹利民教授和罗文剑教授的统筹支持，是他们严谨与认真的工作才保证了成果的顺利出版。

我要感谢那些为我实地调研和数据收集提供方便与帮助的朋友、同学，他们为我研究的完成提供了便捷性和有效性保障。我也要感谢那些被我确定为访谈对象的朋友，他们在百忙之中一方面为我的研究辛苦付出、友情配合和热情帮助，另一方面还为我的研究提供和传授了大量的地方性知识与经验。

我还要感谢我至爱的家人，他们对我永远的宽容与包容是我前行不辍的动力来源，他们对我不求回报的期待与支持是我生活的意义所在。

本研究成果的出版得到了南昌大学"十四五"双一流建设专项基金的支持！

魏永平

2024 年 9 月于南昌